大国首都

北京发展问题分析 与 国际经验借鉴

李晓江　张军扩　徐颖　等　著

人民出版社

目　录

中　北京篇

首都

北京发展问题分析与国际经验借鉴

大国

上　综述篇

认识大国首都

首都是象征国家主权的城市，对内是政治管理的中枢，对外体现国家形象和国际竞争力。因此，首都的根本职责是国家管理、对外交往，这是她最基础的核心职能。此外，文化交流、科技创新功能同样也是首都核心职能的重要组成。

综观世界各国的首都，因政治体制、文化背景差异，发展模式各有不同。总体上可分为复合功能型首都、简单功能型首都两类。这两类"首都"的主要区别在于，是否拥有庞大的经济管理与经济服务职能。复合功能型首都，既是国家的政治、文化中心，也是全国重要的经济中心、交通中心；简单功能型首都，则仅仅是政治中心或政治—文化中心，其产业经济职能往往并不突出。

一个国家有什么样的首都，是由各自独特的政治体制、历史文化、国际环境、社会生态等多方面因素决定的，这些复杂的因素还共同决定了一国首都在全国乃至全球范围内，聚集各类资源的能力，从而铺就首都城市的发展之路。

中国的首都北京，是一座拥有 2500 年建城史和 800 多年建都史的历史文化名城。在相当长的时间里，始终是中国的中心、亚洲的中心，乃至世界的中心。随着当今中国的日益发展，北京在国际舞台的地位和影响力日益提升，她在全球城市网络中的枢纽作用也日渐突出。

作为 14 亿多人口大国和世界第二大经济体的首都，北京属于前者，即"复合功能型首都"。面向未来 20 年，北京提出了"四个中心"（全国政治中心、文化中心、国际交往中心、科技创新中心）定位和建设国际一流宜居城市的目标。如何借鉴世界其他大国首都的治理经验？对未来北京城市的建设与发展意义重大。

大国首都功能类型划分

类型	典型国家	典型首都	职能定位和发展特征
复合功能型	日本	东京	既是国家的政治中心或政治—文化中心，也是全国重要的经济中心，一般经济总量与人口规模较大
	英国	伦敦	
	俄罗斯	莫斯科	
	法国	巴黎	
	意大利	罗马	
	沙特	利雅得	
	墨西哥	墨西哥城	
	印尼	雅加达	
	阿根廷	布宜诺斯艾利斯	
	韩国	首尔	
简单功能型	美国	华盛顿	政治或文化职能突出，经济职能不突出。职能相对单一，仅作为全国的政治中心或政治—文化中心，一般不是经济中心
	澳大利亚	堪培拉	
	加拿大	渥太华	
	德国	柏林	
	巴西	巴西利亚	
	南非	茨瓦内	

1. 单一制国家与复合功能型首都

80%以上国家的首都属于复合功能型首都。尤其是单一制国家的首都，如伦敦、巴黎、东京、莫斯科、首尔、曼谷等。

这些首都城市，大多在现代国家建国之前就有悠久的历史和良好的发展基础。

一方面，作为政治、经济、文化等综合中心，人口数量、经济总量较国内其他城市，相对较高。比如伦敦、巴黎、东京、首尔等人口规模占全国比重均在10%以上，GDP规模占20%以上，对国家经济社会发展具有举足轻重的影响。另一方面，这些城市往往具有悠久的历史和深厚的文化积淀。如罗马、巴黎等都是世界上最古老的城市之一，成为首都之后，她的政治中心优势与经济地缘优势进一步相互强化，资源高度集中，加速了发展的进程，最终形成了国家首位城市或特大城市。

从发展历程看，有两个重要力量驱动复合功能型首都的发展。一是政治与经济"双引擎"长期存在，并不断循环累积。如英国、法国等大国的首都城市，在近500年的地理大发现、工业革命、现代化进程和全球化浪潮中都未曾变更过，有着悠久的建城史。随着城市功能的不断积淀，催生了大量面向事务管理、知识服务、产业创新、教育培训、商务活动、文化体验、批发零售等就业岗位，从而带动人口向首都及其周边地区聚集。二是大国首都要发展成为具有全球竞争力的世界城市，复合功能是一个优势。

发挥首都城市优势，集中资源打造综合而强大的复合功能型首都，是英国、法国、日本等国提升国际竞争力的重要战略。比如伦敦、巴黎、东京等，分别是欧洲、亚洲的核心城市，都是典型的复合功能型首都，在世界城市体系中名列前茅。

复合功能型首都城市的人口、经济发展情况

类型	城市	人口规模及占全国比重	GDP 规模及占全国比重
复合功能型首都	日本东京都	1420 万人（2024 年），占全国的 11.5%	9142 亿美元（2022 年），占全国的 20.7%
	英国大伦敦地区	894 万人（2023 年），占全国的 13.3%	6746 亿美元（2022 年），占全国的 21.7%
	俄罗斯莫斯科	1315 万（2024 年），占全国的 9%	3873 亿美元（2023 年），占全国的 20%
	法国巴黎大区	1232 万（2023 年），占全国的 18.3%	8218 亿美元（2022 年），占全国的 29.6%
	意大利罗马都会区	都会区人口 422 万（2024 年），占全国的 7.2%	1932 亿美元（2021 年），占全国的 8.9%
	沙特利雅得	860 万（2022 年），占全国的 26.7%	746 亿美元（2023 年），占全国的 16.7%
	墨西哥墨西哥城（含卫星城）	2280 万（2023 年），占全国的 17.5%	2660 亿美元（2023 年），占全国的 15%
	印尼雅加达	1056 万（2023 年），占全国的 4%	2257 亿美元（2023 年），占全国的 16.8%
	阿根廷布宜诺斯艾利斯都会区	1490 万人（2022 年），占全国的 32.5%	1480 亿美元（2022 年），占全国的 47.6%
	韩国首尔	940 万（2023 年），占全国的 18.2%	3670 亿美元（2022 年），占全国的 21.7%

例如，伦敦作为英格兰的政治经济核心城市有近 2000 年历史。公元 12 世纪，在诺曼人的统治下，成为英格兰的首都，并持续了 800 多年。17 世纪，伦敦成为全国政治中心、司法中心、文化中心、技术中心、重要的港口和贸易中心、制造业中心（含大量奢侈品和高端商品）、消费中心等。其从一个欧洲边缘的小城发展为欧洲最大的城市，1850 年人口规模就达到了 240 万人，成为当时世界上最大的城市。19 世纪中叶至今，伦敦一直是欧洲乃至全球的金融中心、贸易中心，但随着城市的发展，其作为全球制造业中心的职能不断弱化。为了保持全球影响力，伦敦在

"退二进三"（是指 20 世纪 90 年代，为加快经济结构调整，鼓励一些产品没有市场，或者濒于破产的中小型国有企业从第二产业中退出来，从事第三产业的一种做法——编者注）中积极发展了商务租赁、文化创意等新兴产业，如今伦敦每年的文化产业产值达 210 亿英镑，为 50 多万人提供了就业岗位，对 GDP 的贡献仅次于金融服务业，成为伦敦的第二大支柱产业。

例如，巴黎是欧洲历史悠久的古都之一。公元 4 世纪为罗马军团驻地，公元 6 世纪初，法兰克王国定都巴黎，之后其政治地位日渐巩固。由于文艺复兴以及工业革命的推动，16—18 世纪，巴黎成为欧洲的政治、经济和文化中心；至 19 世纪初，成为欧洲的金融中心和全球的贸易中心。1921 年巴黎人口规模已达 291 万人，人口密度为 2.8 万人 / 平方公里。20 世纪 50 年代，巴黎开始有序地疏解工业和一批传统服务业功能，70 年代开始谋划新的商务中心区，并在郊区新城建起了大型的国家基础科研基地（斯佳里—马赛）、高新技术产业园区；同时，在中心城区积极发展文创产业、休闲娱乐产业，时至今日，巴黎仍是世界时尚艺术之都。

再例如，19 世纪中叶之前，东京（江户）是东日本地区最高实权统治阶层幕府政厅所在地。1868 年新即位的明治天皇颁布《王政复古》诏书，迁都江户，并改名为东京。迁都初期，日本名义上以京都、东京为双京体制，但很快东京的综合功能就完全替代了京都。东京及其东京都市圈聚集了日本政治、经济、贸易、金融、科技、教育、文化等几乎全部国家职能部门，也是日本最重要的国际交往中心和交通门户。19 世纪末，东京人口数约 130 万人，20 世纪 30 年代已经成为仅次于纽约的全球第二大人口规模城市。当今，东京拥有全球排名第三的世界 500 强企业总部数量。过度集中的人口、资源给东京的发展造成了沉重的负担。20 世纪 90 年代后，日本曾多次提出分散部分首都功能的举措和设想，但收效甚微，除了部分制造业、传统服务业向沿海或周边城市转移外，其他的国家核心职能仍然高度集中在东京都市圈内。

2. 联邦制国家与简单功能型首都

简单功能型首都，主要见于建国时间较短的联邦制国家，如美国的华盛顿、澳大利亚的堪培拉、加拿大的渥太华、巴西的巴西利亚等。此类首都的选址，要考虑平衡不同联邦成员的利益，定都之时，城市往往不具备先发优势，在发展过程中，也不鼓励城市规模的扩大和功能的聚集，其经济占全国比重较低。

虽然简单功能型首都的经济职能并不突出，但其在文化、旅游、教育等方面的发展潜力较大。为了营造优越的人居环境，保持优质的公共服务水平，这类首都城市还会限制或禁止一般加工制造业、大规模批发零售业的发展。

例如，从美国立国之初起，定都问题就引发激烈争论，经历了纽约—费城—华盛顿的数次变迁。1783 年独立战争后，新成立的合众国国会暂定纽约为首都。虽然纽约是天然良港和商业都市，但考虑到地理位置易遭海上强国特别是英国的攻击，军事上无险可守，不宜作为永久首都。1790 年，国会议定费城为临时首都，并授权总统华盛顿另行择址建都，以平衡南北方的利益。最终，华盛顿确定在当时 13 个州南北分界附近，即马里兰州和弗吉尼亚州交界处的波特马克河畔定址建都。由马里兰州出让土地 178 平方公里，弗吉尼亚州出让土地 31 平方公里，划定一个菱形区域，共同组成"联邦特区"。1800 年，美国首都自费城迁至新都。立都 200 多年来，华盛顿已经发展成一座典型的政治中心城市。

简单功能型首都城市的人口、经济发展情况

类型	城市	人口规模及占全国比重	GDP 规模及占全国比重
简单功能型首都	美国华盛顿（哥伦比亚特区）	70 万（2024 年），占全国的 0.2%	1862 亿美元（2024 年），占全国的 0.64%
	澳大利亚堪培拉	47 万（2024 年），占全国的 1.7%	270 亿美元（2023 年），占全国的 1.8%
	加拿大渥太华	107 万人（2022 年），占全国的 2.7%	590 亿美元（2023 年），占全国的 2.8%
	德国柏林①	375 万（2023 年），占全国的 4.4%	2087 亿美元（2023 年），占全国的 4.7%
	巴西巴西利亚	298 万（2024 年），占全国的 1.4%	532 亿美元（2021 年），占全国的 3.3%
	南非茨瓦内②	404 万（2022 年），占全国的 6.5%	388 亿美元（2011 年），占全国的 9%

又例如，1901 年施行的《澳大利亚联邦宪法》规定，首都必须位于新南威尔士州境内，距离悉尼 100 英里左右区域。最终澳大利亚联邦政府于 1908 年决定在悉尼和墨尔本两大城市之间的折中地理位置定都。1927 年临时国会大厦（现旧国会大厦）在堪培拉建成，澳大利亚联邦国会从墨尔本迁往堪培拉。堪培拉是澳大利亚政治、外交、军事、教育、文化中心，人口不足 50 万人，就业人口中 50% 以上为公务员，从事政府机关、科学研究、文化教育及公共服务性行业。近年来，堪培拉也在寻求功能的多元化，其中涉外教育、休闲旅游产业发展较快。目前每 9 名堪培拉市民

---

① 德国是联邦议会共和制国家，其首都柏林虽是全国人口最多的城市，但经济功能并不十分突出。作为首都和文化中心，柏林与法兰克福（欧洲金融中心）、慕尼黑（科技中心）形成良好分工。

② 南非是世界上唯一同时存在三个首都的国家。出于政治平衡性的需要，由三座发展较好的城市分别承担国家行政管理职能。其中，行政首都茨瓦内（Tshwane）是中央政府所在地，立法首都开普敦（Cape Town）是议会所在地，司法首都布隆方丹（Bloemfontein）是最高法院所在地，分别位于南非的北部、南部和中部。

中就有 1 人从事与教育相关的行业。

20 世纪 60 年代，巴西联邦政府迁都巴西利亚。巴西利亚被确立为首都，与原首都里约热内卢的"大城市病"迟迟得不到解决有很大关系，同时可以平衡国内经济社会发展，加快中西部地区开发。巴西利亚气候宜人，风景优美，市区连同 8 个卫星城组成联邦区，面积 5814 平方公里，人口约 298 万人，是巴西第四大规模城市。巴西利亚是纯粹的国家行政中心，市区严格禁止兴建各类重工业工厂以及污染较重的轻工业工厂，经济活动以建筑业、基础市政、公共管理和服务业为主。

3. 首都与世界城市排名

21 世纪以来，随着全球化与信息化的深入发展，促使多极的、多层次的"世界城市网络"（Globalization and World Cities，简称 GaWC）体系加速形成，在全球经济发展中发挥着重要作用。

"世界城市网络"，是由"全球化与世界城市研究小组与网络"（Globalization and World Cities Study Group and Network）团队提出的，利用网络分析技术深化讨论了城市之间的关联，是目前较权威的世界城市排名。它反映了不同时期各国在全球化进程中所处的地位、资源控制能力和综合辐射影响力。其中有人口和经济规模巨大的超级城市，如纽约、伦敦、巴黎、东京；也有规模相对较小，但在某些资源掌控或专业化能力方面具有跨国影响力的城市，如华沙、维也纳、华盛顿。

在"世界城市网络"演替进程中，一些发展中国家的核心城市晋级较快，如中国的北京、上海、广州、深圳等；亚洲国家的城市，如迪拜、吉隆坡、首尔、雅加达、孟买、曼谷、新德里都位列前 50 名。这反映出亚洲国家在全球经济贸易格局中的地位正在不断提升。相反，南美洲、非洲等一批原来相对经济发达的国家却出现了经济滞胀的现象，其核心城市在全球地位也随之下降。

随着我国综合国力和国际影响力的快速提升，特别是 2008 年全球金融危机后，北京、上海等城市迎来了发展机遇期，迅速晋级"世界城市网络"前十名。2010 年，排名进入前 100 名的中国城市只有 5 个，到 2018 年增加到 11 个，2024 年已经达到 20 个；香港、北京、上海、广州、台北和深圳 6 个城市长期稳定居于世界一线城市序列。

2024 年 GaWC 城市等级一览表

级别	个数	城市名录
Alpha++	2	伦敦、纽约
Alpha+	8	香港、北京、新加坡、上海、巴黎、迪拜、东京、悉尼
Alpha	17	首尔、米兰、多伦多、法兰克福、芝加哥、雅加达、圣保罗、墨西哥城、孟买、马德里、华沙、广州、伊斯坦布尔、阿姆斯特丹、曼谷、洛杉矶、吉隆坡
Alpha-	22	卢森堡、台北、深圳、布鲁塞尔、苏黎世、布宜诺斯艾利斯、墨尔本、旧金山、利雅得、圣地亚哥、杜塞尔多夫、斯德哥尔摩、华盛顿、维也纳、里斯本、慕尼黑、都柏林、休斯顿、柏林、约翰内斯堡、波士顿、新德里
Beta+	20	波哥大、胡志明市、罗马、班加罗尔、布达佩斯、雅典、汉堡、多哈、成都、迈阿密、天津、达拉斯、亚特兰大、奥克兰、巴塞罗那、杭州、布加勒斯特、利马、蒙特利尔、布拉格
Beta	23	重庆、特拉维夫、布里斯班、开罗、河内、南京、奥斯陆、珀斯、阿布扎比、哥本哈根、麦纳麦、武汉、马尼拉、厦门、内罗毕、基辅、日内瓦、济南、卡尔加里、郑州、沈阳、大连、苏州
Beta-	28	青岛、卡萨布兰卡、长沙、贝鲁特、路易港、丹佛市、拉各斯、贝尔格莱德、蒙得维的亚、温哥华、西雅图、曼彻斯特、索菲亚、布拉迪斯发、里约热内卢、里昂、西安、赫尔辛基、昆明、萨格勒布、尼科西亚、卡拉奇、加拉加斯、合肥、斯图加特、巴拿马城、金奈、费城

在 GaWC 的排名中，各国首都作为联动国际与国内各级城市的中枢，一般都位于前列。同时，从其他城市综合实力或竞争力排名看，复合功能

型首都排名也较为靠前。

如侧重引导企业投资战略的城市影响力排名——科尔尼"全球城市指数"（GCI）。其年度报告由《全球城市综合实力指数榜》和《全球潜力城市指数榜》两部分组成。《全球城市综合实力指数榜》围绕五大维度商业活动、人力资本、信息交流、文化体验、政治参与的 27 项标准，衡量全球城市的综合表现和影响力。《全球潜力城市指数榜》围绕四大维度居民幸福感、经济状况、创新和治理的 13 项指标，衡量新兴城市的未来发展。在 2024 年《全球城市综合实力指数榜》上，纽约、伦敦、巴黎、东京、新加坡、北京、洛杉矶、上海、香港、芝加哥位居前十，其中首都城市占据 5 席。

再如日本"森纪念财团"（东京）的"全球城市实力指数"（GPCI），从经济、研发、文化交流、宜居性、环境、可达性等 6 个方面反映城市实力，2024 年排名前十的城市为伦敦、纽约、东京、巴黎、新加坡、首尔、阿姆斯特丹、迪拜、柏林、马德里，其中首都城市占据 8 席。

建设大国首都

在政治、经济、文化多种优势的共同作用下，伦敦、巴黎、东京等首都城市的人口快速集聚、功能高度复合、空间形态日益复杂，发展到一定阶段后，区域层面的职能重构和协同发展是必经之路，也是其可持续发展的必由之路。

1. 人口——稳步增长，中心与外围交替成长

复合功能型大国首都的人口发展往往与社会、经济等因素相适应。

西方国家的首都如巴黎、伦敦等，人口发展呈现"城市化—郊区化—逆城市化—再城市化"的变化规律。以伦敦为例，20 世纪之前，城市人口快速增长；到 20 世纪 30 年代，内伦敦人口保持平稳，外伦敦人口快速增长，表现出郊区化特征；30—90 年代，内伦敦人口持续下降，外伦敦人口也逐步从快速增长变为缓慢下降，表现出典型的逆城市化特征；从 20 世纪末开始，内伦敦、外伦敦和大伦敦地区由于产业结构再次升级，人口同步增长，呈现出明显的再城市化特征。（伦敦的行政区划分为伦敦城，也就是金融城和 32 个市区，伦敦城外的 12 个市区称为内伦敦，其他 20 个市区称为外伦敦。伦敦城、内伦敦、外伦敦构成大伦敦市——编者注）

东亚国家的首都如东京、首尔等人口发展的特点是，充足的劳动力资源在首都地区聚集，中心城区人口由快速增长变为维持稳定，外围地区人

口由快速增长变为缓慢增长，到 21 世纪初，快速完成郊区化后，中心城区人口开始由停滞变为缓慢增长。

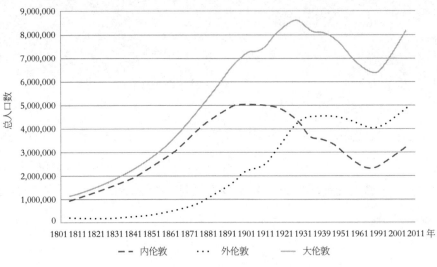

伦敦不同地区的人口变化①

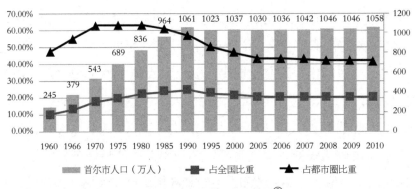

首尔不同地区的人口变化②

---

① 资料来源：Population Estimates by Primary Care Organization for England and Wales, Office of National Statistics, 2007。

② 资料来源：《人口动态统计年报》，大韩民国统计厅，2010 年。

值得关注的是，虽然二战后西方许多发达国家的首都人口发展进入郊区化阶段，然而，随着 20 世纪 90 年代全球化进程的不断加快，世界范围内的产业重组和人口迁移等因素带来了新一轮人口集聚。如伦敦 2011 年人口重新回到 800 万人以上，2013 年大伦敦居民国外出生的占 35.8%。巴黎从 20 世纪 70 年代开始，人口持续下降，但进入 21 世纪以来，回升了 13 万人。再如首尔进入 21 世纪以后又继续维持稳定的增长水平，仁川市和京畿道受到其辐射力的影响，人口也在持续增加。人口恢复增长的动因在于这些核心城市的全球化移民显著增加，特别是吸引了世界各国 15—30 岁的青年人去求学和工作。可以看到，吸引年轻、高素质的国际移民成为这些城市保持全球竞争力的重要战略。

2. 功能——优化结构，提升竞争力

纵观复合功能型首都的产业发展历程，可以发现其具有很强的规律性与阶段性特点。

一方面，伦敦、巴黎、东京等大国首都在国际门户、经济管理职能、科技创新、文化交流等方面具有全球影响力，不但是全球金融证券、企业总部、商务博览聚集度最高的城市，也是世界创意产业之都，其时尚风格、文化品位引领世界潮流发展。梳理城市功能演变的历史脉络，可以看到，这些城市一直积极通过国际化、区域性职能的不断拓展，配合多元化产业结构的转型升级，对全球经济发挥着重要的引领作用，从而巩固、加强其竞争力和影响力。

一般而言，产业经济升级的路径包括工业化、服务业化、服务业高端化及创新化发展四个阶段。当前世界城市产业调整方向是强化知识经济和科技创新优势，通过吸引高端人才的社会服务发展与宜居品质建设，促进高端服务功能持续向中心城区聚集与叠加。像伦敦、巴黎、东京等在 20

世纪八九十年代陆续发展成为全球金融和生产要素配置中心之后，开始寻求发展成为全球知识和技术创新中心、总部和高新技术产品生产中心。从就业看，金融保险业在经历了快速增长后趋于稳定，咨询服务、科技创新、文化创意等高端服务业发展迅速。同时，伴随经济全球化进程，总部经济发展迅速。当前伦敦、巴黎、东京、纽约四大世界城市，聚集了全球1/4以上的世界500强企业总部。

例如，伦敦为了应对后工业时代全球分工调整，政府积极推动文化传媒、表演艺术等创意产业发展。目前，相关产业的产值已超过金融业。又如，巴黎通过重大国家职能的区域化发展，力图成为欧洲的科技创新中心，是其保持全球竞争力的重要途径。1994年《巴黎大区战略规划》（SDRIF）提出在巴黎连接欧洲其他中心城市的交通走廊的门户地区建设5个"欧洲中心"，分别发展全球金融商务、国际门户、科研与高新技术产业、国际文化交往等职能。

另一方面，发展社会服务业是世界城市保持全球领先地位的重要途径。

尤其在创新发展驱动下，各地越来越重视人力资本的积累。东京、伦敦等城市就业快速增长的部门集中在医疗、教育、休闲娱乐等行业，体现出对高素质人群的吸引力和国际竞争软实力。

高端服务业在中心城区升级聚集的同时，各类专业化服务、生产功能加速向区域转移。例如，东京自20世纪60年代以来，制造业产值比重持续下降：其中，东京都从1965年的15%下降到2008年的3%左右；近邻三县的东京都市圈从1965年的31%下降到2008年的不到20%；但同时远郊四县的制造业比重从5%上升到10%左右。

当然，中心城区仍然维持了一定比例的制造业、物流业，伦敦维持10万个以下就业岗位，东京都保留53万个。这些保留下来的、竞争力较强的制造业部门，主要是面向高端服务、高附加值的都市加工制造和高新技术、尖端制造产业。

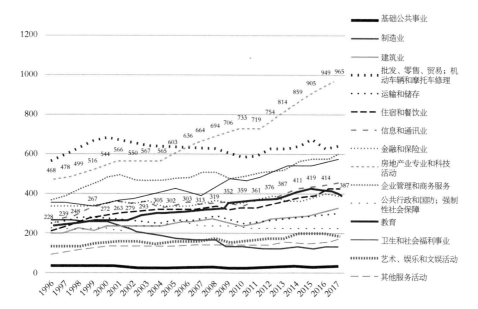

1996—2017 年伦敦各行业就业人数变化①

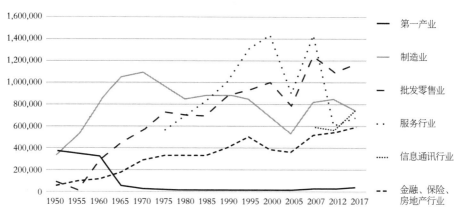

1950—2017 年东京各行业就业人数变化②

① 资料来源：https://www.ons.gov.uk/employmentandlabourmarket/peopleinwork/employ-mentandemployeetypes/adhocs/008784londonjobsbyindustry1996to2017。

② 资料来源：http://www.toukei.metro.tokyo.jp。

3. 空间——从集聚到区域协同

复合功能型大国首都的空间布局一般由中心城区、近郊边缘组团、远郊新城组成，并且呈现"圈层分异、廊道拓展"的组织模式，其主要有以下几个特征。

15公里半径范围内的中心城区，是各项高端服务功能高度混合区域，主要承担着国际国内的政治、经济管理与交流中枢，以及掌控全球经济命脉的金融贸易、信息技术、文化创意等职能，很多还肩负着古城和历史文化保护的重责。

一般而言，中心城区还可分为高度聚集区和邻接聚集区两类，并随着功能的叠加逐步形成多中心发展格局。如东京山手线轨道串联了距离都心（主中心）外围10公里半径范围内的临海、锦系町·龟户、上野·浅草、池袋、新宿、涩谷、大崎7个副都心，而10公里半径范围外的大田等区则以杂货生产、居住、科研等功能为主。再如巴黎将老巴黎108平方公里旧城做整体保护的同时，在10公里半径范围内重点发展德方斯、圣德纳、博尔加、博比尼、罗士尼、凡尔赛、弗利泽、伦吉和克雷特伊9个副中心。

15—30公里半径范围的近郊地区，是中心城区配套协作区域。它是首都职能、国际化职能外迁扩展的主要区域，也是高品质休闲成长地区。随着中心城区向外辐射的通勤交通进一步延伸，从原有的城乡过渡地带转而成为批发贸易、都市制造、休闲娱乐等各类专业化服务及大量居住转移的较低成本空间。该区域的重要特征是具备一流生活环境品质。

30—60公里半径范围的远郊地区，是区域性新城、国际化新区及其他专业化功能集聚开发建设的重点区域。它往往凭借良好的对外交通、公共服务和生态环境条件，成为新一轮高新技术产业拓展的创新集聚区。如大巴黎30公里圈层在位于国家重要交通走廊和城市主要门户区域建设5个新城，分别各有侧重地承载着都市工业、休闲旅游、科技研发、文化创新等专业职能，再外围沿主要州际、国家交通走廊上分布大量小城市和小城镇。又如伦敦外围的英格兰东南部地区已经成为具有国际一流竞争力的高新技术产业聚集区，集聚了全英约 1/4 的研发机构、24 所高等教育院校以及 71 所再教育机构，拥有 24.5 万家中小企业，也是跨国公司、新兴产业的总部聚集区。其中，从伦敦西向延伸到南威尔士的 M4 高速走廊被称为英格兰"硅谷"，集聚着思科、微软、惠普和 MCI 等全球知名的大科技公司总部。再如东京在 30 公里以外分别培育建设了一系列职能各异的专业化新城，包括埼玉新中心聚集国家行政职能，浦和、大宫新城培育国际交流、商务和居住职能，筑波科技城重点转移和聚集国立科研机构，神奈川—千叶发挥国际空港、港湾职能，重点发展国际化的研发商务、国际交往、教育和先进制造业基地等。

此外，绿色环保、生态宜居是伦敦、巴黎、东京等城市长期坚持的发展理念。通过多年的努力，在城市周边形成了景观丰富的多样化生态网络空间。在"环形 + 板块 + 网络"的生态安全格局基础上，建设区域休闲绿道、大型主题公园（国家公园）和郊区游憩基地。近郊地区由于人口和开发建设密度较高，往往采用"楔形绿地 + 环形绿隔"来组织绿化隔离带、大型主题公园、绿道。远郊地区则广泛分布保障大都市区发展的生态多样保护区、水源涵养地和风沙防治功能区，并借助于生态河道、郊区绿化带、农田、历史文化遗迹建设带状郊野游憩空间。

4. 交通——多层次复合体系网络

复合功能型大国首都的交通网络，具有以下几个特点。

（1）拥有层次丰富的轨道交通系统

伦敦、巴黎、东京等均采取了以轨道建设为主的公交优先策略来适应人口和功能的扩张。依托地铁、轨道快线、市郊铁路、有轨电车等多层次的轨道网络形成范围达到 50 公里半径的交通通勤圈。

例如大伦敦地区（Greater London）包括伦敦城、内伦敦和外伦敦。轨道交通系统包括地铁路（Underground/Tube）、轻轨（Docklands Light Railway）、地上铁（Overground）、有轨电车（Tramlink）等。其中，地铁是伦敦公共交通网络的核心，共有 12 条线路，总长 408 公里。伦敦地铁以环线为中心，向东南地区辐射的高密度国家铁路主要承担至伦敦中心区的通勤出行任务。国家铁路总长 788 公里，通过地铁环线上的车站与伦敦地铁系统形成换乘。为了优化区域布局，伦敦还建设了东西向贯穿市中心的横贯铁路工程——伊丽莎白线。根据规划，伊丽莎白线还将进一步拓展，并规划建设南北向贯穿市中心的泰晤士联线项目。

部分首都城市轨道交通线网层次体系[1]

	纽约		伦敦		巴黎		东京	
	空间层次	服务形式	空间层次	服务形式	空间层次	服务形式	空间层次	服务形式
中心城区	纽约市，半径20—25公里	地铁	大伦敦，半径20公里	地铁、轻轨、地上铁路、有轨电车等	巴黎市，半径5公里	地铁	23区，半径15公里	地铁、单轨
					半径10公里	现代有轨电车		
近郊			英格兰东南地区，半径60公里以上	市郊铁路	半径30公里	大区快速铁路（RER）	半径70公里	私营铁路、JR
远郊	半径100公里	通勤铁路			巴黎大区，半径60公里以上	市郊铁路		
中远程/城市群		国家铁路		国家铁路		高铁（TGV）		新干线

---

① 资料来源：中国城市规划设计研究院：《京津冀协同发展战略研究——世界城市、首都城市地区发展与治理经验启示》，2018 年。

又如，巴黎大都市区的轨道交通系统包括地铁、现代有轨电车、大区快速铁路（RER）、市郊铁路等层次。其中，地铁网由 14 条主线和 2 条支线组成，线路总长 212.6 公里，高密度覆盖了半径 5 公里的巴黎市区。现代有轨电车有 4 条线路运营，服务于近郊圈层，形成环状联系。大区快速铁路共有 5 条线路，形成贯穿巴黎市区并延伸至远郊区的大运量铁路公交线网，为整合巴黎大都市区的空间布局发展发挥了积极作用。在没有 RER 通达的郊区市镇，市郊铁路网发挥了城市客运的作用。在巴黎大区有 28 条放射式的市郊铁路线，线路总长 1286 公里，覆盖半径 60 公里以上的范围地区，每天约有 5000 次郊线列车从市区的 5 个火车站发出。

再如，东京大都市区以发达的轨道交通系统著称，形成了东京区部以地铁为主、大都市区城市之间以区域性轨道交通（JR 线、私营铁路线）为主的交通结构。轨道网络有力地引导了大都市区紧凑集约的一体化发展。其中，地铁网主要布局于半径 15 公里的区部，共有 13 条线路，运营里程达 312 公里。JR 系统由两条环线（山手线、武藏野线）及若干放射线组成，除承担远程运输任务外，还重点为距离东京站 50 公里半径的都市区提供通勤服务，总长约 876 公里。私营铁路系统大部分以山手环线各站为起点，向近郊及邻近城市辐射，全长约 1177 公里。为提高私营铁路线、JR 线在市中心的可达性，方便换乘，部分私营铁路线、JR 线还与地铁线路组织了直通运营。

（2）客运枢纽与城市中心体系紧密衔接

东京、巴黎等首都城市的大都市区已经形成了综合交通枢纽与城市功能中心高度耦合的格局，建立起交通枢纽与都市区空间之间良好的互动关系，以发挥城市中心向区域的辐射带动作用，利用枢纽布局培育潜力地区。

例如，东京依托山手线上多条私营铁路、JR 线、地下铁路线共同汇集的大型转乘站，形成了以东京站附近地区为核心，外围的上野·浅草（传统与现代文化旅游活动中心）、池袋（文化娱乐中心）、新宿（商业文化活动中心）、涩谷（文化信息中心）、大崎（高新技术信息交流中心）、锦系町·龟户（工业文化中心）和临海（国际活动与信息交流中心）等7个副都心。

同时，强化枢纽地区的综合开发，创建了独特的枢纽站文化。轨道客运站不仅仅是一个交通枢纽，而是通过配合高密度的商业公共设施与公寓住宅开发，与周边地区共同形成功能性的"车站地区"。车站是城市功能的集合体，城市的结构也以车站为中心，市民以车站为纽带进行城市生活。

例如，东京的新宿站，以车站为中心750米半径内设置了100多个轨道出入口，将西口、南口和东口等地区连成一体，共同构成了一个东京的超级商业、文化娱乐中心。又如日本京都站也是一个功能高度复合的城市综合体。除了汇聚各类轨道交通外，车站内部还包含百货公司、购物中心、一座博物馆、一家有539间客房的旅馆、一个925座的大型剧场、一座9层楼面的大型立体车库，以及众多的咖啡厅、餐厅、屋顶花园广场等，为城市提供了多元化的公共中心。

5. 文化——保护传承，活化创新

大国首都城市的文化建设呈现以下几个特点。

（1）注重城市"文化个性"

首都的文化建设应主要依托自身的文化条件，找准定位，强化在世界发展竞争中的差异性优势，将城市文化中的某些要素予以突出，重点培育文化个性，使之成为城市可持续发展的内在动力，从而增强城市吸引力、提升城市竞争力。华盛顿、伦敦、巴黎、东京等首都城市的文化建设都有着十分鲜明的个性特色。

华盛顿的城市文化建设在整体定位上以服从于政治建设为核心，注重文化艺术和公共设施在价值导向中的作用，彰显美国的价值理念。

伦敦的城市文化建设以创意文化的发展为导向，以建设"模范的可持续发展的世界级城市"和"卓越的创新文化国际中心"为发展目标，注重利用创意产业在促进文化、科技、经济一体化过程中的效能，并基于此培育新的经济增长点，调整城市产业结构。

巴黎城市文化建设的核心是保持其艺术之都的世界地位，注重民族艺术的保护传承，以及各类文化遗产和老城区历史风貌的保护，通过寻求传统和现代之间的平衡，培养巴黎独特的文化身份与氛围。

东京的城市文化建设以增强东京城市文化的活力和魅力为导向，通过现代文化产业的发展激活文化资源，展示多样性的文化形态和国际前沿的文化视野，通过创造性的文化生产拓展文化影响力。

（2）挖掘历史文化价值

历史文化是城市参与全球竞争的重要资源，历史文化的保护与传承已成为新经济增长的重要领域，是城市可持续发展的新动力，良好的人文环境是众多首都提升核心竞争力的重要支撑。此外，对于移民人口较多的首都城市来说，多元文化资源的开发利用，还是改善贫困社区经济和实现社会融合的重要手段。

例如，巴黎是历史文化保护传承体系最完善的首都城市代表，历史遗产空间的法定保护区面积达到城市总用地的90%。法国政府2010年颁布的《建筑与遗产价值提升区保护法》，将遗产性质从"保护对象"扩展到"地方资源"。新的保护法强调遗产保护不再是静态的，而是应放在居民需求和可持续发展等更大的城市框架内思考，并应与地方规划相协调，只有把遗产作为地方可持续发展的资源，它的价值才能被真正地释放。新的历史文化保护行动鼓励地方政府和民间社团积极挖掘利用文化遗产，以推动市镇和社区发展。如巴黎东北部的庞坦地区，过去曾是贫困人口聚居和治安不佳的问题街区，但进入 21 世纪以来，通过对本地宗教、考古遗迹、社区历史、工业遗产的挖掘和整理，不但吸引了大量的游客和知名企业入驻，还成功吸引了老城区的教育、行政、文化、交通等优质资源和设施的疏散。目前，越来越多的青年艺术家和中产阶级开始选择庞坦作为工作和居住地。

除此之外，巴黎还将历史文化保护传承、城市公共空间设计、城市文化活动关联起来，进行综合性、多维度的文化建设。通过开展"争夺公共空间行动"，将废弃的、封闭的或过度商业化的码头、铁路、车站、花园、街道进行整理，重新向公众开放；并通过"公共艺术委托制度"邀请自由艺术家在巴黎街头进行创作，培育城市创意空间。如针对全市遗产点和特色场所梳理了"发现巴黎"36 条参观线路，将艺术活动和公共空间（包括遗产空间）结合在一起，让游客通过不同的文化主题活动从多个角度去认识巴黎，带来了城市文化价值的增值。

（3）培育发展多元文化产业

一般认为 21 世纪全球最有潜力的两大新兴产业，一个是信息产业及相关高科技产业，另一个是文化产业。文化产业不仅是"软实力"之一，而且越来越成为一种创造巨大经济效益和社会效益的强大产业实体，成为提升城市综合实力的"新引擎"，成为当今各国首都城市重点培育发展的新产业类型。

例如，伦敦作为一个以创意而闻名的城市，是世界上最早发展文化创意产业的都市之一。为了实现"世界创意文化之都"的发展目标，伦敦一方面通过成立"大伦敦市政府"，在创意文化发展战略上确立了市长负责制，在顶层设计上实现了管理体制的创新，以有效加强对各方面资源的整合；另一方面以市长文件的形式制定了"三步走"的文化发展战略，稳步推进创意产业和创意文化发展。2001 年托尼·布莱尔连任英国首相后，英国政府对伦敦的城市文化战略给予非常大的支持，尤其是对文化创意产业进行了重点培育。2003 年 6 月，伦敦市政府颁布了《市长文化战略纲要》，提出了五大文化发展目标，包括：一、文化内容的多样性，明确指出文化要满足各类市民群体不同的文化生活需求；二、文化目的的卓越性，明确指出要提升伦敦的世界一流文化都市地位；三、文化发展的创造性，确立了以文化创新作为城市发展的动力核心；四、文化包容的参与性，强调伦敦市民人人有机会参与文化活动；五、文化成果的价值性，希望从伦敦市的文化资源中获取最大价值。

当前，伦敦成功集聚了英国40%的艺术基础设施、70%的唱片制作室、90%的音乐商业活动、70%的影视生产、46%的广告人员、85%的时尚设计师。伦敦城的舰队街，曾是英国报业的集中地，《泰晤士报》《金融时报》《每日电讯报》《卫报》《观察家报》等都曾设在这里，英国广播公司（BBC）和路透社也设于此。如今，创意产业已经成为伦敦仅次于金融业的支柱产业，有超过50万人从事该行业，占伦敦就业总人口的1/4，真正成为经济增长的新源泉。

（4）打造文化创意集聚区

随着文化创意产业的蓬勃发展，伦敦、东京等首都城市，都开始打造具有特色的文化创意区。将创意产业与休闲娱乐、教育科研、居住社区、旅游目的地等连接起来，互动发展。这些新型的文化创意集聚区，不同于简单的创意产业集群，更注重城市创意氛围的培育和社区活力的再造，在开发建设中重视整体公共空间的营造，重视本土居民创意感知和生活质量的提高，提倡不同阶层的融合。

例如，伦敦的文化创意集聚区，包括伦敦西区、伦敦SOHO区、伦敦东部的霍克斯顿、东北部的克勒肯维尔、牛津科技园、剑桥科技园等。其中，伦敦西区作为与纽约百老汇齐名的世界两大戏剧中心之一，是在全球范围内有着重要影响的极具特色的创意产业集聚区。伦敦西区剧院群特指由伦敦剧院协会的会员管理、拥有或使用的49个剧院，大多数集中在市中心的夏夫茨伯里和黑马克两个街区，方圆不足 1 平方英里。这里活跃的不仅有戏剧展演创作等创意经济，还有商业、娱乐业等产业相辅相成，剧院群作为伦敦重要的文化符号载体，每年均吸引着来自全球各地的游客。

位于泰晤士河南岸的艺术文化区也是文化集聚区，在 2007 年《威斯敏斯特整体发展规划》中与西区、SOHO 一起被确定为"强文化、艺术和娱乐特征的多功能性"区域。泰晤士河南岸的艺术文化区拥有著名的泰德现代艺术馆、伦敦眼摩天轮，其中：泰德现代艺术馆是由老的火力发电厂改建而成，如今已成为吸引游客最多的美术馆，它不仅带动了泰晤士河南岸地区从贫困落后的旧工业区向文化繁荣区转变，也拓展了老工业建筑再利用的新思路；伦敦眼摩天轮则开启了新世纪世界各国兴建摩天轮的热潮，是伦敦的创意建筑地标。

又如，动漫产业是日本文化创意产业中特色鲜明的一类，根据日本动漫协会公布的数据，超过 3/4 的动漫企业和几乎所有的动漫公司总部都聚集在东京，它们生产着至少占全球总量 60% 的动漫产品。东京都区部西北角的练马区是动漫企业高度集中的区域，到 2006 年末，区内集聚了各类动漫企业 94 家，约占东京都区部 389 家的 1/4。1948 年日本动画有限公司、1956 年东映动画有限公司均在练马区成立，加之漫画大师手冢治虫定居等因素，成为动漫产业在练马区集聚的触媒。2009 年，练马区从地方环境、动漫人才培育、生活环境、相关专业院校教育改革和大学生岗前实习等方面，对现有动漫文化集聚区提出了持续快速发展的策略。一方面，对知名漫画大师故居、交通站点、公园等市民与游客密集的地方进行动漫氛围营建，以推广和普及动漫文化，吸引动漫工作者移居本区；另一方面，在中小学群体中强化了民族动漫文化与工艺的教育普及。

（5）重视大众文化设施建设

一座城市的文化自信力和文化精神高度往往从大众文化设施的密度或

人均指标反映出来。各国首都都高度重视各类文化设施的建设，图书馆、美术馆、博物馆、歌剧院、私人画廊等各类文化表演或聚集场所，密集地分布于大街小巷，为本地市民和外来游客提供文化知识服务。

例如，在东京都，图书馆、美术馆和博物馆布局呈现显著的空间分异。其中，中心地区 23 区部的图书馆设施密度高达 1.7 平方公里 / 馆（服务半径约 700 米），多摩地区则为 7.9 平方公里 / 馆（服务半径约 1.5 公里），全域平均为 4.2 平方公里 / 馆，但在各区域内基本呈现出均等化布局的特征。而东京都的美术馆和博物馆相比于图书馆，在中心城和外围地区的密集度差距更加明显，东京都全域美术馆和博物馆平均为 8.6 平方公里 / 馆。其中，中心地区 23 区部高达 3.3 平方公里 / 馆（服务半径约 1 公里）；而多摩地区，则为 23.4 平方公里 / 馆（服务半径约 3 公里）。

又如，大巴黎地区的文化设施总量和密度尤其高。大巴黎地区的图书馆平均密度达到 1.11 平方公里 / 馆，在小巴黎地区高达 0.34 平方公里 / 馆，外围三省也达到 1.76 平方公里 / 馆。大巴黎地区的文化展演设施平均密度更高，达 0.6 平方公里 / 馆。其中，小巴黎高达 0.1 平方公里 / 馆，相当于约 300 米服务半径内就有一处文化展演设施，如博物馆、歌剧院、画廊、会议中心、礼堂等；外围三省则为 1.7 平方公里 / 馆。相比之下，巴黎的博物馆、歌剧院、画廊等设施密度都明显高于会议中心、礼堂等其他设施，充分体现了其"艺术之都"的特点。

6. 科教——高度集聚，专业化集群发展

大国首都城市的科教创新呈现以下几个特点。

（1）教育科研职能高度集聚

各国的首都城市往往都集聚了全国最优质的教育资源和科研机构。虽

然伦敦、巴黎、东京等都曾试图通过疏解教育科研等职能，来减轻人口压力，但大国首都地区仍然是引领世界科技创新的重要策源地与空间载体。

例如，伦敦集中了英国 1/3 的教育科研机构，如牛津、剑桥、帝国理工学院、伦敦大学学院等世界名校均位于伦敦。每年伦敦高校毕业学生占据英国毕业学生总数的 40%，伦敦有 60% 的人从事与教育和科技相关的行业，为企业创新提供了源源不断的人才。从 1996 年至 2017 年伦敦各行业就业岗位分布情况来看，科学技术、教育类的岗位规模和比例在不断上升，其中科学技术类（扣除房地产）2017 年岗位数达到 84.6 万个，占全部就业岗位数的 14.56%，是所有行业中比重最高的；教育行业岗位也达到了 38.7 万个，占比达到 6.66%。

又如，在 QS 公布的 2019 年世界大学排行榜中，法国在世界前 500 名高校中占据 17 个位置，其中 11 所位于巴黎。据统计，2015 年巴黎大区拥有学生约 67.8 万人，占全法国学生数的 26.4%，其中博士生 2.8 万人，占全法国的 38%。同时，巴黎拥有欧洲最多的研发人员，2015 年巴黎研发人员规模约 16 万人，远高于欧洲其他城市，占法国的研发人员总量的 37.7%，并达到了欧盟的 5.6%。此外，巴黎的科研投入也远高于其他地区，巴黎大区生产总值的 3% 用于科研和发展，占全法国的 40.7%。

再如，东京拥有 190 多所大学，集中了日本 1/3 以上的大学，并拥有全国 1/3 的国际级文化机构。著名的东京大学、早稻田大学、庆应大学、立教大学、明治大学、一桥大学、法政大学等都在东京。日本政府虽然试图将东京的高校分散到城市之外，但最终发现那些与首都活动和产品研发关系密切的科学、工程研究部门仍然难以抵挡东京强烈的吸引力。

韩国的教育和科研职能也是高度集聚于首尔首都圈。虽然从 20 世纪 60—90 年代，韩国政府也致力于推动教育功能从首都向区域疏解，并取得了一定的成效，但是约一半的高尖端人才培养院校仍然集中于首尔。根据韩国统计年报，从 1985 年至 2010 年的 25 年间，首尔首都圈的大学数

量占比从 47%（47 所）下降到 38%（68 所）；本科生数量占比从 43.5%
下降到 37.8%；研究生院数量占比从 57.7%（116 所）下降到 50.1%（570
所）；研究生数量占比从 68.5%下降到 56.5%。

莫斯科除了是俄罗斯的政治和经济中心之外，也是全国最为重要的
文化教育科技中心。在俄罗斯 548 所高等学校中，莫斯科有 87 所（8 所
国立研究型大学）。2010—2011 学年，莫斯科市的大学生数量占全俄的
16.6%，排名第二的圣彼得堡也仅占 6.1%。此外，莫斯科还拥有众多的
全国性艺术、医学、教育和农业研究院。

（2）建设外围专业化创新集聚区

为避免人口和产业向中心区过度集聚，促进区域均衡发展，伦敦、巴
黎、东京等大国首都均在不同时期，依托良好的对外交通、公共服务和生
态环境条件，在郊区或更大范围的外围地区建设高等院校、科研机构和创
新企业的集聚区，形成专业化的科研创新产业集群。

伦敦从 20 世纪 20—70 年代，不断在其东南部连接欧洲的城镇大力发
展教育科研与高新技术产业，打造创新型区域增长极。

法国 1964 年出台的平衡型大都市政策提出，在巴黎大区选出 8 个外
围市镇（后来由于财政原因缩减到 5 个）接纳由巴黎中心区迁出的科研院
所、高校和大型工业企业。《巴黎大区 2030 年规划指导纲要》也明确了继
续强化科研创新经济发展的目标，提出继续巩固巴黎中心区的科研创新中
心地位，以及外围多个需要强化培育的科研创新潜力地区。

东京首都圈的科研开发和教育功能主要集中在东京区都部以及八王子、
多摩、厚木、木更津、土浦等外围新城，这些地区已经成为日本新知识、
新技术、新管理模式以及高等人才、企业家的发源地。土浦著名的筑波科
学城就是通过将原东京师范大学迁入并改建而成，目前拥有 60 多个科研、
教育、企业机构，共有科研人员 1 万名，占日本国立科研机构人数的 1/2。

治理大国首都

在城市化快速发展的中后期，复合功能型首都基本都不可避免地面临人口与功能过度集聚带来的"大城市病"难题，"摊大饼"式的无序蔓延，造成住房、交通、环境、社会秩序等方面的巨大压力，影响了城市宜居品质和综合竞争力的提升。同时，首都城市往往具有悠久的历史渊源与深厚的文化传统，功能的过度集聚也对旧城保护造成巨大伤害。发达国家很早就意识到这一点，伦敦、巴黎、东京等城市都曾在不同的阶段通过区域协调、规划统筹、立法保障、行政管控、经济调节和交通整合等多种手段，对城市发展进行管控和调节，试图摆脱"大城市病"，实现健康发展。

1. 不同阶段不同重点

在每个不同的发展阶段，城市发展所面临的问题各不相同，所采取的对策自然也各有侧重。

（1）城市发展初期，重点解决服务短缺矛盾

伴随着 19 世纪初从英国开始的工业化革命，世界范围内的城镇化迎来了一波又一波的浪潮。从 1800 年开始，以英国、法国为代表的西方发达国家先后进入快速城镇化阶段；日本作为东方后发国家的典型代表，明治维新时期全面学习和引进西方先进的科学技术和管理制度，也开启了近

代化的进程。

英国 1830 年前后城镇化水平达到 40%，经过 30 年达到 60%，再经过 40 年后达到 77%，是西方国家中第一个完成城镇化进程的国家。这个时期，伦敦人口规模从 1801 年的 100 万人增至 1939 年的 850 万人，成为当时的世界第一大都市。

日本在 1886—1910 年里，充分发挥后发优势，经过快速工业化走完了西方发达国家 100 年的路程。一战后，日本依赖欧洲经济恢复的巨大需求，充分发展了对外贸易、重化工业等，跨入"世界五大强国"之列。二战前夕日本的城镇化水平达到 37.7%，东京、大阪等大城市迅猛发展，跻身全球人口规模前十的城市。据统计，1935 年东京人口达到 588 万人，成为仅次于纽约的世界第二大城市。

在这段城镇化快速发展的初期，为应对大规模农村人口涌入城市所带来的住房恶性短缺、卫生状况恶化、公共服务供给匮乏等困境，各国政府持续进行了大规模的住房、基础设施、公共服务设施建设。同时，伦敦、巴黎、东京等首都城市也在这一时期开始着手建立并完善城市治理与社会管理体系。

（2）城市发展中后期，突出质与量同步提升

从二战后到 20 世纪 70 年代中后期，是西方国家经济持续发展的"黄金时期"，也是城市新一轮大规模扩张的时期。这一时期，许多工业化国家都迎来了生育高峰（"婴儿潮"），加之世界范围内的移民风潮，引发了对城市住宅的强劲需求；工商业和贸易的持续快速发展，也引发对工厂和办公楼宇用地的强劲需求；随着居民生活水平的普遍提高，以汽车为代表的大额消费品进入家庭，伴随这一时期"大量生产、大量消费、大量丢弃"的福特制生产、消费方式，伦敦、巴黎、东京等首都人口急剧膨胀、土地粗放扩张，出现了不同程度的环境恶化、交通拥堵、住房困难、资源紧张等"大城市病"。

首先是环境恶化问题。英国是工业革命的发源地，大量的工业和生活煤炭燃烧造成 20 世纪 50 年代严重的空气质量问题。伦敦著名的"毒雾事件"是 20 世纪十大环境公害事件之一。从 1952 年 12 月 5 日开始的一星期内，伦敦多达 1.2 万人因为空气污染而丧生。此后的 1956 年、1957 年和 1962 年又连续发生了 12 起类似事件，直到 1965 年后有毒烟雾才从伦敦上空消失。20 世纪六七十年代，骤增的汽车尾气给日本带来了严重的光化学烟雾污染。在东京、大阪和横滨等人口密集和人口密度较大的大城市中，每年要发出几十次甚至上百次的光化学烟雾警报。此外，由于城市人口过度集中，生活污水和生活垃圾也成为城市公害，沿海地区经常出现赤潮，城市环境日趋恶化。

其次是交通拥堵问题。东京、伦敦、巴黎等成长为特大首都城市后，普遍存在超长距离通勤、就学的现象，各城市交通压力十分严峻。城市中心狭小的住房、高昂的房价，迫使大批市民搬到地价较便宜的郊外居住，严重的职住不平衡加剧了城市交通拥挤和道路堵塞问题。

再次是住房困难问题。日本在二战后快速城市化过程中遵循"选择和集中"战略，促使东京等大城市人口急速增长，在工业化高峰的 20 世纪 60 年代，有相当一部分人生活在较差的住宅环境中。城市人口与功能的过度稠密，促使地价持续上升，1955—1972 年，东京地价上涨了 17.5 倍，成为 90 年代日本"泡沫经济"的肇始之一。

随着 20 世纪 70 年代"石油危机"的爆发，全球经济持续低迷，首都城市的持续繁荣和狂飙突进至此戛然而止，开始从大规模扩张向稳定发展和存量更新转变。1962 年，《寂静的春天》一书出版，引发了人类对经济发展与环境保护之间的矛盾的重新认识和思考。人口和经济总量巨大的大都市地区如何实现可持续发展？如何在更大范围内调配资源，推动城区中心、边缘组团和郊区新城的质与量同步提升？这些问题产生了关于大城市治理的新思路。

2. 央地统筹协调的管理体制

首都的城市治理具有特殊性，尤其是复合功能型首都，如何解决国家与地方利益间的平衡是关键难题。

一方面，中央政府需要一套自上而下的管理体制，来保障首都执行国家重大事务；另一方面，首都城市的发展也需要一套服务于地方经济和本地居民的管理体制。因此，协调央地利益、明晰责权关系，是首都治理的核心问题。处理好这一问题，往往需要中央政府自上而下的高位统筹协调。其主要办法有以下几点。

（1）跨区统筹编制首都区域规划

由于首都及其周边地区的规划，不仅关乎首都自身的发展，也是保障中央政府高效运转、提升国家综合实力的重要政策工具，因此，英、法、日、韩等各国都建立了高于首都地方政府的权威机构，来主导编制并实施以首都为核心的区域规划。

伦敦、巴黎等，组建区域政府编制规划。

1937年，英国政府任命了以劳工和建设部部长巴罗爵士为首的皇家委员会"巴罗委员会"，研究伦敦人口过于密集的破解之法。经过三年的调查研究，形成了著名的《巴罗报告》（《皇家委员会关于工业人口分布的报告》），提出"疏散伦敦中心地区工业和人口"这一核心建议。其后，巴罗委员会成员阿伯克隆比爵士于1944年主持编制完成《大伦敦规划》，规划范围覆盖了6735平方公里，涉及134个地方政府，是二战后指导伦敦地区城市发展的重要文件。1999年英国政府通过的《大伦敦政府法案》正式授权大伦敦市长组织编定了新的《大伦敦战略规划》，以及经济、交通、文化等方面的专项发展策略，指导和协调下属各城区的地方性规划，实现大伦敦地区的协调发展与合作。

为了对巴黎大首都地区实行统一、有效的规划管理，法国在1964年调整行政区划，成立新的巴黎大区政府。该行政区由巴黎市及其近远郊的 7 个省组成，面积 12012 平方公里，也称"法兰西岛"，由巴黎大区政府负责战略规划及交通发展规划的编制。由于巴黎特殊的战略地位，法国《城市规划法典》中明确规定了《巴黎大区战略规划》的特殊法定地位和编制要求，虽然它是大区层面的战略性规划，但在土地使用方面具有指令性，直接指导省、市、镇层级的规划。

东京、首尔等，由中央政府直接推进规划。

日本从 1958 年开始制定第一版《首都圈基本规划》，规划范围包括东京都及其周围的神奈川、千叶、埼玉、群马、枥木、茨城、山梨 7 个县，面积 36888 平方公里。该规划的前两版都是由首都整备委员会编制实施，1976 年开始的第三版规划，则交由国土厅组织，中央主导的权威性得到进一步增强。

东京都市圈，是指东京都与神奈川、埼玉、千叶、茨城南部组成的区域，面积为 16382 平方公里，是交通通勤量最大的地区。日本政府专门成立运输政策审议会（前身是都市交通审议会，隶属国土交通省），负责制定东京都市圈轨道交通等发展规划，规划报中央政府审查，并依据实际情况每隔 5 年或 10 年进行一次修编。至今，东京都市圈已经进行了 9 次轨道网络规划，最近一次于 2000 年颁布。

韩国在 20 世纪 60 年代经济腾飞后，也非常注重对首都地区的规划控制，从 1982 年开始由国家层面主导制定《首都圈规划》。韩国首都圈的范围包括首尔特别市、仁川广域市和京畿道，面积约 1.19 万平方公里。

（2）明晰中央与地市管理责权

大国的首都及其周边地区往往通过设立跨行政区的管理机构来加强治理，统筹各项规划建设任务。国家与地方两级政府的管辖事权和空间管理范围明确清晰。中央政府或者跨区域政府与地方政府之间，通过联席会议制度磋商协调具体事务。

英、法构建多层级政府协作的治理体系。

作为英格兰下属的一级行政区划之一，大伦敦（Great London）市包含了伦敦城（City of London）与32个伦敦自治市（London Boroughs）。《大伦敦政府法案》规定了大伦敦市政府整体负责大伦敦地区的区域性规划管理事务，包括制定《大伦敦战略规划》，以及经济、交通、文化等方面的专项发展策略，并与33个地方政府共同拥有地方行政权力。

英、法、日、韩首都地区规划范围

规划项目	规划范围	规划面积	首都政府管辖面积
大伦敦规划	围绕着与当时伦敦密切相关的东英格兰和东南英格兰地区贝德福郡、伯克郡、白金汉郡、埃塞克斯郡、哈特福德郡、肯特郡及萨里郡的134个地方政府	6735平方公里	1572平方公里
巴黎大区规划	巴黎大区包括首都巴黎市、上塞纳省、塞纳—圣但尼省、瓦勒德马恩省、塞纳—马恩省、伊夫林省、埃松省、瓦勒德瓦兹省，共一市七省	12012平方公里	105平方公里
东京首都圈规划	一都七县，即东京都、埼玉县、千叶县、神奈川县、茨城县、栃木县、群马县、山梨县	36888平方公里	2189平方公里
首尔首都圈规划	首尔特别市、仁川广域市和京畿道	1.19万平方公里	605平方公里

法国于2007年专门设立了一个直接对总统负责的"首都地区拓展事务"国务秘书，负责"大巴黎计划"。同时，组织了一个由法国政府、巴黎市、巴黎大区市长协会成员组成的"'大巴黎计划'指导委员会"和一个由23名资深人士组成的科学咨询委员会。此外，巴黎还在大区规划的基础上推进联盟合作机制，由巴黎市长组织100多个市镇，共同协商解决

跨区域发展的问题。

日、韩强调自上而下统一强制管理。

日本第五次首都圈基本规划由国土审议会——"首都圈整备特别委员会"审议。该委员会包括国会议员、规划涉及区域内的地方行政官员（县知事）、市长、县（市）议会议长（类似中国地方人大常委会）、国家重要事业或企业财团等法人代表、大学研究机构及民间工会组织代表等。其中，国会议员占14%，地方行政官员占25.6%，地方一级县市议会议长占25.6%，企事业、财团法人代表占18.6%，大学研究机构学者占14%，工会占2.3%。在特别委员会下设规划部会，专门负责编制首都圈规划，该部会34名委员来自大学、企事业、民间团体，分别占58.8%、26.5%和14.7%。

韩国在国家层面设立"首都地区管理委员会"。由国务总理任委员长，财政部部长、建设交通部部长任副委员长，首尔、仁川、京畿道地方长官和相关部委长官任委员，对首都圈范围内各行政区的新建项目拥有最终审查决定权。

3. 规划引领

一般来说，大都市的区域化发展是市场推动的客观规律，中心地带土地成本上升，直接推动各类专业化服务、生产、居住功能逐步向城市外围转移。对于复合功能型大国首都来说，如何通过规划引导和管控大首都地区，是实现良好治理与可持续发展的基础。英、法、日、韩等发达国家都强调，区域规划引领、促进区域融合。

（1）编制首都圈规划

英、法、日、韩等国家都制定了跨行政区协同的"首都圈规划"，针对当时的发展阶段和具体问题，对首都及周边地区的交通基础设施、资源环境、城镇空间、绿环绿楔等内容进行统筹协调。其规划目标，经历了从"控制增长"到"区域协同"不同阶段。

英国在二战后，编制的首版《大伦敦规划》是现代大都市规划与建设的重要蓝本。该规划旨在缓解中心人口过于集中、城市空间无序扩张的问题。《大伦敦规划》在半径约 48 公里的范围内由内向外划分为内圈、近郊圈、绿带圈、外圈来差异化引导城镇空间布局；计划从中心城区疏散 100 万人到外圈地区，其中 40 万人到 8 座新城，60 万人到外圈现有小城镇。其后的很长一段时间，伦敦的各项规划都在执行和落实这一规划的核心思想。20 世纪 60 年代中期通过的《大伦敦发展规划》，进一步改变《大伦敦规划》同心圆形式的封闭式布局，建设三条交通走廊连接三座"反磁力中心"城市，将大伦敦的人口、就业在更大范围内予以平衡。直到 20 世纪末人口和功能疏散工作才逐步让位于城市再生工作。到 21 世纪，随着全球化下的各项挑战与矛盾加剧，大伦敦管理局主导的 2004 年、2008 年、2011 年、2013 年等战略规划，转而强调应对人口和经济增长挑战，强化国际竞争力，保持多元文化和谐，积极应对全球气候变化等。

法国先后制定了五次大巴黎地区的区域规划。1965 年和 1976 年制定的两版"巴黎大区战略规划"，都重在强调通过建设新的城市中心、外围新城，加快疏解中心城区的人口与功能；1994 年和 2008 年通过的两版"巴黎大区战略规划"，进一步强化区域性公共交通对大都市空间的引导，促进重要交通走廊地区的集约高效开发；2013 年新制定的《巴黎大区 2030 年战略规划》，强调要继续加强大巴黎地区的集聚力、竞争力和凝聚力，提出了五级中心，包括"大区重要中心"和分为四个规模等级的"地方中心"。其中前者共 20 个，除了巴黎市中心，还包括拉德芳斯在内的 19 个副中心，集中在距离市中心 20 公里范围内，以商贸、服务、交通、旅游等专业性功能为主；地方中心共 82 个，散布在都市区各个圈层。

日本从 1958 年至 1999 年先后制定了五版《首都圈基本规划》，并且年年进行规划评估。从第四次规划开始，日本首都强调形成多极分散的发展格局，形成以商务核心城市为中心的自立型都市圈和多核多圈层的区域结构。第五次规划（1999—2015 年）在《多核分散性国土形成促进法》的指导下，进一步强调了将首都圈作为整体统一考虑，提出"分散型都市圈网络结构"的区域总体构架。

韩国分别于 1982 年、1994 年、2006 年制定了三次《首都圈规划》，从规划目标上看，体现出从抑制过度集中、提高首都圈竞争力向提高首都圈经济竞争力与地方发展、生活改善并重转变的特点。

（2）规划建设新城与绿带

规划建设卫星城、新城是伦敦、巴黎、东京等复合功能型首都重组区域格局、促进功能疏解、缓解人口压力的重要手段。与此同时，加强环城绿带的规划建设，也是抑制城市无序蔓延、塑造区域（首都圈）合理空间格局、提高生态环境品质的有效举措。

一是新城规划与开发建设。

1945—1976 年间，英国在伦敦周边地区建设了三代 11 座新城，吸引了80 万人口，发展至 1991 年人口规模达到 140 万人。法国、日本、韩国等国家也纷纷效仿。

20 世纪 60 年代，巴黎首次提出通过发展新城以形成"多中心"的城市空间格局，通过在外围设立城市"副中心"平衡城市布局。1965 年的大巴黎区域规划提出规划建设包括马恩拉瓦莱、埃夫里、伊夫林、塞尔吉-蓬图瓦兹、默伦塞纳尔在内的 5 座新城，引导大巴黎地区产业平衡发展。

20 世纪 70 年代后期，日本也在东京周边的广域地区重点打造自律性综合新城，以促成首都圈规划提出的"多极分散型网状构造"的均衡发展格局。首尔则采取由近及远、逐步外扩的策略在距中心城市 30—100 公里的距离建设了 20 多个卫星城。

　　虽然不能寄希望于新城建设能彻底解决"大城市病"问题，或完全改变人口向中心持续聚集的态势，但可以有效地缓解中心城区的人口压力，促进历史文化遗产和古城整体保护，从而彰显大国首都悠久的历史文化。

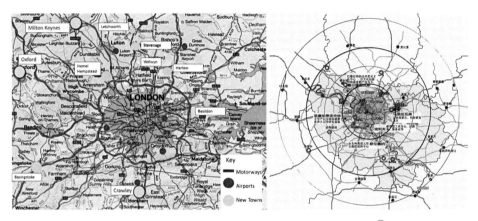

伦敦、巴黎中心城区与周边 30—60 公里的三代新城①

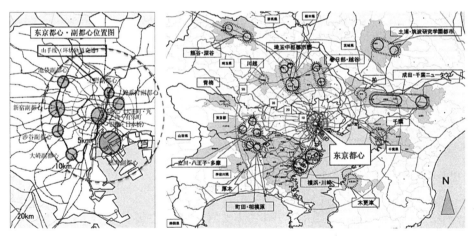

东京中心城区与周边 30—60 公里的三代新城②

---

① 资料来源：作者自绘。
② 资料来源：日本 ECO 株式会社都市环境计划研究所：《东京都市圈研究》。

二是环城绿带规划与保护。

环城绿带建设最早起源于大伦敦地区，其后被欧美日韩等其他地区广泛借鉴。伦敦自 1944 年实施《绿带法》以来坚持建设环城绿带，保护区域生态景观。为协调绿带保护与城镇发展，2012 年伦敦市出台了《伦敦绿带规划保护策略》，并将其纳入《伦敦城市规划》。其中对各类用地提出了较有弹性的管控策略。如今，伦敦绿带总面积 35170 公顷，囊括周边 8 个城镇，包括耕地和园林（38%），阔叶、针叶和混合型森林（21%），人工草场（17%），半自然草场（14%），带有林地的建筑区（8%），荒野和沼泽（1%）以及静水区（1%）。

东亚地区国家人地关系紧张，虽然环城绿带空间相对欠缺，但也都通过法律、规划等形式强化绿地系统保护，作为限制城市无序蔓延的重要手段。例如，日本在 1968 年的《首都圈整备法》就开始将近郊地带（绿化带）纳入规划统一管理，在面积 6700 多平方公里的近郊整备地带中，包含了 18 片绿地空间，面积约 157 平方公里。首尔都市圈从 1971 年起也在中心城区周边 15—30 公里的区域，设置了由农田和林地构成的环城绿带，宽约 10 公里，总面积 1567 平方公里，占首都区域面积的 29%。

4. 立法保障

英国、法国、日本、韩国等国家都通过法律法规来明确首都地区协同治理的范围和内容，实现治理的法律保障。一般主要体现在规划、环境、产业等方面。首先，在国家层面直接将涉及跨行政区协同的首都圈、新城、绿带等规划法定化，并根据规划的实施情况对法律进行动态修订，加强规划的权威性。其次，积极在生态环境治理、产业发展布局、历史文化保护等方面立法，优化首都地区治理手段。具体的做法有以下几点。

（1）通过立法保障规划编制与实施

伦敦一般在规划编制后，都会随之制定新的法规或修订原有法规，以保障规划实施的权威性。1944 年阿伯克隆比编制的《大伦敦规划》采用环形扩散的空间模式，提出了新城建设。为保障其实施，陆续出台了 1946 年的《新城法》、1952 年的《新城开发法》。为保障《大伦敦战略规划》的制定与实施，《大伦敦地方政府法》也随之经历多次修改，最新法案是 2012 年颁布的。2013 年，英国还对大伦敦交通等进行了专项立法。

日本 1956 年确立《首都圈整备法》，构建了由基本规划、整备规划和事业规划三个层次组成的"首都圈规划体系"。1965 年修订《首都圈整备法》，根据东京城市发展和控制地区的统一管理需要，将首都圈范围进一步扩大到"一都七县"。2006 年《首都圈整备法》新一轮的修改调整了首都圈规划体系，将基本规划与整备规划合并，每五年编制一次整备规划。

韩国借鉴日本经验，1982 年颁布《首都圈整备规划法》，为中央层面编制实施首都圈规划保驾护航，以后多次修订，最新版本为 2010 年修订稿。《首尔都市圈整治规划法》具有很高的法律地位，其中第三条规定，"在首都圈范围内《首尔都市圈整治规划法》优先于《国土利用计划》《城市发展计划》《土地利用和发展计划》等法律文件，且是这些计划的基础，国防、军事事务除外。"法律中还明确规定，要编制首尔都市圈整治的综合性规划。

（2）通过立法推进生态环境综合治理

为应对日益严峻的环境问题，各国纷纷通过立法加强污染治理，改善首都生态环境品质。

为了治理水污染，英国于 1848 年通过了《排水系统法》，建立首都排水系统委员会，旨在治理水污染和改善卫生条件。1855 年，英国颁布了《首都地方管理法》，成立了首都公共事务委员会，推进水环境整治、排水系统建设、贫民窟清理、公园建设等方面工作，并配套一系列相关法律法规，保障各项工作的进行，如 1862 年颁布的《泰晤士河堤法》等。

为了治理空气污染，1954 年伦敦市出台了《伦敦城法案》，旨在控制烟雾排放。1956 年，英国颁布了世界上第一部空气污染防治法《清洁空气法案》，法律规定在伦敦城内的电厂都必须关闭，只能在大伦敦区重建，城市内部设立无烟区，无烟区内禁止使用产生污染的燃料。从 20 世纪下半叶起，为应对汽车尾气污染，还专门颁布了《大伦敦政府法案》（1999 年），要求伦敦市长制定空气质量规划来阐述政府将如何达到空气质量要求及目标。东京于 1969 年颁布了《东京都公害控制条例》，对二氧化硫等污染物的排放总量进行严格控制。1994 年颁布了《东京都环境基本条例》，加强大气污染控制，进一步完善环境保护的法律体系，促进可持续发展。

为了改善生态环境，1938 年，英国制定了《绿带法》，允许伦敦议会购买土地来建造绿带，用法律的形式保护伦敦和附近各郡城市周围的大片农业和休憩区。事实上，为了鼓励城市公园建设，英国早在 1866 年就颁布了《首都公共用地法》，首都公共事务委员会对公有土地享有控制权，并利用这些土地建起了一批公园，包括著名的芬斯伯里公园和萨瑟克公园。

（3）通过立法改善产业过度集聚

伦敦、东京、首尔等首都城市都试图通过立法，来强制疏解首都地区的人口和产业，以解决"大城市病"。

伦敦分别于 1945 年和 1947 年颁布了《工业重新安置法》和《城市农村计划法》，一方面对搬迁的工厂提供补助，另一方面提高新建工厂的准入门槛，推动伦敦和周边地区的工业疏散。

东京在 1959 年的《工业控制法》中首次提出"外迁劳动密集型企业的计划"。1972 年《工业布局鼓励法》确定了"搬迁鼓励区"和"布局接收区"，对迁出城市的组织和企业推行各种贷款和税收优惠。《城市开发区域整备法》规定"城市开发区域"内工业用地免征特别土地保有税,工业园土地免征土地保有税,特定置换收益金征税顺延。此外,日本还相继出台了《首都圈市街地开发区域整备法》《首都圈近郊绿地保护法》《首都圈建成区限制工业等的相关法律》等法律法规,来保障功能疏解、绿地保护、限制工业等工作的稳步推进。

首尔在 1967 年颁布了《地方工业促进法》,鼓励生产设施向人口较少的省区转移。1977 年颁布《工业分散法》,将工业区划分为分散区、现状区和引导区三类,规定凡不符合规划的工厂必须搬迁。1977 年颁布《环境保护法》,将首尔市内的所有污染工业强行迁至安山新城。1979—1980年,政府对首尔 3000 家公司发布"位置变更法令",迫使它们迁入京仁工业区和其他工业新城。

5. 行政管控与经济调节

多管齐下治理"大城市病",除了规划调控要发挥基础性作用外,还需要一套完善的政策管控体系来支撑。英、法、日、韩等国都曾有针对性地采取了一系列行政、税收、信贷、补贴等措施,用以抑制首都城市的过度膨胀。一方面,通过强制性的行政指令实施空间管制,疏解特定产业和机构;另一方面,通过征收拥堵税费、提供转移补贴等价格手段,提高中心城区生产运营和生活成本。

需要指出的是,特定时期的人口和产业疏解对象与城市发展阶段密切相关,要遵循市场经济的客观规律,做到市场主导和政府引导并举,才能因势利导达到好的疏解效果。

(1) 东京

日本东京曾经通过新城建设、轨道交通延伸等多种方式,三次大规模主动引导中心城区的功能与人口向外疏解。

第一次集中在二战后的 20 年里。出于缓解东京都向心聚集压力的目的，1958 年《首都圈基本规划》提出在距离东京都心 16 公里处设置 5—11 公里宽的绿带与近郊带，并在外围设立城市发展区，建设卫星城吸收人口及产业。政府开始限制东京湾化工、钢铁的布局，引导相关产业向近郊京滨或横滨港区疏解；同时在中心城区 30 多公里的多摩地区开发大型房地产项目，疏散中心城区人口。

第二次在 19 世纪 70 年代。为了进一步提升东京在全球的竞争力，日本集中资源在郊区建设创新型中心、新产业基地，引导中心城区相关功能外迁。主要举措有在 60 公里外的筑波建设科学城，在横滨建设国际物流基地等。

第三次从 20 世纪 80 年代开始。随着高铁和城际轨道网不断向外围区域延伸，东京将部分中枢管理、商务服务、文化娱乐等功能向周边地区疏散。主要举措有将部分行政管理职能向 30 公里外的埼玉新都心疏散，部分城市商务办公、文化娱乐职能向临海副都心和国际空港门户区幕张新中心疏散。

同时期，东京出台一系列关于工业与办公疏散的政策与办法。1959 年《工业控制法》中就提出劳动密集型企业外迁的计划。1972 年《工业布局鼓励法》确定了"搬迁鼓励区"和"布局接收区"，对迁出城市的机构和企业购买工业建设用地、税收实行优惠，对因搬迁而建设的工业设施和相关建筑、购置有关设备给予贷款优惠；工厂搬迁后的固定资产费 3 年内免税，但固定资产的建筑物、机械装置等设备的价值不得超过 1000 万日元，总建筑面积不得超过旧厂的两倍，拆迁期限为 3 年。对于主动疏散出市区的办公类企业优先考虑解决就业人员住宅供给，并对机构贷款和税收给予优惠；对于市区已有机构建筑的改建、扩建严格实施行政厅许可制度，并对市中心机构提高固定资产税。

同时，对于转移接收地区也制定了相应的财税鼓励政策。例如《城市开发区域整备法》规定"城市开发区域"内用于安装工业生产设备的建筑物用地免征特别土地保有税；用于工业园开发的土地免征土地保有税；对于特定事业资产的买卖置换，包括从城市建成区向城市建成区以外的置换、从工业园外向工业园的置换、城市开发区域以外的区域向城市开发区域的置换三种情况，适用收益金征税顺延措施。又如，为实施《首都圈整备计划》，在近郊整备地带、城市开发区域的某些公共基础设施建设，国家用提高各都县的国债使用比率、利息补助、提升补贴率等政策予以鼓励。

　　1999 年第五次东京《首都圈基本规划》，根据人口密度和职能疏解要求划定三类空间政策区，并配套不同的土地利用规则、事业制度以及财政税收政策，保障疏散规划实施。第一类是以东京都区部及横滨—川崎地区为主的控制地带，抑制人口和产业的过度集中。第二类是 30—60 公里范围内的整备地带（优化发展地带），防止城市无序扩张，引导各类功能和就业岗位集中形成若干自律性发展城市，其中重点对生态绿地保护和工业厂区调整制定了管理细则。如近郊绿地保护区域内的建筑物的新建、改建以及增建、住宅地开发、树木竹林的砍伐等行为必须向都县知事等申请。第三类是以都市圈北部 60 公里范围以外（关东北地区为主）的政策促进发展区，以"核心业务城市"为依托强调新功能的培育，并制定了相应的财政、土地特别支持策略。

　　总体看来，两次政府主导的产业疏散对东京都及其周边的产业大幅度重组发挥了重要作用，起到了推动均衡发展的成效。虽然 20 世纪 80 年代信息、金融等新兴产业依然向东京都 23 区集聚，除筑波等距离较远的新城以外，30—40 公里以内的多摩、港北、千叶的建设用地也均与中心城区连接成片，变为卧城。但不可否认的是，东京外围的市县借助政策优势取得了长足的发展。在 1965 年至 2000 年间，东京都工业增长率增长了 4

倍，相邻 3 县增长了 10 倍，北关东 3 县增长了 23 倍。

此外，为尽快改善东京首都圈的轨道公交服务水平，日本政府逐步建立了灵活多元的交通投融资政策。首先，东京采取了多元化的轨道投资建设经营主体，吸引大量资本进入，开拓了轨道建设资金来源，减轻了政府的财政压力。东京首都圈轨道线路建设运营主体有 41 家之多，包括国家、地方政府、国家与地方政府合营、私营以及公私合营等多种模式，且以民营资本投资修建的线路为主。其次，为保证轨道企业的经营效益，东京采用了"轨道 + 物业"的融资模式，以外部收益补贴建设运营成本。这种模式极大地促进了轨道与地产、商业开发紧密结合，实现综合收益最大化。再次，东京还建立了受益者负担制度，来保障轨道建设运营的可持续发展。即通过有效的政策，让沿线区域因轨道开发而受益的各种主体负担合理的费用，以补偿轨道项目建设。

（2）首尔

从 20 世纪 60 年代起，韩国尝试推出了一系列促进首尔人口和产业疏散的措施及相关政策。1964 年和 1970 年韩国建设部先后出台了《大城市人口防止对策》《关于抑制首都圈人口过度集中基本方针》；1965 年，以总统令的形式颁布《首尔—仁川特定地域指定公告》（大统领公告第 1 号）；1969 年和 1972 年，总统府政务秘书官室相继制定了《首都圈集中抑制方案》《大城市人口分散措施》。但在实施过程中，由于以上举措不具备法律上的强制性，因此很难得到有力的保障。

1971 年韩国政府制定《污染防治法》，责令污染企业搬出首尔。1976 年修改《地方税法》，规定向转移到地方的工厂给予减免登记税、所得税、财产税等，而在首都圈新建或扩建工厂时以 5 倍的高额收取登记税、所得税和财产税。1978 年颁布《工业布局法》。1980 年《工业布局法修改案》对搬迁工业进行了详细的规定。1982 年颁布实施《首都圈整备规划法》，进一步制定了《首都圈整备规划（1984—1998）》，1986 年又颁布《首都圈整备施行规划》，从而将首都圈发展管理纳入法制轨道。20 世纪 90 年代，韩国又颁布《首都圈整备规划修订法》（1994 年），并制定实施了《第二次首都圈整备规划（1997—2011）》与《第三次首都圈重组规划（2006—2020）》，对首都圈的控制采取了更为灵活的措施。例如，对密集控制区的人口诱发设施，如写字楼、商业用建筑、公共楼房、复合用途型建筑的新建、扩建或变更用途征收负担费（拥塞费）；对一定规模以上的大型建筑物所征收的拥塞费为新增建筑费用的 10%，并按地区条件可下调至 5%。同时，对大学、工厂等人口集中诱发设施的新、扩建进行总量控制的措施。如在扩大大学入学员额，以及决策一定规模大学是否新建时，需经首都圈整备委员会审议后再行确定。

　　首尔都市圈参照东京的做法，也分出了拥塞抑制区、增长管理区和自然保护区三类政策区，不同的政策区域对于工业、学校和其他重大建设项目做出了分区管理要求，并在税收等政策上采取差异策略。在拥塞抑制区（首尔特别市、仁川广域市等地），严格限制生产性设施、办公楼和其他发展项目的建设，鼓励企事业单位外迁，对于过度拥挤控制区的搬迁者，在新的建设区对其优先分配建设用地；区内的所得税、登记税提高 3 倍，财产税提高 5 倍，用以限制新的开发项目；对于写字楼、商业建筑、公共机构等人口诱发设施，若满足特殊要求可以新建、扩建或变更用途的，征收负担费（拥塞费）并将所收费用的 50% 用于平衡广域地区和偏远地区的发展。在增长管理区（京畿道），旨在导入承接转移功能，扩充自治基础，只允许建设一般的工厂和满足基本需要的办公、科研、企业、居住等设施。在汉江上游的自然保护区，禁止开发，保持其原生态环境，并在保护汉江水系的前提下解决居民的生活不便。此外，对于开发建设还实施审查制度，如拥塞抑制区、增长管理区均要求对于占地 100 万平方米以上的住宅项目、占地 30 万平方米以上的工业项目、占地 10 万平方米以上的旅游项目进行审查；拥塞抑制区不允许增加产业园区面积，但允许工厂更新替换，增长管理区推行产业园区供应量限制和产业园区外单独工厂总量的开发限制。

韩国与日本同样是"政府主导型"较为成功的国家。中央政府和地方政府采取多种措施，在引导形成首都圈内合理分工协作方面卓有成效。20世纪90年代，首尔近郊大规模的住房供应，促使中心城区人口持续减少，至2000年首尔首都圈内的人口流动增加，并开始向圈外龙仁、水源、金浦等地扩散。以近郊一期新城建设为例，一山、盆唐、山本、坪村、中洞等地吸引了30%—40%居民入住，外围龙仁、水源、金浦吸引京畿道区域50%的人口。

（3）伦敦

英国在1944年《大伦敦规划》和1946年《新城法》颁布的同时，在1945年、1947年分别制定了《工业重新布置法》《城市农村规划法》，规定在伦敦新建、扩建和改建工厂总建筑面积超过1000平方米的，要提请有关部门批准，发放许可证，以行政许可有效控制地区开发。此外，对搬迁工厂基建费补助20%—40%，机器折旧费补助44%—100%，对职工发放雇佣奖励金及培训补助费。据不完全统计，在工业分散政策的管控下，1971年后伦敦大约有13%的工厂建设规划被取消。

1953—1963年，英国就业人口50%以上集中在伦敦，为了引导企业和就业人口向外迁移，1965年伦敦圈60—70公里半径内实行了办公建筑新建许可证制度，规定超过270平方米需要许可证。1972年《产业法》规定向拟开发地区搬迁的办公机构，由"事务所选址指导局"对新雇用职工人数的50%发给补助金，对搬迁的工作人员平均每人发给800英镑补助金。

人口疏散政策有效地控制了首都伦敦的规模，加之出生率降低、城市环境恶化等因素，大伦敦的人口数在 1950 年达到顶峰约 820 万人，以后持续减少，1981 年约 670 万人，1991 年约 550 万人。1974—1982 年，伦敦迁出的 3.1 万个劳动岗位中有 90% 限定迁往"鼓励地区"，英国政府带头将政府机构向卫星城或其他城市转移，英国大企业总部也纷纷落户"鼓励地区"，如泰晤士水公司总部在斯文登小城，劳斯莱斯总部在德比小城。

（4）巴黎

与伦敦类似，从 20 世纪 50 年代开始，巴黎也积极发挥政府调控的作用，限制市区规模，鼓励相关职能区域化布局，以缓解中心城区过度集聚的压力。

1956 年的《巴黎地区国土规划》提出降低巴黎中心区密度，在近郊区和城市建成区边缘建设大型住宅区和卫星城。1960 年的《巴黎综合开发规划》提出利用工业企业扩大或转产的机会向郊区转移，在郊区建设新的城市发展核心并创造就业机会，控制巴黎人口流入。1965 年的新开发战略提出在距离市中心 15—35 公里的区域，规划建设 8 个（1976 年和 1994 年《巴黎大区总体规划》调整为 5 个）人口规模为 30 万的新城，总规模是当时巴黎建成区的 2 倍。

1955 年巴黎宣布在市区内不批准新增工业项目，同时鼓励政府部门外迁。1958 年宣布现有市区工业企业改扩建占地规模不得超过现有场地面积的 10%。1959 年开始禁止在市区建造 1 万平方米及其以上的办公楼宇。从 20 世纪 60 年代起，巴黎对市内新建办公楼开征"拥挤税"，1000 平方米以上则须呈报批准；但对于愿意迁出巴黎市区的企业或个人建立补偿制度，如占地 500 平方米以上的工厂可享受到 60% 的拆迁补偿费用，各类行政、研究机构均可享受到 15%—20% 的投资津贴，以及家庭移居补贴等。1972 年以后市区占地面积超过 1254 平方米的建筑需获得建筑许可并缴纳建筑占用税。此外，给予巴黎远郊新建城市优先发展经济、工商企业的政策，赋予更大面积的土地开发权，对土地规划、开发、监管实施统一管理。把巴黎大区的规划方案纳入了地区年度和5年财政计划，以保证规划项目的实施。

1955年巴黎制定疏散公共机构政策与地方分散规划，计划3年内将政府主导的公共服务疏散到法兰西岛及巴黎外围。1958年设立公共机构的地方分散委员会，实行公共机构的地方迁移规划。1960年开始引导大学、金融机构、国际机构总部向地方迁移，巴黎部分大学外迁至里昂、南特及布雷斯特等地。

分散政策与落后地区开发政策相结合，大巴黎区域的城镇布局得以重构，巴黎市区的建筑密度、容积率和城市风貌特色也控制得尤为出色。1963年，为保持区域间均衡发展、扩大经济潜力，政府还设立"国土均衡开发厅"，专门致力于研究出台控制首都规模、培育地方中心的相关政策。

（5）日韩"迁都"

历史上，日本、韩国等国家曾试图通过建设新的行政服务中心，即"迁都"的方式，来实现部分首都功能的集中疏解，以缓解东京、首尔的压力，但代价很大，实际效果也不尽如人意。

20世纪90年代，日本将"迁都构想"列入政府正式议事日程，国会于1992年12月24日颁布并开始实施《关于国会等转移法》，新首都规划人口60万人，面积90平方公里，预估迁都经费约123亿美元。之后，由于政府财政难以承担，加上经济萧条，1998年政府决定"迁都工程"延期三年，反对迁都的声音逐渐增强，迁都之事就此搁浅，至今未能实施。

韩国曾希望通过迁都带动中南部地区，实现全国均衡发展。经过近

20 年的曲折反复，终于在 2012 年 7 月正式启用新行政首都世宗市。新行政中心涉及 16 个部门和 20 个组织机构共 1.3 万名公务员，规划未来通过行政管理、文化发展、科技创新、宜居生活等功能，发展形成人口规模约 50 万人的城市。然而，由于韩国总统府、国会、外交、国防、统一等部门仍然留守首尔，新旧行政中心之间产生大量城际通勤，机构分散一定程度上影响了政府办公效率，也拉高了世宗市的生活成本。到目前为止，新首都世宗市依然面临着发展动力不足的问题。

6. 交通整合

复合功能型大国首都城市在交通方面的主要治理做法有三点，一是尽可能减少大规模长距离通勤；二是 TOD（以公共交通为导向的开发，Transit-Oriented Development——编者注）引导人口与就业协同疏解；三是完善外围区域交通网络枢纽。

首先，基于空间和功能布局而呈现的通勤交通组织形态，直接关系到首都城市的拥堵程度。一般可通过优化城市和区域的空间结构，减少向心通勤、避免过长的通勤距离等，来减轻交通压力。

以东京为例，都心三区和区部的就业岗位过度集聚，职住严重分离，形成了高峰时段大规模、长距离的向心通勤交通。因而，东京《第五次首都圈基本规划》明确提出要"诱导和促进周边核心城市业务功能发展，培养具有一定独立性的地方中心城市，形成多级多圈域的都市圈结构体系，减轻外围地区对东京区部的依赖"。巴黎外围地区建设的五大新城也成功促进了不同圈层的职住平衡，交通负荷因而在区域相对均衡。

其次，构建首都圈合理可控的通勤圈，关键是要做好大运量快速公共交通。发展轨道交通引导城镇轴向拓展是重要手段之一。如伦敦、巴黎、东京等进入市中心的客运方式均以轨道交通为主体，其中东京大都市区的比例高达 86%，在高峰时段更是达到 91%。基于轨道交通为主导的客运交通结构，伦敦、巴黎、东京等都推行了以轨道公共交通为骨干的走廊发展模式，即 TOD 引导城镇开发。

然而，需要注意的是，快速轨道交通引导的居住功能转移通常快于就业岗位转移，倘若没有其他配套政策支持，外围地区极易成为依附城市主中心的卧城。

东京首都圈强大的市郊铁路网，为田园都市、多摩新城、千叶新城等发展提供了交通保障，但也成为单极化发展的"推手"，加剧了职住分离问题。东京的快速轨道交通将人们的居住空间迅速扩散到 30—50 公里的圈域范围，但大量就业岗位仍不断向主中心集聚。

巴黎的新城发展则得益于 TOD 建设与相关产业政策的及时引导。政府一方面限制中心城进一步集聚功能，另一方面对新城的产业发展进行扶持，从而促进人口、就业协同疏解。由此可见，同样发展轨道交通，巴黎新城比东京新城发展得更健康，避免了产生功能单一、大规模交通拥堵等问题。

再次，伦敦、巴黎、东京等首都地区都十分重视完善外围区域的交通网络，并着重加强郊区枢纽布局建设。

例如大伦敦地区，围绕外围主要城镇节点，完善常规公交线网，在与铁路和轨道网络衔接处，建设高效、便利的换乘枢纽为外围城镇节点的成长提供支撑。

巴黎大区通过建设郊区高铁联络线、轨道快线郊区环线，改造一批旧城到郊区的快线系统，支撑郊区综合中心的发展。如增强了马恩拉瓦莱等新城面向欧洲、法国等其他城市的枢纽地位。

东京首都圈在《第五次首都圈基本规划》中加强了环向交通基础设施的布局，以支撑环状据点城市群和大环状联合发展轴的形成。例如，为打造埼玉新都心建设了埼玉新都心站，引入宇都宫线—高崎线、京滨东北线，并接入了东北、上越等方向的新干线，着力打造区域交通枢纽，增强埼玉的集聚功能与人口吸引力。

首都城市进入市中心的客运方式分担比例①

	全天 24 小时		早高峰 3 小时	
	轨道交通（%）	道路交通（%）	轨道交通（%）	道路交通（%）
伦敦	65	35	76	24
巴黎	58	42	75	25
东京	86	14	91	9

① 资料来源：陈必壮：《轨道交通网络规划与客流分析》，中国建筑工业出版社 2009 年版。

首都

北京发展问题分析与国际经验借鉴

大国

中　北京篇

观往知来：北京历次城市总体规划回顾

城市总体规划是城市治理的重要行政工具，是政府关于城市发展愿景和战略的集中体现，是指引城市空间发展与资源配置的蓝图。

1949 年新中国成立以来，作为共和国首都，北京曾编制了六版城市总体规划，都是由党中央、国务院批准，北京市委市政府编制的。2017 年 2 月 24 日，习近平总书记在视察北京市工作时指出，城市规划在城市发展中起着重要引领作用。北京城市规划要深入思考"建设一个什么样的首都，怎样建设首都"这个问题。并对北京首都建设，从战略定位、空间格局、要素配置、规划方法、维护规划权威性等方面提出了要求。

2017 年 10 月，《北京城市总体规划（2016 年—2035 年）》经党中央、国务院批准颁布。这是新中国成立以来，审批层次最高的一版首都城市总体规划。由此可见，北京城市总体规划所包含的价值、理念、精神、内容，于首都乃至国家发展都极为重要。

回顾新中国成立以来首都历版城市总体规划，可以清晰地看到共和国首都发展指导思想的演变，映射出国家不同发展阶段对首都、对大城市的要求与期望的演变；也映射出国家经济、社会、文化发展与进步的轨迹。根据北京历版城市总体规划历史文献，我们大致可以把北京的首都规划事业发展划分为三个阶段。

1.1950—1970年代：工业化初期的深刻印迹

从 1953 年北京市委《改建与扩建北京市规划草案要点》到 1973 年《北京城市建设总体规划方案》的前后三版规划，把北京的发展定位基本上集中在政治中心、经济中心、文化中心和科学技术中心，提出把北京建设成"现代化的工业基地"。这与当时"变消费城市为生产城市"的城市发展基本价值观，与国家当时的建设社会主义工业化国家的发展导向是分不开的。当时流传着，国家领袖站在天安门城楼上遐想的城市景观是"烟囱林立"。在工业化初期，对首都有这样的愿景和想象是时代的局限性，也是现实的必然。

1950—1953 年，北京出现了旧城改造规划思路与新建行政区的"梁陈方案"的争论，争论的结果是，到 1958 年北京市规划局编制《北京城市规划初步方案》出台，北京实际上采用了以旧城改造为主、外围建设新功能区的规划思路——以旧城为主，安排国家的首脑与政务机关；在旧城东部发展工业，北部建设大学、科学院，西部安排部分国家行政办公与军事机关。《北京城市规划初步方案》对 1953 年版总体规划进行纠偏，提出了"控制市区，发展远郊"，但由于当时的发展水平和建设能力局限，这一目标并未实施。

首都北京初期的发展路径，是历史的必然，相应的发展过程中对古城保护造成的冲击，也就无法避免。拆城墙、拓宽道路、改造天安门广场、建设"十大建筑"，都改变了原本城市的尺度、肌理和面貌。当时，政府对文物古迹的态度也是矛盾的，一方面把一些文化遗产视为封建遗产，加以拆除；另一方面又完整地保护了故宫、颐和园、中南海，把皇城的大门——天安门，作为国家政权的象征。

1973 年的《北京城市建设总体规划方案》，有着鲜明的时代特征，以发展现代工业、现代农业、现代科学文化为目标，同时提出建设"现代城市设施"和环境"清洁"等要求。

这一时期的城市规划理念，确实导致北京历史文化遗产的重大损失，但也在一定程度上拉开了城市扩展的框架，形成了首都政治中心功能空间格局，快速培育起比较完备的教育、科技功能和城市公共服务体系。

当时，无论是政府决策，还是专业部门管理，都难免受到时代的局限。一方面，国家实行计划经济体制，经济发展水平很低，服务业极不发达，国家与城市财政能力有限，新的人民政权还不断遭受战争、"政治风波"的冲击，筚路蓝缕，百废待兴。另一方面，新中国成立的是一个完全不同以往的政治制度和经济社会运行逻辑的国家，因此空间资源配置的逻辑也是完全不同的。在新中国的首都北京，旧时代的王公贵族消失了、封建宗教消弭了，大量空置的府第、大宅、庙宇、道观成了社会公共资产，用作政府部门、军事机关的办公场所，一定程度上也是新的需求对"存量资源"的合理利用。类似的情况发生在上海则是另一个故事。笔者从小在旧上海的"CBD"公寓中长大，由于政治制度的变化，旧上海"CBD"内大量办公楼根本没有金融、商务办公需求，许多办公楼被改成住宅，有的变为仓库，甚至工厂。这样的供需关系与空间资源配置也是政治制度变化的必然产物。

批判历史不如认真地吸取历史的经验教训。今天，我们回顾首都北京发展史上的重大事件，应该具备辩证的眼光，实事求是的态度。我常常想起"梁陈方案"的作者之一、具体规划方案的构画者、中国城市规划设计研究院（以下简称"中规院"）原顾问总规划师陈占祥先生去世时，两院院士、中规院原院长、原建设部副部长周干峙先生送的挽联："惜哉，西学中用，开启规划之先河，先知而鲜为人知；痛哉，经历苦难，敬业无怨之高士，高见又难合众见"。真诚地希望，未来首都北京的发展规划，能真正做到"先知而为人知，高见又合众见"。

2.1980—1990 年代：改革开放时期的再认识

1978 年，国务院召开第三次城市工作会议，实现了城市发展与建设领域的拨乱反正，重建了国家的城市规划管理行政体系。1980 年，中共中央书记处对北京城市建设方针提出四点指示，要求把北京建成"全国社会、环境、科教与文化一流城市……实现经济不断繁荣，生活方便、安定"。这个指示显然是故意"忽略"了北京的经济与工业发展目标。1983 年，中共中央书记处批准《北京城市建设总体规划方案》。1983 年版总体规划的城市定位是：全国的政治中心和文化中心。首次明确了北京不再提出国家的经济中心职能，完全不见了工业基地的发展定位。

1993 年，国务院按照《中华人民共和国城市规划法》批复《北京城市总体规划》。这是北京首个"依法"编制并审批的城市总体规划。1993 年版总体规划对北京的定位突出了"首都"，延续了 1983 年版总体规划"政治中心、文化中心"的定位。同时首次提出了"世界著名古都"的历史文化定位和"现代国际城市"的城市定位。

此时，随着改革开放，北京的经济结构正处于一产比重快速下降，三产快速增长，二产、三产比重"拉锯"阶段。国家的全面开放格局逐渐形成，国际交往和文化活动日益频繁，经济、产业与国际快速融合。为避免因经济社会发展而造成的历史文化遗产破坏，政府、专业人士和社会大众对古都的历史文化价值认识水平不断提高，把"世界著名古都"纳入首都城市功能定位，是一次重要的历史性进步。

1995 年，中共中央、国务院对北京城市发展与建设提出了"四个服务"的要求，即服务于政治工作、国际交往、科教文化、市民生活。再次把"国际交往中心"作为首都的基本职能、核心职能。

这一时期是北京城市人口发展、建设活动最剧烈的时期，也是房地产业最活跃的时期。一方面北京城市范围急剧扩大，基础设施建设不断完善。另一方面，古城区开始房地产利益驱动下的大拆大建，产生了对古都历史文化保护最大规模的一次冲击。20世纪90年代，北京市政府提出"夺回古都风貌"的口号，但业已造成的古城大面积破坏却无法挽回了。

历版规划方案中北京的城市定位[①]

时间	编制机构	规划文件	北京的城市定位
1953年	北京市委	《改建与扩建北京市规划草案要点》	首都应该成为我国政治、经济和文化的中心，特别要把它建设成为我国强大的工业基地和科学技术的中心
1957年、1958年	北京市委	《北京城市规划初步方案》	北京是我国的政治中心和文化教育中心，我们还要迅速地把她建设成一个现代化的工业基地和科学技术的中心，使她站在我国技术革命和文化革命的最前列
1973年	北京市规划局	《北京城市建设总体规划方案》	多快好省地把北京建成一个具有现代工业、现代农业、现代科学文化和现代城市设施的清洁的社会主义首都
1983年	北京市规划委员会	《北京城市建设总体规划方案》	全国的政治中心和文化中心
1993年	北京市规划委员会	《北京城市总体规划（1991年—2010年）》	北京是伟大社会主义中国的首都，是全国的政治中心和文化中心，是世界著名古都和现代国际城市
2005年	北京市规划委员会	《北京城市总体规划（2004年—2020年）》	国家首都、国际城市、文化名城、宜居城市；北京是全国的政治中心，也是文化科技中心，是国家经济管理中心，也是国际交往中心

---

① 资料来源：根据北京市历版总体规划整理。

时间	编制机构	规划文件	北京的城市定位
2017 年	北京市规划委员会	《北京城市总体规划（2016 年—2035 年）》	北京城市战略定位是全国政治中心、文化中心、国际交往中心、科技创新中心。北京的一切工作必须坚持全国政治中心、文化中心、国际交往中心、科技创新中心的城市战略定位，履行为中央党政军领导机关工作服务，为国家国际交往服务，为科技和教育发展服务，为改善人民群众生活服务的基本职责。落实城市战略定位，必须有所为有所不为，着力提升首都功能，有效疏解非首都功能，做到服务保障能力同城市战略定位相适应，人口资源环境同城市战略定位相协调，城市布局同城市战略定位相一致

3. 2005 年版总体规划：首都转型的重要探索

进入 21 世纪，国家和首都北京的发展发生了一系列重大的变化。2001 年，中国加入 WTO，经济与产业全面走向开放，融入全球化，GDP 增长进入"快车道"。2003 年非典发生倒逼国家转变发展理念，进而提出"科学发展观"。2001 年北京申办奥运成功；北京的经济结构转向三产主导，在全国大城市中，三产比例率先超过 60%；以中关村为核心的科技创新活动，带动了北京电子信息产业快速发展，科技创新影响力迅速扩大。

在此背景下，2003 年北京市委市政府启动北京城市空间发展战略研究。2004 年编制新一版城市总体规划。2005 年初，国务院批准《北京城市总体规划（2004 年—2020 年）》。笔者和中规院团队有幸参与了从战略研究到总体规划编制的全过程。2005 年版规划提出"国家首都、国际城市、文化名城、宜居城市"的总体定位；提出北京是"全国的政治中心，也是文化科技中心，是国家经济管理中心，也是国际交往中心"。

（1）对首都北京城市战略的研究

编制总规划前，我们对北京的空间发展战略做了充分研究，主要聚焦以下几个方面。

第一，研究大国首都的发展规律，准确把握首都城市定位。通过分类比较研究，我们发现，凡是具有悠久历史的单一民族（或有主体民族）的大国，首都都是大城市，都具有多种复合的功能，往往也是国家的经济中心，如伦敦、巴黎、莫斯科、东京、首尔；而以政治与行政单一功能为主的"小首都"，多为新兴国家、联邦制国家，如华盛顿、堪培拉、渥太华，两德统一前的波恩及统一后的柏林。而在大国大首都之中，北京的功能是最为复杂而多样的。由此，进一步分析与首都地位相关职能和非相关职能，提出了向区域"疏解非相关职能"的建议；提出北京的经济中心应该是经济控制与运营管理，而非生产性中心。

第二，研究大国首都与世界城市的关系。世界城市、全球城市是学界范型化的研究领域。虽然有多位学术权威和多个著名机构对世界城市、全球城市作出了不尽相同的定义和排名，但基本上都有相似的评价方法、可比的评价指标和相近的评价结果。而大国大首都在各个评价体系中都是名列前茅的世界城市，同时也都是国家发展的"引擎"和全球竞争的核心竞争力所在。北京在各个评价体系中的排名一直在上升。因此，我们认为，北京应该把高排位的世界城市作为自己的发展目标。同时也指出了北京在世界城市竞争中的弱势和短板，提出要加强国际交往与洲际门户、国际枢纽职能。

第三，研究首都的文化功能和历史文化价值。北京是国家首批首位历史文化名城，1993 年版总体规划也做了北京是"世界著名古都"的定位，这无疑十分有利于文化价值提升和历史文化遗产保护。但也要看到，仅停留在历史文化保护的认识层面是不够的。大多数的大国首都都具有悠久的历史和丰富的文化遗存，但在发展过程中又不断在创造着新的时代文化，成为引领国家当代文化发展的源头。在国际经济竞争越来越激烈的今天，首都的文化发展与创造能力成为国家的核心竞争力。因此，北京的文化应该既是传承历史底蕴的，又是展示当代时尚的；既是文化遗产保护的，又是现代物质文化创造的。北京应该是中国气质的古都文化与大国首都现代文明交融的文化之都、文化名城。

第四，研究大国首都、世界城市应对新世纪、新千年的战略取向。我们注意到，千禧年之际一批重要的大国首都或世界城市都提出了新世纪乃至新千年的发展愿景和期望目标，且大多定位在宜居、可持续、生态、绿色、开放、包容、幸福上。把居民的福祉、生活品质及城市对人的吸引力放到了战略核心地位。这对于北京在新世纪发展规划中设定更多元的城市定位与目标深有启发。

在上述研究的基础上，我们为北京的新一轮空间发展战略提出了"大国首都、世界城市、文化名城、宜居城市"的总体目标定位。其中"大国首都、世界城市"定位，表达了北京功能的多样化与复杂性，表达了北京在国家乃至国际的经济控制与管理中心的内涵，同时避免鼓励工业生产性功能发展。2005 年，国务院批准的《北京城市总体规划（2004年—2020年）》，把这16个字定位做了两处修改："大国"改为"国家"，"世界城市"改为中国话语体系的"国际城市"。笔者一直以为这是一个不小的遗憾。2018 年国务院批准的新版《上海城市总体规划（2017—2035年）》，定位上海为"卓越的全球城市"，是一个更加国际化的城市定位表述。

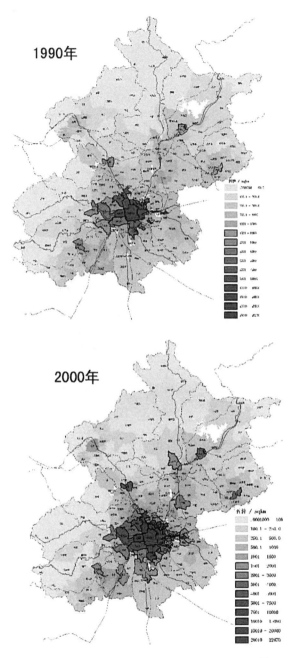

1990年

2000年

北京市 1990 年、2000 年人口密度统计分析①

---

① 资料来源：中国城市规划设计研究院：《北京城市空间发展战略研究》，2003 年。

（2）对首都北京职能与空间布局的认识

在 2005 年版总体规划编制过程中，某位北京市的主要领导同志曾讲过一个与国外政要、金融巨头们讨论北京金融中心地位的故事。国外政要问北京市领导："北京是不是国家的经济中心？"领导回答："不是。"国外政要再问："国家的金融管理机构、中央银行、银监会、证监会、保监会和外汇管理局为什么都在北京？"事实上，北京和伦敦、巴黎、首尔、东京一样，都是无可争辩的国家金融中心，是国家的经济控制和运营中心。

总体规划编制过程中，关于"经济中心"的定位，一直处在不断的讨

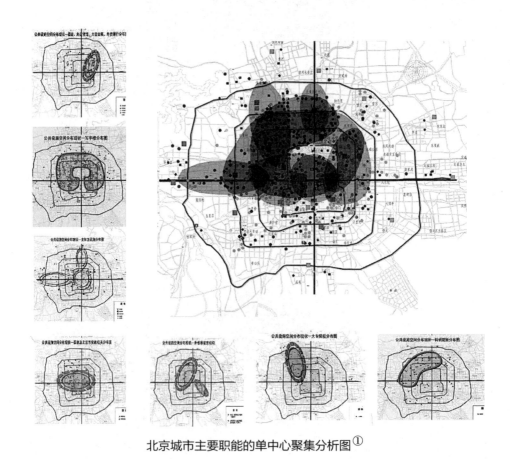

北京城市主要职能的单中心聚集分析图[①]

————————

① 资料来源：中国城市规划设计研究院：《北京城市空间发展战略研究》，2003 年。

论和争论之中。笔者在北京城市定位中提出"大国首都",想表达的内涵就是北京在经济与金融领域应当具有强大的国际影响力和竞争力,应当具备较为复杂、综合的经济管理、控制与决策职能;但不应发展过多的一般经济职能、制造业职能。因此在中规院战略研究报告中提出,在"大国首都、世界城市"的目标下,推进经济职能与首都职能的分离、推进首都非相关职能的区域疏解,促进核心职能成长与产业结构调整。

通过对北京现实职能发展的供给条件分析,我们发现北京发展区域性制造业和物流业的条件并不好;国际交往、专业化服务等核心职能的发展条件需要完善;国际金融、洲际门户与国际枢纽、国际贸易、国际旅游等核心职能发展条件较先进国家首都尚有较大差距,需要较大的提升。

此外,我们对北京的国家与地方党政军机关、金融商务、国际交往、省市派驻机构、教育、科研、医疗、文化体育等职能的空间分布进行分析,发现各项职能在北京中心城区高度重叠交叉分布,形成了强烈的单中心集聚形态,由此加剧了人口与就业单中心集聚和圈层蔓延"摊大饼"的空间增长模式。

在 2003 年的北京空间战略研究中,两院院士吴良镛先生提出的"两轴两带多中心"的布局结构得到采纳,这个结构强调了"十字轴"在空间结构上的核心作用;东部发展带与西部生态带很好地处理了东部经济/产业规模化发展与西部生态型发展的关系。吴良镛先生还提出,在南北轴、东西轴的端部,中心城区的东、南、西、北各建一个大型国家公园。笔者为吴先生的这一独特创意深深打动并折服。可以想见,如果当时就启动这一建设,在"三山五园"到"大西山",在今天的通州副中心的潮白河两岸,在元明清三朝皇家苑囿的南海子,在北部温榆河边燕山山前建设四个大型国家公园,对首都的历史文化、生态环境的保护,对市民游憩休闲空间的供给将是何等的大功劳。可惜的是,北京市委在 2010 年以后才提出平原"百万亩造林",近年才启动首钢改造、永定河生态修复,才开始艰难地管控"北三县"（大厂、三河、香河）在潮白河沿岸的过度开发建设。规划师从不缺乏想象力，而规划师的创造力需要政府的远见卓识来识别、理解和采纳。中规院在空间战略研究中提出的"双十字支撑的双城多核两区"布局是更加理想化的组团式方案。方案提出在东部、南部形成两条新的轴线，与十字轴构成"双十字"格局，在东、南部建设五个较大规模的新城，疏解中心城区过度集聚，形成市域反磁力空间体系。但这一方案比之吴良镛先生的方案，确实在可实施性方面略逊一筹。

2005年初，国务院批复《北京城市总体规划（2004年—2020年）》。在审批过程中，时任国务院总理温家宝指出，总体规划是战略机遇期首都发展的战略方针，要体现科学发展观、市场经济要求与构建和谐社会的指导思想。要正确定位政治中心、文化中心；要把握控制人口与合理布局两个关键，破解"摊大饼"走势，要重视解决资源环境制约因素、历史文化保护、人居环境、社会与区域协调等四个问题。

可见，首都北京的发展与规划，在过去的几十年间越来越多地受到党和国家领导人的关注，越来越成为国家的战略要务。

（3）"迁都"与"首都区"的讨论

在2003年北京城市空间战略研究中，中规院还从专业的角度讨论了"迁都"、另外建设一个首都区、异地建设国家行政办公区等专业界的热门话题的必要性与可能性。

通过国际上一些首都搬迁的案例研究，我们认为完全意义上的迁都既没有必要，也没有可能性。北京作为首都，从政治地理、社会文化心理和国家治理来看，都是合适的。800年古都历史和共和国70多年首都形象在人民的家国情感中已经形成深刻的心理定式，根本不可能有任何城市可以替代。从城市发展来看，出现的问题也无需用迁都来解决。更何况，北京之所以是北京，就因为她是首都，而首都职能的转移会彻底改变城市的命运，其中涉及的各阶层各群体的利益也是无法平衡的。

2008 年，笔者亲历了汶川大地震灾后重建中北川、青川县城异地重建的研究论证工作。北川县城因为全城遭遇多种灾害的重度彻底破坏，在96％的被调查居民同意异地重建的情况下，才顺利实现了异地重建。青川县城在研究重建方案时，50％的居民因为自身利益可能受损而坚决反对县委县政府迁址或县城异地重建，县城只能就地重建。在中国特色的政治社会制度下，国家行政功能迁移是极其敏感的话题。韩国"迁都"的动议，就曾引发严重的社会运动和政治危机。

在北京的核心区以外建设一个首都区，同样不符合国民的心理需求和国家的政治需要。天安门、人民大会堂、中南海在广大国民心中早已成为国家权力与形象的精神场所，成为国家和民族统一的象征，完全没有理由，也没有必要去改变。

在核心区之外建设国家行政办公区的做法，北京在 20 世纪 50 年代的规划建设中就已经实践，如三里河"四部一会"办公区、西长安街沿线军事机关区。20 世纪 80 年代以后，北京城市总体规划也在空间上为国家部委办公用地做过预留。在研究分析了 80 年代伦敦"功能分散化运动"（Decentralization）、韩国世宗特别自治市建设等案例后，发现这些做法对解决首都城市发展问题，并没有起到实质性的作用。因此，前述各种做法，对于首都北京的健康发展都不具有现实意义。

中规院曾在研究中提出，位于北京古城内外的东城、西城、宣武、崇文四区合并，设立"首都区"，集中承担古城历史文化全面保护和中央、国家政务功能服务两项核心职能。2015 年，中规院承担"北京首都功能研究"课题，再次向市委市政府主要领导及市委常委专题会议提出这一建议。

当时还根据山水自然要素和生态环境、文化遗产保护的要求，提出了市域历史文化遗产、近现代优秀文化遗产整体保护的策略，认为北京应划分几个次区域，对不同的次区域提出不同的发展指引、管控政策和考核指标。

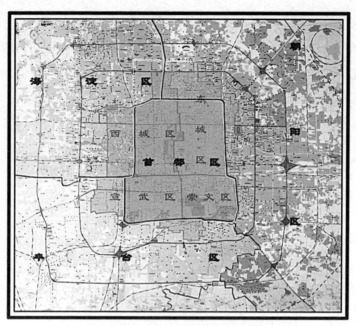

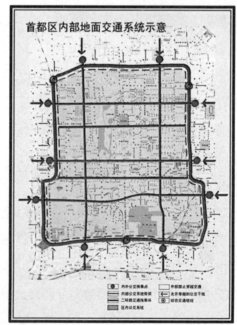

《北京城市空间发展战略研究》提出的"首都区"范围和交通系统示意图[1]

---

　① 　资料来源：中国城市规划设计研究院：《北京城市空间发展战略研究》，2003年。

此外还提出"十字轴"的空间结构方案。从北京古都传统中轴线南北延伸，构建展示古城传统文化、古都风貌，发展国际化功能，承载重大事件的历史文化轴；以长安街两端延伸，展示现代文明、时尚形象，承载国家行政管理、经济控制功能的现代活力轴。一个完整的古都核心"首都区"，一个"十字轴"支撑的城市空间结构是北京作为世界著名古都和世界城市的基本空间特征，具有强烈的东方文化气质和独特韵味，是任何城市无法复制的。

（4）"生不逢时"的 2005 年版总体规划

2005 年版北京城市总体规划是在以胡锦涛同志为总书记的党中央提出"科学发展观"，国家开始思考探索转型发展背景下的重要规划实践。规划过程中认真分析了生态、土地、水资源与环境容量约束；兼顾了古都历史文化保护与发展的需要；提出了破解"摊大饼"的新城市布局和人口控制目标。2005 年版总体规划批准之后，北京市委组织部、北京市财政局与北京规划委员会共同制定了各次区域差异化的考核指标：古城区域重点考核历史文化保护成效和人均 GDP；东部重点新城次区域重点考核 GDP 增速；北部、西部生态涵养次区域重点考核生态环境指标。在空间上推进了西部生态经济带、城市绿化隔离带与生态、绿楔管控；加快了首钢搬迁。

虽然 2005 年版总体规划实现了许多重要的进步，但是规划尚处于转型探索的初期，缺乏中央、国家层面的战略决心和强有力的领导与支持。因此无法提出整体策略和实施路径，也无法动员社会的共识和参与。2005 年版总体规划对于北京而言是积极主动的转型实践，但又是"底气不足"而脆弱的。

2008 年，全球金融危机爆发，全球经济陷入恐慌，中国启动"四万亿"投资计划，各地方政府把注意力集中到保持经济增速、扩大产业规模、加快工业与基建投资的传统路径上。北京城市发展也快速回到土地和产业增量扩张的路径上，形成了改革开放以来城市人口增长、农村集体建设用地增长、城中村扩大最快的阶段。城市总体规划划定的两道绿化隔离带和城市绿楔被大量蚕食，中心城区"摊大饼"的趋势不仅未能有效控制，反而日益加剧。

今天回顾 2005 年版总体规划，确实存在一个明显的"漏洞"，即城乡建设与土地管理的二元化问题，由此带来城乡接合部大量存在的"工业大院"和城中村问题没有得到充分的重视，也没有形成有效的管控。

2012 年，北京市规划委员会（以下简称"北规委"）负责同志主持召开小型会议，研究启动新一版城市总体规划编制工作，建设部城乡规划司、北京市规划院等负责同志参加会议。笔者在会上提到，2011 年大兴区旧宫一处工业大院火灾，造成 17 人死亡的"4·25"事故，北京不能再发生如此惨烈的悲剧了，必须下大力气整治城乡接合部的农村集体建设用地和"工业大院"、城中村等，不然贻害无穷。不承想，2017 年 11 月 18 日，在京津冀协同发展战略、北京疏解非首都功能实施三年之后，大兴区小红门再次发生火灾，致使 19 人遇难。可见北京城乡接合部开发管理的混乱程度之重和事故隐患之深。这是大城市无序发展、管理失度的血的教训，是"大城市病"的极端病症，也是首都发展史上哀伤的一页。

见微知著：北京城市发展问题管见

1. 城市职能发展问题

2015 年，受北京市规划委员会委托，中规院团队开展了一轮关于北京城市职能的研究，笔者全过程参与工作，并多次与北京市委市政府及北规委领导交流。

（1）经济结构特征与问题

北京在全国大城市中率先形成以服务经济为主导的经济结构。到 2012 年，北京的第三产业比重已达 77%，高居全国首位。但与大国首都、世界城市相比，比重仍然较低。同时期伦敦、东京、纽约的三产比重分别为 91%、88% 和 92%。在服务产业中，呈现四个特点：第一，金融业实现增加值 2600 亿元，占生产总值比重达 14.6%，实现税收 446.7 亿元，占全市三产税收比重为 15.6%，居全国首位。第二，总部经济成为重要组成部分，有世界 500 强企业总部 48 家（基本上都是央企），中国 500 强企业总部 98 家，总部企业创造的生产总值为 8650 亿元，占全市生产总值的 48.4%，吸纳从业人口 308 万，占全市就业人数的 27.8%。第三，科技研发与创新活动十分活跃，全国 28% 的国家重点实验室和 33% 的国家级工程技术中心在北京，研发经费支出 1200 亿元，占全国的 10.1%，占地区生产总值的 6.2%，居全国第一，技术市场交易额 2850 亿元，占全国比重为 38%；中关村输出技术合同成交额 1320 亿元，占全国的 25%。第四，文化创意产业发展领先全国，规模以上文化创意企业总收入超过 1 万亿元，增加值 2400 亿元，占全市生产总值比重为 13.2%。

北京集聚了大量全国最优质的教育和医疗卫生机构，全国 39 所"985"高校中 8 所在北京；116 所"211"高校中 26 所在北京；全国排名前 100 位的医院，27 所在北京，外地来北京三级医院就诊人数全年高达 3000 万人次。

2005 年以后，北京批发业发展很快，集聚了大量的销售、采购人员和批发、物流企业。批发业收入 11.5 万亿元，占全市服务业收入的 41.2%；从业人数 83 万人，占全市就业比重的 7.3%。但批发商货品总额中的 62% 是从北京以外购进，销售到北京以外地区的占 74%。大量的批发经营活动完全没有在北京集聚的必要性。

（2）工业结构问题

2013 年，北京工业增加值占全市生产总值的比重仍为 20%，从业人员达 100 多万人，占全市从业人员比重为 15% 左右。除石化、汽车和部分电子、通信产业外，还有大量高污染、高能耗、低水平的服装、家具、纺织、家庭用品和制鞋等私营中小型企业和乡镇企业，甚至大量生产水平很低的加工车间和作坊。这些企业大多集中在外围房山、大兴、通州、顺义、昌平五区的"工业大院"，地均产出仅为每平方公里 8 亿元，不足国家级开发区的 1/20。2013 年，这五区的工业全行业利润仅为 350 亿元，其中一半以上 190 亿元，来自顺义的几大汽车制造企业；房山区的工业利润为-5 亿元。通州、顺义、大兴吸引的外来人口中 40%—80% 在制造企业就业。相比而言，主城 6 区中的东、西城区基本上没有工业；石景山、朝阳、丰台工业规模不大；工业规模较大的海淀区，创造产值和利润的主要是计算机、通信、仪器仪表等先进制造业。

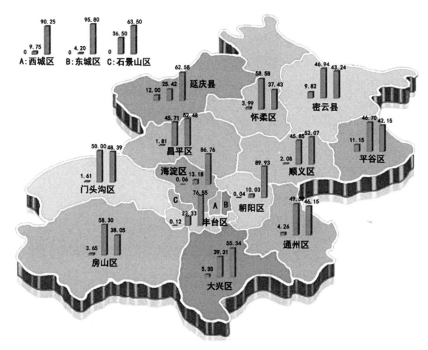

北京各区县 2015 年产业结构统计分析①

（3）国际交往职能

到 2013 年，北京的国际交往功能处于持续的发展与增强之中。除了各国使馆和大量外交人员以外，北京是国际机构、国际组织入驻中国的首选之地。在北京常驻的政府间国际组织有 23 个，政府间国际组织总部 5 个，代表机构有 23 个，极大地促进了政府间经济、社会、文化事务的合作与交流。在北京活动的境外非政府组织约有 170 个，其中许多国际性行业协会和非政府组织的活动有力推动了各个领域的国际合作。

2011 年北京接待大型、重要国际会议 111 个，跃升到全球城市排名第 10 位，亚洲城市排名第 2 位，仅次于新加坡。此外，北京是全国最重

① 资料来源：中国城市规划设计研究院：《首都功能浅析——北京首都功能及国际比较》，2015 年。

要的国际学术与科技交流、合作活动中心。

北京和上海是全国两个最重要的国际经营性机构入驻的首选地，是国际商务交流活动中心。

作为首都的北京，不仅是国际外交事务的中心，中央政府主导的大型活动如 APEC、G20、上合组织峰会、"一带一路"峰会的举办地，国家最重要的国际多边机构驻地；而且是非官方活动、非政府组织活动的重要场所，经营性商务活动的集聚地，学术与科技交流的中心地。因此，北京已经成为国际、洲际、全球的交往中心。

（4）政治中心职能

北京作为首都的政治与国家治理的行政功能也在不断地变化与发展之中。一方面，在中国的人口与经济总量不断增大的同时，国家的行政管理功能更加繁杂，机构不断扩大。从计划经济走向市场经济的进程中，国家的市场管理与调控的机构也会不断增加与扩大；服务于市场经济的各种行业、职业的社会团体、中介机构层出不穷。在国家治理法治化的进程中，立法、司法机构的数量和规模也不断增加和扩大。尽管近 20 年来，国家开展了多轮党务和行政机构改革及国家级行政机关的撤并，包括 2018 年的国家行政改革、行政审批"放管服"改革，但国家治理的行政功能总量和行政人员规模未见大的变化。

另一方面，几十年来各类行政机关下属的行政性、服务性、技术支撑性的事业单位不断增加，机构及从业人员规模不断扩大。就规模庞大的科研事业单位来看，虽然经历了 20 世纪 90 年代中期、21 世纪初期的两轮科研事业单位改革，一批机构的属性变了，但服务于行政事务的需求没有改变，个体的规模仍在不断膨胀，衍生出的二级、三级机构越来越多。经常可以观察到一个国家部委有几十、上百个下属机构，数千名工作人员。

政府机构的官僚化问题和行政改革是伴随着现代化、工业化进程的

"永恒"话题。"改革精简→扩权膨胀→再改革"的进程循环往复……首都的国家治理行政功能及规模在现有基本制度下，总体扩大的趋势会受到控制，但难以发生根本性的变化。同时，北京市及各区县的行政机构也在同样的逻辑下不断发展与膨胀。国家和地方多级行政功能在同一空间之中运行，必然造成北京主城区的运行压力越来越大，行政功能布局迫切需要治理和优化。

通过上述分析我们发现：作为大国首都的北京，确实是一个功能极为多样、综合的首都，甚至可能是功能类型最多的大国首都。北京的各项功能中，有一些是作为首都必备的、需要的首都核心功能；有些功能并不一定需要在首都，但已经在北京形成良好的发展基础，而对于国家又是极为重要的；有些则与首都无关，甚至是与首都核心功能相冲突，或因为需要占用过多的资源而影响首都健康发展的。北京多样化功能的集聚既有国家的政治、经济、社会制度决定的，也有因为城市政府的发展理念与管理造成的。

此外，在国家现代化进程中，在市场经济逐利行为的推动下，在人们收入不断提高，对大城市生活、就业机会的追求下，企业和个人产生了向大城市地区和国家中心城市集聚的巨大需求。而城市政府的治理能力和社会的文明程度又不能支撑这种快速、巨量膨胀的局面。认真梳理首都城市功能，疏解非首都功能，是首都城市、世界城市健康发展的必然选择。

2. 城乡二元体制问题

近十几年来，北京郊县为解决乡村地区经济发展和收入增长问题，发展出了500多个"工业大院"。而北京的高污染、高消耗、低水平的工业、批发企业大量聚集在以"工业大院"为主的集体建设用地上。在这种城乡二元发展模式下，一方面，乡村地区居民不能分享城市主流经济发展的成果；另一方面，乡村地区往往不顾及城市整体利益盲目发展，加剧了"大城市病"。

从供给角度分析，超大规模的农村经营性集体建设用地的无序供给，加剧了北京低端产业的集聚。

2013年，北京市常住人口近2150万人，但经过国家征用，经规划、国土部门批准开发建设的城市建设用地仅为1430平方公里。而北京仅有230万农村户籍居民，但农村集体建设用地达1560平方公里，人均达700

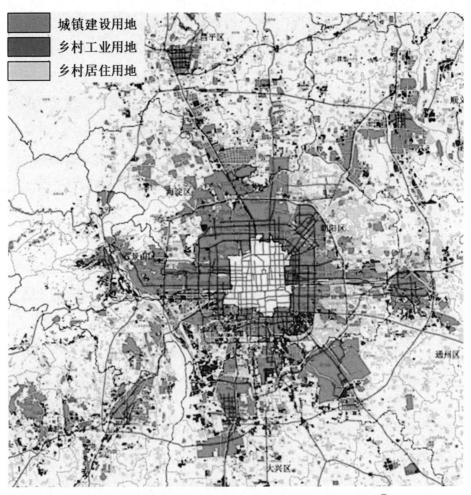

北京市2013年城镇建设用地、乡村集体建设用地分布图[①]

---

① 资料来源：北京市城乡建设用地监测资料。

平方米左右，远远超出一般城市和农村的人均建设用地指标。城市外围形成了大量集聚人口和产业的城中村、城边村和"工业大院"。大规模的农村建设用地无序开发加剧了北京城市发展的二元化现象，国有城市建设用地有市级严格的规划和用途管制，有完善的市政配套；农村集体建设用地则由乡镇和村开发建设和管理，区县政府都很难发挥有效的监管作用。这种二元化的开发模式给区县带来了 GDP，给镇村创造了租金收入，同时也加剧了区县间的经济 / 产业发展竞争，刺激了区县不顾城市整体利益的盲目发展，并在北京郊区形成了大量与首都职能无关的低端、高消耗产业集聚和人口集聚，远远超出了城市产业结构、人口结构的合理值。

3. 区域协同发展问题

在针对北京、天津、河北的长期规划研究中，笔者始终认为，北京的国家首都、国家中心功能应远远超出区域中心的功能。与上海之于长三角、广州之于珠三角相比，除了旅游、医疗、商业和区域 / 国际交通的服务职能外，北京与天津、河北的经济联系、对区域的辐射带动作用，经济 / 产业分工关系，远不如上海、广州。从区域关系看，北京与深圳具有相似性，城市与远端区域联系、交往强度高于近域。往返北京的公务、商务人群流动主要在与国家各个核心地区、中心城市的远距离城市之间，近域流动的强度远低于长三角、珠三角。2013 年北京中关村 22 万家企业的对外投资仅 6% 在河北、天津。企业关联网络分析也说明，河北、天津的产业发展与北京产业的内在关联程度很低。当年某位市领导曾经描述："北京、天津就是华北贫困平原上的两座'炮楼'。"

北京的发展与天津的协同程度也不高，在汽车产业发展过程中，甚至出现了恶性竞争关系。北京为了解决海运通道问题，选择与河北唐山共建京唐港，而不参与天津港的发展；北京没有直接的出海口，但形成了环绕市域布局的区域陆路交通枢纽，大量区域性陆路货运功能集聚在北京，造成京津冀区域货物运输很不合理的空间格局。

中国的各个重要区域的发展动力机制和模式存在较大的差异。

2007年笔者撰文分析我国城镇群发展模式时曾指出，珠三角、长三角、京津冀是三种不可能相互模仿或复制的模式与类型。进一步观察中央近年来连续出台的三个地区的发展战略，我们欣喜地看到中央战略的定位词准确把握了三者的特征和差异性。中央对京津冀发展的核心定位词是"协同"，因为这一地区的核心问题是区域发展差异过大、功能过度集中于北京，而过大的差异和过度集聚造成了这个地区的核心问题是缺乏协同；对长三角的定位词是"一体化"，由于这一地区本身具备了良好的区域经济—空间格局，形成了较好的经济与产业的协作关系，完全有条件推进区域一体化发展。对珠三角的定位词是"合作共赢"，反映了这一地区是"一国两制"制度的前沿，存在着港澳两个特别行政区，存在三个不同的法律体系、货币和关税区，因此区域发展战略一定是以维持制度差异、利用这种制度差异形成的独特优势，促进三个经济体通过相互合作，实现共赢。

笔者曾经在多个场合，调侃京津冀区域关系的症结："北京走了天津的路，天津走了河北的路，让河北无路可走，只能去搞'傻大黑粗'，最终把京津冀淹没在一片雾霾之中"。此话虽是调侃，却也道出了区域不协同，各自只顾"一亩三分地"的发展思维的症结所在，也说明在环境问题上任何城市都无法独善其身。

21世纪初，北京下了很大的决心推进"煤改气"工作，用了十年左右的时间把北京的燃煤消耗从每年约3500万吨降到了2500万吨，可谓成效显著。但同一时期，河北大力发展钢铁、水泥、玻璃产业，全省燃煤消耗增长了1亿吨以上，二氧化碳、二氧化硫、$PM_{2.5}$排放大量增加，包括北京在内的整个区域大气环境质量急剧下降。到2012年，以首都为核心的京津冀地区竟然成为全球大气污染最严重的地区，真是情何以堪！

为了接受因北京房价过高导致的城市居住与买房需求的外溢，河北省与北京相邻的平原地区各县，都走上了通过房地产开发分享发展机会的路径，最典型的如北京东部的"北三县"和南部的固安、涿州。这些地区在北京市域边界的贴边发展，形成了北京东部的 CBD 地区的中等收入就业人群在燕郊买房安家的现象，继而出现了一个较大规模的 30 公里左右的通勤人群。而南部贴边发展地区距北京中关村、金融街、CBD 的距离在 60—70 公里，根本不支持通勤交通，而成为北京中低收入就业者安放家庭、解决子女教育等需求的购房选择，或成为北京居民的第二居所。这种单一居住功能的贴边发展，导致了北京交通系统与周边互联互通的两难局面。

4. 交通结构有待优化

从区域交通网络和运输系统看，北京还存在着运输结构失调、枢纽布局不合理的问题。

与珠三角、长三角相似，京津冀地区也存在着公路交通占比过高、运输系统能力有限、能源消耗和排放过高的问题。京津冀地区内部铁路客运比例不高，水运几乎没有，公路一家独大，并且形成了公路交通需求刺激公路、高速公路建设，诱发更多公路交通需求的恶性循环。京津冀协同发展专家咨询委员会特别关注这个问题，专家委员、清华大学陆化普教授因此提出了建设"轨道上的京津冀"的理念，以大力发展不同层次、满足不同出行需求的轨道交通系统。笔者认为，这是京津冀协同发展专家咨询委员会对协同发展战略的重要贡献之一。

从北京城际交通客流和区域主要客流方向看，北京的对外交通枢纽布局存在明显问题。北京主要的首都功能如国家行政、国际交往、科技创新、经济控制与管理职能，主要分布在前三门大街以北，而北京主要的铁路交通枢纽和车站几乎都分布在主城南部；北京未来最重要的航空运输枢纽大兴国际机场布局在东南部。这种交通需求与供给在空间布局上的错位或过度重叠会大大降低区域联系的效率。因此，笔者在参与雄安新区规划咨询工作中提出，京津冀协同发展战略不仅要推进区域城市的互联互通，更要重视区域内战略性地区、核心功能地区之间快速轨道交通的"直联直通"。雄安新区与北京、天津、石家庄联系的高铁或城际铁路一定要在起步区的核心区设站；一定要直接到达北京的中关村、CBD 和天津主城市区、滨海新区和石家庄的核心区。不然，高铁快速的优势就被管理落后、运行不可靠且乘用体验很差的市内交通抵消了。笔者曾多次询问从香港到广州参加活动的香港同行往返穗港两地的交通工具选择，发现所有香港同行都选择了时间虽长，但时间利用效率高、直接到达广州核心区的广九铁路；而因为广州南站远离城市中心区，香港同行不会选择运行速度虽快，但换乘不便、总出行时间无法控制、乘车体验较差的高铁换乘城市交通的出行方式。

作为国家中心和国际交往中心，北京应该是洲际航空运输的门户和枢纽。北京首都机场已经是世界第二大空港，终到始发客流量、日航班起降数量世界第一的空港。但首都机场与世界大型机场相比，国际客流比例较低，小于上海浦东机场；首都机场的国际直达航线不多，航班较少，国际中转客流的比例也很低。从服务水平看，首都机场的航班延误率居高不下，远机位登机比例过高，给航空旅客造成很大的不便，尤其不符合高端商务旅客的乘机需求。但首都机场距离城市中心的距离适中，介于都市型机场和远郊机场之间，交通联系便利、可达性较高。目前首都机场已超负荷运行，而新建的大兴机场距城市中心距离很远，到达朝阳 CBD 距离是首都机场的两倍，达 50—60 公里，且地面交通要穿过职住严重不平衡、交通拥堵严重、地区声誉较低的南城地区。显而易见，北京建设航空运输洲际门户枢纽的任务还很重。而洲际门户枢纽地位是北京建设世界一流国际交往中心的充分条件。

5. 财政资源使用不合理

北京的政府财政相对宽裕，对城市的各项公共服务的补贴一直比较高。北京的民用水、电、气、暖价格比河北省的一些县城和中小城市还低。2015 年公交票价调整以前，北京用于公共交通和地铁的财政补贴为 200 亿元，这对发展公交、吸引客流是十分有利的。但补贴政策没有细化为对不同人群、不同出行需求的鼓励或限制，而是采取了最简单化的票价普惠政策，使北京公交价格一夜回到 90 年代。笔者粗略计算，当时北京公交价格是 0.4—0.8 元，地铁是 1—2 元，但平均每一乘次的财政补贴达 3.8 元。政府的公交补贴既没有针对需要帮助的人群，如老人、儿童、低收入群体；也没有针对特定需求，如通勤、上学，只是造成以低价在所有时段吸引所有人的效果。同时，北京对机动车交通需求没有采取更有效的管理。因此造成了机动车交通出行成本和公交价格双低的局面，交通政策完全没有导向性，路面机动车交通拥挤，常规公交、地铁也拥挤。这种公共服务无针对性低价的供给政策，实际上是在制造成本洼地，起到了吸引所有人、所有经济活动的作用，助长了人口和产业的盲目集聚。

2015 年，笔者参加了中央深改办对京津冀协同发展战略推进工作进行督察的两次座谈会，深改办的督察报告曾经作出这样的评价："……滥用行政与财政资源是导致北京非首都功能过度集聚的重要原因"。这个评价十分尖锐，入木三分，直接指出了"大城市病"的核心原因之一。

特大城市、首都城市、世界城市是区域、国家乃至世界的稀缺资源，可以说是所有人、所有机构热衷的生活与经营的场所。如果这些城市既没有足够的供给能力、治理能力，又没有约束地自由生长，"大城市病"一定是无法避免的，城市的健康可持续发展是无法实现的。以墨西哥城为代表的南美、东南亚、非洲的一些陷入"中等收入陷阱"的首都或经济中心城市就是这种无节制发展路径的结果。

一些先进发达的大国首都，又是排名很靠前的世界城市，往往在发展的进程中进行了大量的政府调控和干预，治理了"大城市病"，保持了城市核心功能、竞争力与国际地位的不断提升。

　　在与北京市有关领导的多次深入交流讨论过程中，笔者曾听到一个精辟的结论：优秀的世界城市都需要有高成本、严管控这两个调节工具。确实，在形成高成本的市场调节机制之前，大城市必须通过适度的、有针对性的管控来进行调节。调节的手段包括法规的、行政的、税收与财政的、规划管理的，而调节的效果则是城市根据国家或全球经济的涨落不断优化，城市人口与经济规模稳定发展。以在所有关于世界城市、全球城市排名中都位居前一二位的英国首都伦敦为例，我们发现，城市人口规模是起伏变化的，今天伦敦居住人口并未达到历史的最高值。

追本溯源："大城市病"的制度原因解析

1. 城市问题的制度背景思考

制度设计是决定个人、企业行为的根源，同样也决定了城市政府的行为。

从 2014 年参与京津冀协同发展专家咨询委员会工作以来，笔者一直在思考这一问题：中国大城市的职能发展、土地开发和市民诉求的关系为何出现这样的矛盾和扭曲。几乎所有的大城市在经济发展上什么产业都要。城市职能相互矛盾、冲突；城市开发总是无法摆脱"大拆大建"，难以实现有机更新；城市基础设施和公共服务发展远远落后于人口增长，不能满足居民需求。城市工业用地普遍占到建设用地的 30%—40%，远远高于合理的比例；居住用地开发容积率和住宅建筑高度越来越高；城市生态与绿化空间增长缓慢。城市的生产、生活、生态用地的配置为何形成如此不合理的格局，背后的制度原因究竟是什么？

2017 年，在组织雄安新区起步区总体城市设计国际咨询工作过程中，一起工作的深圳规划同行曾与我讨论城市发展模式问题，他们问我，为何发达国家在编制规划时首先关注城市的人口和就业问题；而中国地方政府在规划中最关心土地和产业问题？这一问题确实点到了我国改革开放 40多年来，城市发展模式与问题的关键——制度设计。

在研究北京城市发展中的产业、土地、住房问题，以及城市人口与职能无节制膨胀问题时，笔者发现，在中国独特的政治制度下，地方政府是无限责任政府，几乎对经济发展、民生需求、社会保障、公益服务、生态环境担负全面责任。政府官员都希望城市健康发展，主观上不存在让城市发展出现问题、难题的动机。但事实是，城市与区域发展治理问题仍时有发生，甚至出现严重的"大城市病"。

2014年，中央启动京津冀协同发展战略。习近平总书记把"有序疏解北京非首都功能"比作推动京津冀协同发展战略的"牛鼻子"。

《京津冀协同发展规划纲要》指出了区域发展的五大问题，第一个问题就是北京人口增长过快，"大城市病"问题凸显。到2014年底北京常住人口约2151万，其中城六区人口为1276万，远远超出了2005年版总体规划设定的全市常住人口1800万的控制目标（笔者认为当时设定的这个目标偏于乐观）。虽然北京采取了机动车牌照控制，但全市机动车保有量近560万辆，交通拥挤严重，人均通勤时间高居全国首位。尽管政府一而再、再而三用行政、金融、土地供给等多种手段进行房价调控，但房价仍然持续高涨，工薪收入群体根本无法承受。北京和诸多特大、超大城市都是全国人口迁徙吸引力最大、人口增长最快的城市，但由于"大城市病"日益严重，使得包括北京在内的各个特大、超大城市开始出现对人口的排斥，近几年人口增长速度都明显放缓。

笔者认为，改革开放40多年来，促进中国城镇化、工业化快速发展，城市人口与经济活动快速集聚的有三个基础性的制度设计：土地财政与房地产依赖、独立运行的开发区体制、城市型政府治理区域与行政层级化资源配置。这三个制度是国家改革的重要成果，没有这三个"神器"，就不会有中国40年的工业化、城镇化的"人类奇迹"发生。但是，任何制度都有局限性和不同阶段的适用性，当社会发展阶段改变、发展价值观改变时，一些过去有效的制度恰恰会成为问题的根源。全面深化改革进入"深水区"，工业化、城镇化发展进入"下半场"，继续简单地运用这三个制度设计，可能会给中国的城市发展带来更多的问题，甚至造成某种灾难性的后果。

党的十八大以来，中央在关于城镇化与城市发展的重要会议上，多次提出的城市与区域发展的战略方向、政策与治理举措，清晰地指向了发展制度设计中的弊端。

2015 年中央城市工作会议指出，"尊重城市发展规律"，实现城市发展"五统筹"；党的十九大报告明确指出"房子是用来住的、不是用来炒的"。

在备受关注的雄安新区建设中，强调坚持不搞土地财政，不搞房地产依赖，建设"没有高楼林立、水泥森林，蓝绿交融，以人为本的城市"。笔者曾经说过，雄安新区是中国城镇化"下半场"的探路者。当年深圳在特区发展中的重要改革贡献是探索国有土地有偿使用，创立土地市场，实现土地资源的资本化，解决了城市发展的融资问题。今天雄安新区的改革探索，则是如何体面地终结"土地财政"。笔者认为，京津冀协同发展战略及这个战略下的北京非首都功能疏解、雄安新区设立、北京城市副中心建设，在一定意义上都是对过去城市发展制度设计的反思与纠错，是对未来城市发展新制度的探索实践。

2. "两个过度集聚"与"两个不适应"

在城镇化进程中，大城市一直是人口与产业吸引力最强的地方。工业革命以来，大城市人口和经济快速集聚、规模膨胀成为工业化进程中的一种常态。大城市的人口与产业集聚也创造了更高的效率，更低的人均、地均资源消耗。因此，经济学家普遍认为城市规模越大越好，大城市的开发强度越高越好。

研究发现，所有的大国首都、世界城市在不同的发展阶段都出现过"大城市病"，都会采取不同的方法和手段抑制城市人口与产业的过度集聚，限制或疏解过多的功能和经济活动。城市研究者常打比方说，日本首都东京 2000 万人口的时候很糟糕，3500 万人口的时候却活得很好，讲的就是大城市发展的阶段性规律和治理规律。

笔者得出的结论是：我国当前"大城市病"的突出表现在于特大、超大城市的"两个过度集聚"和"两个不适应"现象，"大城市病"的根源在于城市发展的基本制度设计。

一方面，特大、超大城市的天然优势在于资本的流动性和社会的流动性。即大城市的规模效益和集聚效益使得资本与投资在大城市可以获得更高、更快的收益和回报；大城市的移民文化和社群的多元化，使得城市的开放性、包容性更强，个体生存与发展的机会更多，对人的吸引力更大。但是，区域发展不平衡，各层级城市发展的不平衡，导致这两个流动性集中于甚至仅限于在一、二线城市。笔者有时调侃："中国人要想让自己口袋里的钱保值、增值，就在一、二线城市买房；中国年轻人要想不'拼爹'，就到一、二线城市发展，不需要依赖人际关系。"这种现象背后的原因是土地财政、房地产依赖已使大城市房地产的资产与投资属性超过了居住属性。在所有的个人投资与理财产品中，只有一、二线城市的房价能追上 M2（广义货币）的增长速度，从而使住房异化为资本或投资的保值、增值工具。只有大城市的包容性和发展机会的相对开放、公平，使年轻人，尤其是大学毕业生把一、二线城市作为就业、创业首选地。这恰恰是不同区域、不同层级城市发展严重的不平衡、不公平造成的。

另一方面，城市政府的治理能力的提升和增长却无法适应城市人口与产业的快速增长，包括政府的财政能力，公共服务、基础设施与住房的供给能力，各项公共资源配置能力，环境与社会管理能力以及各种灾害与突发公共事件的应急能力。由此导致城市政府难于应对各种类型的供需矛盾，城市运行和管理问题。同时，社会文明程度的提升无法适应城市高效、有序运行，无法适应城市人口、经济的快速发展，包括企业对经济活动所产生的外部性的社会责任感和信用；成长中的中高收入人群的市民意识和社群意识，社会治理的参与意识，低收入人群的生活习惯和法治观念等等。

　　"两个过度集聚"导致人口大量涌入大城市，而有限的收入和支付能力难以应对住房与生活成本不断提高，又限制了人口集聚；"两个不适应"造成城市各个领域的失衡与失序。我们分析 2000 年以后近 20 年一、二线城市人口增长与经济发展，发现各个大城市在 2000 年以后都出现过巨量、快速的人口集聚，北京、上海、天津都出现过城市常住人口每年增长 90 万—100 万的惊人速度。但近十年的人口增速已经大幅度下降。而且，超大城市在全国城镇人口占比上升的同时，经济占比却下降，即城市人口增长的边际效益下降。造成"两个过度集聚"与"两个不适应"背后的原因，是国家区域与城市发展模式的制度设计。

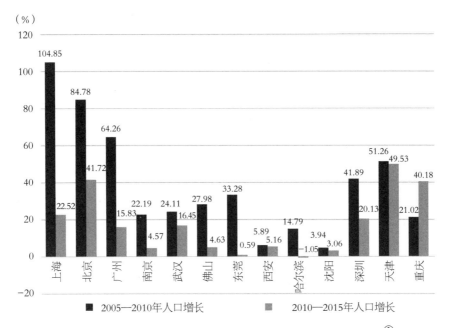

2005—2010 年、2010—2015 年我国部分城市人口增长情况①

①　资料来源：国家统计局；《中国城市统计年鉴》。

3."土地财政"与房地产依赖

在改革开放的过程中，我国创造了土地有偿使用的制度，由此为政府的土地开发、城市建设开辟了重要的资金渠道，大大丰富了地方政府的财政收入，补偿了地方性税收收入严重不足。但随着土地财政的收益扩大，城市政府形成了"土地财政"依赖，并进一步形成了"土地财政"与房地产业/住房供给方式的绑定，使开发型房地产业成为住房供给的唯一渠道。政府的"土地财政"依赖，房地产商追求超额利润，住房刚性需求与投资性买房需求使大城市房价不断高升，甚至失控。

这个问题的讨论要从税收体制和政府财政体制来认识。中国现代意义的税收制度起步于 20 世纪 80 年代的"利改税"，在从计划经济到商品经济再到市场经济的改革进程中，形成了中国的税收体制。出于税收制度初创的条件和征收方便，中国的税收以间接税为主。间接税税源丰富、征收易行，但不利于社会财富再分配。因此，发达国家税收大多采用以直接税为主，或直接税、间接税并重的制度。我国的税收制度也在直接税逐步取代间接税的进步过程中，2004 年我国税收收入中间接税占比为 80%，2014 年间接税的比重下降到 66%。"营改增"就是一项间接税转向直接税的改革。在间接税为主的税收体制下，个人对缴税的感知很弱，大量的税源直接来自企业。对地方政府而言，企业不仅是完成 GDP 考核/竞争指标的贡献者，也是最重要的税源。因此，地方政府热衷于招商引资，愿意给企业提供各种政策和生产要素的支持、优惠。比较中国和英国、美国的税收结构，可以清晰地想象地方政府对居民、对企业的不同态度。

20 世纪 90 年代初期，中国出现了政府税收占 GDP 比重、中央财政收入占全国财政收入比重双双下降的问题，1993 年，国家实施分税制改革，调整中央与地方的税收收入分配关系，中央政府的税收收入明显增加。由于在市场经济体制改革和建立的过程中，中央和地方的税收分配和事权划分不清晰，造成了地方政府的行政责任、发展责任与财政收支能力不匹配的情况，而且问题越来越突出。

到 2016 年，中央政府的税收收入近 7.25 万亿元，但直接支出仅为 2.74 万亿元；地方政府的税收收入 8.72 万亿元，但支出为 16.04 万亿元。2016 年中央向地方转移支付 5.01 万亿元，其中专项转移支付占 43.1%。专项转移支付实行专款专用，"打酱油的钱不能买醋"，而且往往要求地方政府的配套资金。这样的税收和财政制度导致地方财政自给率低、自主性差，造成财政资源的使用效率低和愈演愈烈的"跑步前进（钱进）"。在大量财政转移支付之下，地方政府仍然入不敷出，以土地出让金为主的政府基金性收入就成为地方政府补充财政缺口、获取发展建设资金的重要来源。由此造成多年来城市政府的土地出让收入金与财政资金之比居高不下，土地出让金收入总量年年创新高，形成了城市发展建设对土地财政的高度依赖。

在土地出让金中，由于住宅用地的需求量最大，收入占比最高，因此，城市政府最希望向市场供给住宅用地，也更加倾向于鼓励房地产业发展。同时，工业用地可以助推招商引资，扩大企业税收，城市政府倾向于更低的工业用地地价，甚至无偿提供工业用地。2015 年，全国土地出让收益总量 19726 亿元中，来自住宅用地 14000 亿元，占 71.0%；商业用地 5071 亿元，占 25.7%。而来自工矿仓储用地的仅为 654.8 亿元，占 3.3%。2017 年第一季度，全国重点监测 105 个城市的工业用地土地出让价格仅为住宅用地的 12.8%。

在这样的税收和财政制度下和中央严格保护耕地、限制城市建设用地供给的政策下，城市政府通过各种途径全力获取更多的建设用地指标。对有限的用地指标，城市政府一方面为了维持 GDP 增长目标和企业税收而仍然不断扩大工业企业用地供给，导致工业用地的大量闲置和低效利用。另一方面，为了追求土地出让金收入总量最大化，而增加住宅、商业用地供给，鼓励房地产业发展，甚至希望房价上涨；为了追求每一块出让土地的收益最大化而不断提高容积率，使高层、超高层建筑成为城市住房的基本形态。这些制度设计导致的地方政府行为使城市生产、生活、生态用地资源错误配置；过高的容积率、太多的高层住宅使居民在改善住房的同时没有真正实现更高的居住生活质量；大量高层、超高层住宅建筑产生的运行成本、节能、设备更新、消防安全、邻里交往、社会心理等问题成为长远发展的巨大隐患。笔者常说，高层住宅是中国城市未来最沉重的、无解的社会负担。

税收和财政制度设计也导致城市政府既希望通过大量供地建房、卖房，大规模招商引资，来获取土地收入、企业税收和GDP高增长，又不愿接受更多市民，不愿承担更多公共服务和社会保障的财政负担，甚至荒谬地提出国家为地方政府分担"市民化成本"问题。而在土地财政、房地产依赖的路径下，大城市住房价格快速上涨，住房的资产属性和投资属性远远超过了居住属性，房价又成为限制人口进入的障碍。

因此，要解决城市发展的价值取向和发展模式问题，不只是要改变GDP导向，更要认识现行制度的缺陷和弊端，加快推进税收和财政制度改革。党的十九大报告提出，要"贯彻新发展理念，建设现代化经济体系"；"加快建立现代财政制度，建立权责清晰、财力协调、区域均衡的中央和地方财政关系"；"深化税收制度改革，健全地方税体系"。城市健康发展，摆脱旧的发展模式，必须以深入推进基础性制度设计改革为前提。改革的核心目标应该是使城市政府责任与市民美好生活诉求一致，中央政府和地方政府的责任和权益配置一致，最后达到促进城市空间资源的科学、均衡配置，使市民在发展中享受到更多的福祉。

4. 开发区体制与碎片化开发模式

改革开放初期，为了推进体制机制创新和改革试验，解决新旧制度

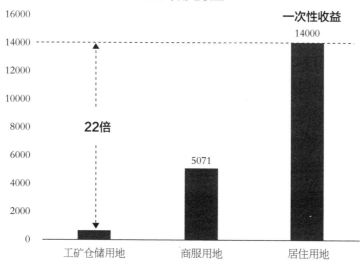

2015年用地收益

一次性收益

14000

22倍

5071

工矿仓储用地　　商服用地　　居住用地

全国 2015 年各类城市用地土地出让收益统计图①

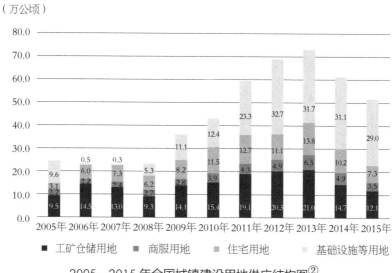

（万公顷）

■ 工矿仓储用地　　■ 商服用地　　■ 住宅用地　　■ 基础设施等用地

2005—2015 年全国城镇建设用地供应结构图②

---

① 资料来源：自然资源部统计数据。

② 资料来源：2005—2015 年《中国国土资源统计年鉴》。

转换问题，国家采取了特殊政策性地区的改革试验，包括设定管理体制边界和政策适用范围的经济特区、出口加工区、保税区等。为了在局部地区快速改善投资环境，促进产业发展，又设立了经济技术开发区、高新技术开发区。这类特殊区域的设置无疑为国家改革开放，体制、机制和政策试验，加快经济产业发展起到了很好的作用，作出了巨大的历史性贡献。但也导致了各类各级名目繁多的开发区、产业园区、城市新区设置过多过滥，遍地开花。开发区成了各级城市发展经济、招商引资的重要平台，但这种发展模式的负面效应也日益显现，产生了很多问题。

脱离城市体系化行政管理的开发区模式确实可以避免繁杂而官僚化的行政审批和管理程序，卸去了地方政府繁杂的社会管理和公共服务责任，因此创造了很高的土地开发和产业发展效率。但同时也形成了单一追求经济效益和增长速度，忽视资源使用效率、忽视经济发展所产生的外部性的价值取向，造成了城市发展中大量的碎片化、孤岛化的单一产业功能区。

一方面，开发区模式下的土地资源利用效率低，环境管理门槛低、监管弱，为了追求经济效益而忽视产业发展的资源、环境和社会的外部性。同时造成城市空间碎片化，基础设施、公共服务的供给成本增加，城市运行的整体效率下降。另一方面，随着人们的收入提高，就业者的生活价值观和生活方式发生变化，新一代农民工也越来越不接受开发区"孤岛式"的工作与生活方式。

十年前富士康工厂的园区出现了"十连跳"的悲剧，笔者曾在多个场合说过：富士康的"十连跳"宣告了中国单一发展产业路径的终结。2000年，笔者曾经考察了位于深圳坂雪岗地区的富士康第一代园区，整洁有序的园区，宽敞明亮的食堂，带淋浴的集体宿舍，标准化的运动场地，周末的文娱活动等等，在各同类园区中并不多见，甚至可以媲美大学校园。但是，为什么在这样的园区会出现极为悲剧的"十连跳"事件？

中国改革开放带来的最大变化是人的变化：中国社会在总体上已经摆

脱贫困，进入到中等偏高收入社会。而随着社会的富裕，人的价值观和生活方式发生了巨大的不可逆的变化。21世纪10年代的农民工已经不是他们父辈那样处于赤贫、满足于温饱的第一代农民工。第一代农民工大多是文盲和小学教育水平，而新一代农民工大多受过初中教育，高中和职高毕业生占25%以上。第一代农民工背着铺盖卷走天下，一份工资一张床就可以让他们安心打工；而新一代农民工怀着理想和好奇而来到发达的城市，除了生存还要体验生活。由此，我们发现新一代农民工喜欢有自由、有体验的就业岗位，不安于生产流水线、建筑工地这些"枯燥"的就业岗位；越来越多的农民工拒绝住工地、店堂和厂房，拒绝企业提供的集体宿舍；越来越多的工厂和工地为了留住工人，不仅支付更高的薪酬，还要用班车接送工人上下班。

随着社会的发展进步，生产组织方式、生活居住方式和城市的空间组织方式正在发生变化。过去高效率的园区模式因为缺乏住房、服务配套，缺乏多样化、可选择的公共服务供给而不再具有对人、对企业的吸引力。孤岛化的运行也难以继续创造发展的效率和效益，碎片化的空间形态成了促进城市产城融合，组织就业、居住、服务混合供给的高品质生活环境的难题。笔者的硕士研究生2017年比较研究天津华苑科技园和赛达开发区低收入人群职住关系时发现，由于赛达开发区单一化的功能和碎片化的布局，就业人群为了获得更好的公共服务就必须选择在开发区以外居住，支付更高的住房或通勤成本；而为了节省成本，就必须忍受较低水平的生活质量和公共服务。

从城市的长期运行、公共服务与基础设施供给、资源环境可持续发展的角度看，这种在短期内获得经济效益的开发区模式，使城市的公共服务、基础设施投入和运行的成本更高，其高速发展进程中所忽略的社会与环境外部性仍然需要以后的发展来还"欠账"。因此，"开发区模式"也是"大城市病"的成因之一，也是治理"大城市病"的难题之一。

5. 城市型政府治理区域与层级化资源配置

20世纪八九十年代，我国大范围推进实施了"市管县"的行政体制和撤县设市、撤县（市）设区的运动，形成了以城市型政府治理较大尺度区域，城市型政府替代区域型政府的独特行政管理模式。这一体制进一步强化了层级化的行政体系，形成了资源按直辖市—副省级市—省会—地级市—县级市与县层级化配置模式。高层级的城市有更大的话语权，可以获得更多的政策性、财政性资源，或者获得资源的配置权，对人口和产业也更具吸引力。

改革开放之前，市管理县的模式只出现在一些大城市，其初衷是为了保障大城市的蔬菜和副食品供应。20世纪80年代开始在大范围推广市管理县体制，目前只在中、西部地区保留有自治州和"地区"管市、县的体制。"市管县"行政体制的优势是解决了我国省少、县多，省级政府管理几十到一百多个县，行政管理过于繁复的问题；解决了"地区"作为省政府派出机构，而不是一级政府的管理权限问题。这一体制在改革开放中确实起到资源向高层级城市集中的作用，加快了国家、省、地区中心城市的工业化、城镇化进程，较快地提高了这些城市的吸引力、竞争力，形成了各层级带动发展的引擎与火车头。同时也使得地级市获得较快的经济增长和基本公共服务发展，改善了农业型地区的发展动力，提高了本区域的公共服务水平。但这一体系也造成了政府把发展的重心放在城市与市区。因此也必然导致资源过度向城市集中，向高层级城市集中。尤其是在发展机会不多、资源短缺的情况下，城市和市区必然成为优先选项，从而使得县级单元和乡村可获得的资源更少，即所谓"市剥县"的掠夺现象。由此加剧了城市之间发展机会的不公平和城乡之间发展机会的不公平，加剧了不同层级城市发展分异和城乡分异。

从经济发展角度看，行政区经济又是一种竞争型体制，高层级城市有更强的竞争力。在这一制度设计下，北京从河北、天津竞争得来的两个大型汽车制造项目，形成了更大的汽车整车生产规模。北京用优厚的央企落户政策和全国最好的教育、医疗等公共服务吸引了越来越多的央企总部，包括与北京并没有地缘关系的三峡集团、远洋集团。由此给北京创造了更多的 GDP 和税收，使北京成为全球 500 强企业总部最多的城市（几乎全部为央企），而央企为北京创造的税收占北京地方税收的 37%。

2011 年，笔者在参与玉树地震灾后重建时，曾与青海玉树州、云南迪庆州两个区域型政府的党委主要领导交流行政体制与治理模式问题，两位区域型政府主官都认为，如果是城市型行政体制，一定会更注重城市经济、城市发展和城市形象提升；如果是区域型行政体制，一定会更注重各县发展平衡和城乡发展平衡。2010 年，笔者在新疆喀什地区开展援疆工作调研也得到了相同的回应，地区党政领导都认为，喀什地区管理县的行政体制有利于各县均衡发展和城乡协调发展。

不可否认，城市型政府治理区域和行政层级化的资源配置，为中国现代化作出了重要贡献，加快了工业化、城镇化进程。但随着国家的发展和进步，这一体制的弊端也逐渐显露，到现在反而在一定程度上阻碍了城乡之间、各行政层级之间的公平、健康发展，是我国在新时期实现社会治理体系现代化必须关注、重视的制度改革问题之一。笔者注意到，近年来浙江省全面推进"省直管县"卓有成效；越来越多的省开始推进"省直管县级财政"；一些政策研究与智库机构在酝酿拆分更多的省级单元，从而简化行政层级的行政体制改革。笔者在主持《全国城镇体系规划》编制研究工作中曾提出，把省域范围过大的省区分设多省，以提高行政效能的建议。笔者主持的中国工程院《中国县（市）域城镇化研究》提出，加快推进"省管县"体制改革，严格控制"撤县（市）设区"，慎重推进"撤县设市"的建议等。以上这些，都是基于对我国行政体制、区域治理与资源配置模式的研究与观察所产生的思考。

这种行政体制和资源分配模式，也是北京城市职能过多、人口与产业过度集聚的原因，是"大城市病"的病因之一。

首先，北京作为我国行政化城市体系的顶端，在服务中央、服务首都的同时，获得了国家最多的政策和资源的支持，在城市竞争中有更大的话语权与更强的吸引力。

其次，北京不断扩大的市域范围，有更多的经济发展空间，可以容纳更多的人口与产业，"肥水不流外人田"的"一亩三分地"思维又使城市的体量不断膨胀。

再次，体制造成的发展机会不平等，同样反映在北京市域范围内。缺乏资源支持和区位优势的区、县和乡村地区，只能通过"工业大院"、招商引资吸引大量高消耗的低端产业来发展地方经济。由此造成北京的中心城区与外围顺义、通州、昌平、大兴、房山五区县发展模式相异、发展成效相左、发展格局不合理的问题。由于北京丰厚的财力，近年来北部密云、怀柔、门头沟等区县获得大量财政转移支付，很好地实施了退耕还林、水源保护，但承担同一水源保护责任的河北各县，只能获得非常有限的财政转移支付，生态补偿的政府补贴仅约为北京郊县的 1/10。

云程发轫：经略首都四大核心功能

北京的发展与京津冀协同发展休戚相关、荣辱与共。一方面，作为首都城市的北京，是京津冀区域的核心，区域发展的动力和增长极；另一方面，京津冀协同发展是首都功能充分发挥、北京城市健康、可持续发展的基础。

《京津冀协同发展规划纲要》（以下简称《规划纲要》）给区域的定位是：明确指出，京津冀的定位是以首都为核心的世界级城市群、区域整体协同发展改革引领区、全国创新驱动经济增长新引擎、生态修复环境改善示范区。其中第一个定位就是要求首都北京发挥核心作用，带动区域发展成为具有世界性影响力和竞争力的城市群。

与《规划纲要》一脉相承，《北京城市总体规划（2016 年—2035 年）》确定了首都"全国政治中心、文化中心、国际交往中心、科技创新中心"四项核心功能；发展的路径是实施"人文、科技、绿色"战略；发展的目标是"建设成为国际一流的和谐宜居之都"。与新中国成立以来的历版城市总体规划相比，北京的城市定位、发展战略与目标都具有鲜明的时代特征。在功能定位上，突出重点，很好地把握了功能的"为"与"不为"，明晰了首都功能与北京发展的关系；在发展战略上，与先进发达国家首都、世界城市相同，选择更加文明理性、符合世界潮流的发展路径；在发展目标上，强调和谐宜居这一市民有体感、有温度，以人民为中心的价值观和发展愿景，并且突出了实现"国际一流"。

首都北京，要实现真正的转型发展、实现功能的全面优化、实现全新的发展战略与目标，不仅需要全球视野和前瞻思维，还需要敢于"舍得"、壮士断腕的决心。前提是需要对首都核心功能的构成与发展认真梳理分析，对疏解非核心功能周全安排，对市域、区域发展布局优化把握。

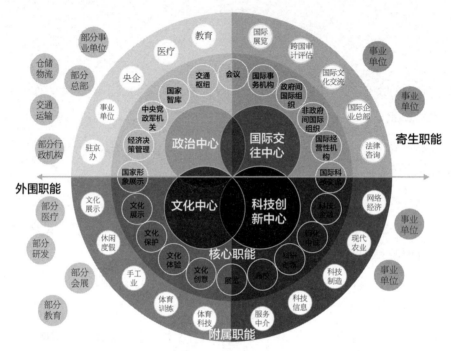

首都四大功能的核心职能、附属职能分析图[①]

1. 作为政治中心的首都

　　首都政治中心的核心职能由以下几个部分组成：一是党中央与党的机构，包括党中央组织机构、党中央的 20 多个部门机构、直属事业单位和决策议事协调机构；二是全国人大、政协系统的机关、附属机构和事业单

---

　　① 　资料来源：中国城市规划设计研究院：《首都功能浅析——北京首都功能及国际比较》，2015 年。

位；三是国务院系统的机关，包括28个国务院组成部门、20多个直属机构和事业单位、10多个国家局和议事协调机构；四是国家司法部门的最高法院、最高检察院及附属机构；五是多党合作，参政议政的各民主党派总部及附属机构；六是管理国家金融的中央银行、商业银行、政策性银行金融管理机构及附属机构；七是中央军事委员会及各职能部门，各军兵种、武警总部，军事研究机构，军事"两院"。此外，还有一批国家级的社群组织、社会团体。

作为国家政治中心的附属职能，北京集聚了一大批国家级、部委所属的科学研究、智库机构和各类事业单位。政治中心还需要举办重大国际活动和国务活动的场所和国家形象展示地；需要大型、多样的会议中心和接待设施；需要支撑政治中心功能的国际航空枢纽和国家客运枢纽。此外还要容纳地方派驻首都的办事机构。

但是，在国家政治中心的核心职能、附属职能之下，衍生出了许多外围职能，甚至出现了寄生职能，如部分没有必要在京的企业总部、过多过量的非行政性事业单位、后台机构、服务机构及其下设的与主要职能无关的企业。

无疑，国家政治中心的核心职能、附属职能都是北京必须承载并保障其正常、高效运行的职能；而部分非核心的外围职能、寄生职能应当得到必要的控制，或者有序疏解出北京，或者严格约束其成长及新的衍生。京津冀协同发展战略实施以来，撤销地市级、县级政府驻京机构，严格限制中央、国务院各下属机构设立新的社团组织、举办新的事业单位就是有效的措施。

在空间分布上，作为政治中心核心功能的党中央、人大、国务院等国家权力机关分布，与重大国际活动、国务活动场所，国家形象地区天安门、中南海及周边地区基本重合，形成了国家首脑机关与国家形象的集中地。中央和国务院各部委、"两高"金融控制机关大多数位于三环以内，

80%位于西城区和长安街沿线。部分中央办公、军事机关和首长驻地位于三环以外或外围地区。因此，恰当地控制和疏解北京中心城区，尤其是三环以内的非核心功能，对于国家政治中心功能的运行非常重要。

以天安门—中南海为中心，在二环围合的北京古城内外为主的相对集中的区域，刚好形成了政治中心功能保障与古都历史文化整体保护相一致的空间格局。因此，设立"首都区"，既是政治中心核心功能的需要，更为北京古都历史文化整体保护提供了独特契机。

随着北京市委市政府及市属行政办公向通州城市副中心迁移，东西城区批发市场外迁，东西城区停止房地产开发，可以使古城区就业和居住人口得到有效疏解，使政治中心的核心功能进一步集聚，附属功能适度发展，同时使古都保护压力得以有效缓解。笔者认为，在疏解北京非首都功能时，还应考虑把部分国际与国家重大活动场所和会议、接待职能向外围环境条件更优越地区疏解；同时把北京市政府的便民服务部门保留在人口密度较高的中心地区，方便居民生活。

2. 作为文化中心的首都

把"文化中心"定为首都核心功能，是一个非常有远见、有高度的睿智选择。纵观人类历史上的伟大都城，无一不是当时的文化中心，又无一不是今天人类文明的瑰宝。当今大国首都、世界城市不仅是引领国家当代文化发展的源泉、一国文化的代表，同时也创造了独特的城市文化，成为文化名城。经济学家张五常先生在讨论深圳作为一个现象城市时指出："人类历史上我们很少见到一个经济发达而文化尘下的地方。"观察中国不同区域的"双子城""姐妹城"，笔者发现在40多年竞争性发展中的换位现象。工业化、城镇化"上半场"领跑"明星城市"，进入新时代后纷纷落后；而历史悠久、底蕴深厚的文化古城反超为领跑者。笔者认为，这些历史城市厚重的沉淀，造就了多元多样、开放、包容的城市社会文化，从而对各个社会阶层产生强大而持久的终极吸引力和城市核心竞争力。例如杭州与宁波，成都与重庆，南京与苏州，皆是如此。

文化，既包括精神的、无形的，也包括物质的、有形的；既包括现代化的、时尚的，也包括历史的、传统的。笔者2018年底参加的一次座谈会上，北京市政府主要领导曾经谈到，首都四大核心功能中，对"全国政治中心、国际交往中心、科技创新中心"认识比较清晰，唯独对"文化中心"的认识与策略研究是最不充分的。文化中心既要对历史文化有充分的尊重、保护和继承，凝练出文化传统的精华；又要在现实的社会发展与进步中，激发并创造时代的新兴文化。文化中心不仅是多元、多层次文化机构、文化活动与文化人的集聚地，也是历史文化传承与当代文化创造相互融合、交相辉映的物质文化空间，并表现出独特的城市精神与文化气质。北京是世界上最伟大的古都，也应该是展示国家优秀历史文化和华夏文明的代表城市，是引领国家先进文化发展、体现国家文化意识形态和文化价值的代表城市，更是影响世界文化格局、形成世界多元文化中重要一极的文化中心、文化名城。

文化中心的核心职能包括但不限于以下几个方面：国家的文化与人文教育、研究机构，文化、艺术、新闻出版、传媒等文化机构，文化领域的社会团体和非政府组织，多样化的文化交流、展示活动和文化事件。文化中心也应该是文化创意产业聚集地，物质文化和非物质文化、民俗文化的遗产地。此外，文化与教育、体育、娱乐、社交等领域关系密切，因此文化交流胜地、国际旅游目的地，也是文化中心的应有之义。

文化核心职能的附属职能，包括承载各类文化活动的设施与场所，文化生产、制作、服务与后勤机构，文化产业中介服务机构，旅游服务机构与接待设施。

文化是一个内涵极为丰富、外延非常广泛的概念，既包含正规的、主流的、传统的、官方组织的文化活动与机构，也包括"非正规"的、非主流的、非典型的、民间自发的文化活动和场所。因此，首都文化中心核心功能的发展，需要宽阔的视野和包容的气度。既要弘扬主旋律，鼓励健康向上的文化现象和文化需求；也要包容各种不太成熟或者成长中的文化人群与文化活动。

对于一个中高收入社会而言，文化作为意识形态存在，不仅是抽象的、精神的需求，也是一种大众消费行为，甚至是一个重要的消费领域。观察中国40多年快速发展中的消费结构变化，我们经历了从温饱到品质、到品牌的产品消费发展过程，也经历了从产品到服务再到体验的消费链条进化过程。尤其对于新兴中产阶层来说，服务消费、体验消费已经成为个人消费的重要组成部分，各种付费的上网、观演、娱乐、观光、旅游，以及网红打卡，成为中产阶层的日常生活方式。

例如，2007年开始举办的"深圳·香港城市／建筑双城双年展"活动，从业界的"自娱自乐"逐渐变成了今天城市最重要的公共艺术事件之一；上海的城市空间艺术季已经成为城市重要的文化活动和文化事件。近年来广州、北京的国际设计周，出现了越来越多的城市空间艺术、建筑设计、城市设计、地区更新的内容。由市民自发组织的广州恩宁路历史文化保护的社会运动，北京"爱上百万庄"志愿者小组在百万庄小区更新中推动当代优秀建筑文化保护的活动引起了北京市委主要领导的重视，起到了很好的作用。类似的活动在其他大城市也逐渐增多。

这些现象反映了新兴中产阶层对城市空间艺术、空间体验的需求越来越多，对历史文化遗产保护、人居环境的精神品质追求越来越强烈。这些现象也印证了笔者在参与雄安新区城市设计国际咨询工作中，与日本设计团队交流的体会：社会发展从贫穷到小康、到富裕进程并不是物质消费成倍数地增加，而是居民的消费从物质到精神、文化、审美需求转变的进程。例如，住房需求的发展并不是简单的从小到大、从简陋到高级，而是人们根据不同的文化品位、审美趣味选择的不同住房产品。因此，日本设计团队雄安新区的住房供给提出了林居、湖居、田居等满足不同审美趣味的住区类型。

文化中心这一核心功能定位，给北京古都的整体保护、严格保护提供了重要的战略前提，而文化中心的各项核心职能也正需要以古城保护与有机更新作为重要的承载空间。

完整保护古城，不仅有利于首都政治中心各项职能的相对集中与高效运行，也会使优质而具有高度文化价值的存量空间成为发展文化中心、国际交往中心功能的重要资源。

3. 作为国际交往中心的首都

国际交往中心的核心职能包括：外国使团与驻华使馆、国际多边机构、国际非政府组织等总部与派驻机构；国际企业总部、分支机构、外商投资企业总部或经营性机构；国际化的法律、会计、咨询等服务机构、中介机构；国际性的科学技术、教育文化、社会人文交流活动；国际性的官方或非官方的会议、展会；国际性的大型体育、文化活动，如奥运会、电影节等等。此外，国际旅游也是国际交流中心的核心职能。大量的国际游客是民间国际交往的重要形式。如伦敦、巴黎等既是多样功能的世界城市，也是全球最重要的旅游目的地。

与这些核心功能相伴的附属职能，包括国际性会议展览场所，重大或大型国际活动场所、接待机构与设施；国际人士相对集中的国际型社区和国际化的教育、医疗机构，非正式交流场所，娱乐、休闲与消费场所。随着国际交往活动的多元、多样化，除了上述集中地与场所，高校与研究机构集中区、商务中心地区，也成为国际专业、行业交流活动的重要区域。

国际交往活动的空间分布与国家的经济社会开放程度，以及城市的发展水平有密切的关系。改革开放初期，北京的国际交往活动仅限于使馆区/外交人员公寓住区，服务设施也仅限于国际俱乐部、友谊商店和少数涉外酒店。笔者1996年作为世界银行咨询专家赴孟加拉国工作，世界银行专门交代我只能在达卡市仅有的两家四星、五星级酒店用餐，工作场所只在使馆区毗邻的城市"模范地区"内。随着经济融入全球化，国际交往成为首都大量的、日常性的活动，城市必然变得越来越国际化，国际交往的空间也从一些集中地转向整个城市，形成满足不同需求、吸引不同人群的多样化的国际交往场所。

国际交往中心不仅要吸引大量中短期的派驻工作者、交流访问者和旅游者，也应该对国际人士长期生活/安家、工作/创业，有很强的吸引力。如英国首都伦敦，已经成为非本国出生人口比例很高的世界城市，成为人类社会的"大熔炉"。因此国际交往核心功能不仅要求城市有独特的精神气质和文化魅力；还要求城市有较高品质的人居环境和公共服务，有国际化的社会服务、信息服务和语言环境。在对城市国际化的长期观察和研究中，笔者形成了两个基本的认识：一是国际交往与国际化需要城市具备与众不同的差异性，由此形成城市独特的魅力和吸引力；二是同时又必须具备与国际人士原住在国家的生活、服务标准的相似性，以留住国际人士的定居、安家。国际交往中心要包容不同层次的国际人群，提供不同偏好的选择性。

通过对北京、上海、广州、深圳的观察，笔者发现外国人在中国城市生活居住并不都集中在所谓高端的国际社区内。研究表明，北美地区、澳大利亚等新大陆地区国家居民偏好高标准的独立式住所或高端公寓的国际社区；日本、韩国居民扎堆在生活比较便利，中等偏上消费水平与住房价格的成熟社区，但两个族群相互少有交往；欧洲人大多喜爱历史悠久的老城区，且不抱团，不会形成族群聚居的居住形态；亚非拉发展中国家居民偏好低成本、高便利性的边缘化地区或管制比较宽松的地区。广州的环市北路、三元里一带集聚了大量的亚洲、非洲留居者；北京的五道口地区集聚了大量收入不高但交往活动频繁的国际交流学者、国际学生和科技专业人士。深圳国际人士主要是发达国家的技术精英和商贸人士，主要集聚在最多元化、国际化又人性化空间尺度的蛇口和南山地区。

国际交往中心必须为不同文化背景、不同个体偏好、不同收入水平和支付能力的外国人包括发展中国家人群提供多元化、多样化的居住、公共服务、生活服务和城市管理服务。

北京吸引国际人群的因素除工作机会、创业与发展机会之外，还包括城市的文化魅力和精神气质。要给国际人群提供发展机会与文化的特殊性或差异性，同时要提供适应国际人群长期留居的生活环境的相似性和国际化水准。改革开放40多年来，北京的人居环境、基础设施、公共服务、生活服务取得了长足的进步和发展。北京与大国首都、世界城市的硬件条件的差距日渐缩小。但要真正成为对世界各国、各层次人群有吸引力且留得住的国际交往中心，北京应当以逐步扩大国际人口规模，提高国际人士占常住人口比例，克服人口国际化水平低的短板。

北京应该继续关注 CBD、使馆区与外交人员住区、望京、亚运村、五道口等已经集聚了大量国际机构和国际人群地区的国际化服务和管理水平的提升。同时，也要注意到国际非政府组织、世界 500 强驻京机构向北部与南部非传统地区扩散的现象。要从关注特定地区转向提高中心城区整体的国际化水平和国际人士居住服务的便利性；提高对不同国际人群的包容性；提供多元多样的选择性。北京要进一步改革和优化国际人士出入境，工作、生活的管理和服务；鼓励国际性的会议会展和多层次、多领域的交流活动；不断提高国际交流的吸引力，提高国际人士工作生活的便利性和自由度，使北京真正成为可以比肩伦敦、纽约的国际交往中心和各族裔、各国人口聚集的全球化"大熔炉"，成为人类命运共同体的"家庭大客厅"。

4. 作为科技创新中心的首都

把科技创新作为首都核心功能是首都功能定位的重要创新，顺应了全球经济转向科技引领、创新驱动的历史性潮流，也是北京长期积累的教育、科研和技术研发实力与竞争力的必然要求。在国际诸多关于教育、基础科研、研发能力的排名中，北京在全国名列前茅，在全球也有较高地位。

笔者认为，科技创新中心的定位，符合科技创新从远离城市的园区创新转向城区创新的全球性新趋势。

科技创新中心的核心职能，包括国家级重要的高等院校、科研院所、基础性研究的国家实验室、大科学装置群及所聚集的大量的科学家和科技工程专家；高新技术创新研发机构、孵化机构和中试机构；科学研究与技术创新的信息中心。以中国科学院、清华大学、北京大学等各著名高校为核心，科技创新企业高度集聚的中关村地区是我国基础科研、理论创新、原始创新与科技研发最重要的核心地区。

科技创新中心的附属职能包括支持创新的金融、法律、专利、会计服务业，科技成果交易、转移的中介服务业，科技创新活动的后勤支持服务业，以及适应科技创新人才要求的居住、生活服务与教育医疗等公共服务。关于科技创新中心，笔者经过多年思考和研究，形成了三个基本认识。

第一，科技创新的动力虽然来自市场的旺盛需求和产品创新，更需要基础性教育、科学研究的理论创新、原始创新的支持。笔者一直认为，硅谷的创新能力只是美国西海岸强大的教育与科研体系的一个市场化的显性表达。硅谷之所以成功，除了企业家的产品创新冲动和成熟的市场化机制外，最重要的是在美国西海岸拥有加州理工、伯克利、斯坦福等一流的大学；拥有劳伦斯实验室等一批国家实验室和研究机构；拥有集聚了大量科学家和工程师的航空、航天生产、运行基地和海、空军事基地。正是这些最基础、最原创的研究机构和国家战略性创新应用体系的高度集聚，衍生出了市场化科技创新高地——硅谷。因此，北京作为科技创新中心，首先要把高校、科研院所、国家实验室、大科学装置群发展好，为市场化的技术创新提供智慧、智力和理论创新、原始创新的源泉。

第二，科技创新的核心是人才，能够吸引人才、留住人才是科技创新中心成败的关键因素。经过改革开放40多年的发展，中国已经从一个贫穷社会走进了中高收入社会。今天的创新人才已不再是过去那个习惯于低收入生活、艰苦奋斗的青年知识分子群体，而是一个追求多元价值观和个性生活方式的新兴中产阶层的技术精英。人群的发展、进步和变化改变了城市发展的逻辑：从过去的人跟着企业走，企业跟着廉价要素走的逻辑，翻转成了人跟着高品质的城市走，企业跟着人走。即从要素—企业—人群—城市的关系转向了品质—城市—人群—企业的逻辑。因此，今天最吸引人的城市，就是科技创新企业集聚最多、创新最活跃的城市。纽约的"硅巷"、伦敦的"硅盘"等都显示了大城市科技创新的潜力和实力。纽约前市长 M. 布隆伯格说过一句话："人们选择生活的城市，在城市里选择就业"。

笔者曾经遇到一位旧金山的著名建筑师，他说，这二十年他持续在做的一件事，就是把硅谷"搬回"旧金山——为迁移到旧金山的硅谷企业设计建筑。这个全球性的科技创新从园区转向城区的新趋势，给首都科技创新中心核心功能的成长带来了机会，同时也要求北京必须为科技创新人才提供优良的人居环境和生活品质，包括可承受而有品质的住房住区，满足子女成长需求的一流的基础教育，以及合适的收入与生活成本性价比。

第三，科技创新是一项成本敏感的营利性商业活动，需要低成本的科技创业营造适宜的成长环境。基于中规院对中关村科技创新活动的长期研究，我们观察到一些重要的成本敏感现象。科技创新活动最活跃的中关村核心区约50平方公里的范围内，有80%左右的土地是政府划拨使用的高校与科研院所大院。这些大院为科技创新提供了大量低成本的灰色空间和带有补贴的居住、生活服务，滋养了科技创新的蓬勃成长。科技型企业在初创、成长、成熟三个不同阶段的成本承受能力决定了不同的创业、研发空间选择，需要不同价格、形态、区位的办公空间供给。政府的基础设施供给并不一定都有利于科技企业的成长。中关村有个很生动的案例，随着中关村大街地铁4号线的开通，地铁站周边地区房价和办公楼宇的租金上涨，入驻企业很快发生了变化。软件、信息和金融企业入驻增多，科技研发企业、小微企业被挤出。研究还发现，科技研发企业与基础教育、科研机构在空间上有很高的关联性和依附性。北京航空航天大学、北京交通大学、北京钢铁研究总院周边分别集聚了与创新源头关系十分密切的科技创新企业群落。

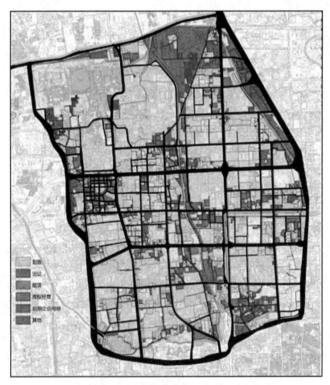

中关村科技城核心区现状土地权属划分①

———————————

① 资料来源：中国城市规划设计研究院：《中关村科学城提升发展规划》，2013年。

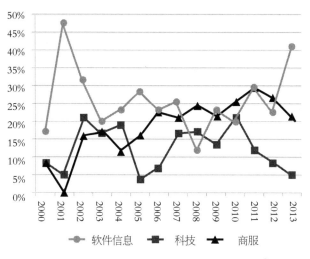

地铁魏公村站周边楼宇入驻产业变化分析[①]

　　科技创新是一个快速成长中的领域。北京一方面要为科技创新中心的核心职能发展提供良好的空间资源配置和服务供给，营造中关村等已有科技创新核心地区良好的发展环境。另一方面也要有效引导不断扩大的科技创新活动在市域范围内的合理分布，引导首都科技创新势能向区域的转移和外溢。从近域看，科技创新存在着服务关联的时间距离约束，如硅谷"一小时风投圈"。因此，科技创新中心功能发展首先要做好市域内的布局优化和存量空间利用。目前中关村核心区域与山后地区的土地开发已近饱和，继续提高土地开发利用强度，会损害地区空间品质，增大交通等基础设施的负荷。因此，要从市域谋划科技创新的全市布局，利用好"三城一区""一区十六园"的政策空间资源；利用好批发、制造业等非首都功能疏解而形成的存量空间有机更新；加快怀柔科学城等基础性研究基地建设与科技研发职能集聚；要从交通供给方面优化科技创新人群的就业、居住、公共服务配置。前几年投入使用的回龙观到上地的自行车高速路就是

---

　　①　资料来源：中国城市规划设计研究院：《中关村科学城提升发展规划》，2013年。

针对科技创新人群需求，便利而绿色的交通供给创新。

中关村的科技创新职能有很强的投资能力和创新活动外溢需求。2009—2013 年，中关村 22 万家高新技术企业对外投资占全国高新企业投资总额的 32.6%，其中大半在北京市域范围内，市外投资占比最高的是江苏、广东、上海和山东，而河北、天津仅排到第五、第六位。因此，改善河北、天津对北京科技创新功能外溢的承接能力是改善京津冀区域经济关联度，优化区域产业体系，提高区域产业能级的重要工作。北京的国家科技创新中心功能需要形成强大的辐射、带动能力，形成市域内与外、近域与远端多层次的互动发展。

深惟重虑：首都治理策略的思考

1. 建立现代化治理体系

党的十八届三中全会提出的"国家治理体系和治理能力现代化"这一概念，是一个非常重要的从国家管理到国家治理的观念、出发点、方法和途径的重大转变，是国家社会走向全面现代化的历史性进步，也是继 20世纪五六十年代，提出国家建设"四个现代化"目标以来的第五个现代化。与"四个现代化"不同，治理体系的现代化是国家上层建筑、制度层面的重要的系统性改革。治理体系现代化不是物质性的目标，而是为物质性目标扫除障碍，提供基础的。

习近平总书记指出："治理和管理一字之差，体现的是系统治理、依法治理、源头治理、综合施策。"[①] 治理体系现代化的背景，是改革开放40多年，中国社会从贫困社会转变为中高收入社会，形成了一个更加复杂、更加多元化的社会结构。随着中等收入阶层的成长与不断扩大，不同收入阶层逐渐形成，社会群体的贫富差距日益扩大，中国社会的主要矛盾已经转向了人民日益增长的美好生活需要和不平衡不充分的发展之间的矛盾，要应对多元化、多样化的社会发展需求，传统的管理观念显然是无法适应的。

治理现代化不仅意味着现有的、传统的管理制度与工具的变革与改

---

① 《习近平关于全面建成小康社会论述摘编》，中央文献出版社 2016 年版，第 142 页。

善，或者是法律体系的完善；而且意味着广泛动员社会与市场参与国家和社会管理。通过政府、社会、市场的共同参与，形成国家发展的价值认同与共识；通过不同群体利益相关的权衡与兼顾，寻找共同目标，形成发展的"最大公约数"；通过"善治、良治"的制度与机制设计，使各个阶层在发展中共享成果、各得其所。"多一些治理，少一些统治"是20世纪以来世界上主要国家变革的重要特征，也是中国走向全面现代化，实现中华民族伟大复兴和百年中国梦的必经之路。

因此，作为国家重大战略的京津冀协同发展和国家大城市发展模式优化探索示范的首都北京发展，要实现习近平总书记"构建长效机制"的要求和期望，首先要从首都区域的治理体系建立开始思考。

2014年实施京津冀协同发展战略以来，中央成立了领导小组、专家咨询委员会，这一举措与伦敦、巴黎、东京、首尔的历史经验相似——以国家的力量，自上而下地推动首都地区的发展与管理、治理问题的解决。协同发展战略率先推进了河北省的钢铁、水泥、玻璃产业去产能，区域联动的大气环境治理，北京疏解批发业和一般制造业等应急举措。2015年，制定《京津冀协同发展规划纲要》，提出在环境、交通、产业三个领域率先突破的工作方案，制定协同战略的近期目标和时间表、路线图。2016年和2017年先后公布建设通州北京城市副中心和河北雄安新区，着手通过城市和区域空间存量与增量调整来优化区域空间布局。几年来，京津冀三地还共同推进了大气环境联防、联控，非首都功能疏解与承接，公共服务共享与便利化，交通体系优化与共建等专项工作。北京市也在城市副中心建设、市级行政功能迁移、产业功能疏解、城六区人口疏解、"工业大院"整治、违法建筑整治等方面开展了一系列工作。

笔者认为，正是在中央自上而下强有力地推进下，京津冀协同发展与北京非首都功能疏解取得了明显进展。这也证明国际上大国首都治理由国家推进、中央政府主导的经验的有效性。

然而，京津冀是一个问题纷繁、经济体量巨大、人口超过 1 亿的区域。首都北京，作为一个国家的心脏和人口超过 2000 万的巨型城市，要建立现代化的城市治理体系，今天所取得的进展只是一个开端，要做的事情还有很多很多。

京津冀三地之间，北京市域内部区县之间存在着很大的差异，包括经济社会发展水平、自然禀赋和发展基础等；存在着显著的城乡二元化发展模式；存在着从富裕阶层到低收入群体、弱势群体不同诉求；存在着经济与产业链条中高端环节与低端环节彼此依赖又相互矛盾的复杂关系；存在着经济、社会、环境、文化等多元化目标的平衡、发展与保护，数量、速度与品质的诸多矛盾。面对这样一个体量巨大、矛盾与冲突多样的区域和城市，中央的决心和力量是必需的，但也是远远不够的。因此，建立先进的现代化区域与城市治理体系，是发挥长效机制的前提和保障。

首先，建立健全各项机制。要进一步完善自上而下的行政决策与推动机制、自下而上的实施与反馈机制以及第三方专业机构的评估机制。从当前的实践成效看，中央领导小组的行政决策机制是十分有效的，设在国家发展改革委的领导小组办公室，持续发挥切实协调国务院各相关部委、协调京津冀三地管理与日常工作的作用。随着事务性工作的不断增多，京津冀三地的党委、政府也应承担本地区的领导责任，三地的协同办公室应成为中央领导小组办公室的下设机构，在区域性治理体系建立过程中实行双重管理。京津冀三地要以县、市为单元，建立起有效的自下而上的各项政策、规划的实施与反馈机制。同时，应该依托专业机构，运用官方统计数据、社会大数据的监测平台，建立第三方效果评估机制。北京的"大城市病"治理和非首都功能疏解，也应在京津冀协同的行政体制之下，建立相应的体制机制。

其次，搭建协调协商平台。参考发达国家的治理经验，根据不同发展需求、不同治理目的，建立多样化的地方政府间的协调机制、机构，通过协商谈判来解决一些非关键性的、日常性的矛盾与问题。例如，为了强化北京东南部与河北相邻地区的"贴边发展"管控，可以设立北京通州区、大兴区与河北"北三县"、固安、涿州的政府间协调机制；为了促进雄安新区的健康发展，发挥雄安新区对周边的辐射带动作用，可以建立雄安新区与相邻的十多个县、市的协调机制；为了合理利用海洋资源，保护好津、冀两地仅剩的约 15%的自然岸线和近海水环境，可以建立北京、天津与河北的港口发展和岸线、近海水域管理的协调机制；为了保护好华北最优质的生态资源和北京供水水源，可以建立北京与承德、张家口的环境和资源协调机制等等。

1995 年，笔者考察了洛杉矶大都市政府联盟，这是由 80 多个城市政府组成的联盟，用以协调区域城市规划、基础设施、水利、防灾、消防和医疗教育等基本公共服务事务。"城市联盟"可以有效地发挥自治性的区域协同作用，让各方更直接地表达诉求，更清晰地识别问题及各自得失，更容易以较低的交易成本达成妥协，形成解决方案，并减少高层级机构的协调工作。这种平行的协调机制可以由国务院相关业务主管部门给予帮助和指导。

组建跨区域的基础设施、公共服务的市场化运作机构，组建公益性营运机构也是区域内政府合作的有效途径。如美国纽约—新泽西港务局，由两地政府出资组建，负责两地一体化的港口、机场的建设、运营。如美国各大都市区的交通委员会，负责区域的交通建设、维护、运营和管理，负责公共交通系统服务提供。多层次、多样化的国家领导、部门协调、地方协商体制机制是京津冀协同发展、北京"大城市病"治理体系现代化的核心机制。

再次，引入社会力量共同参与治理。广泛动员社会力量和市场力量，形成政府与社会、市场共同参与的区域与城市社会治理体系；同时建立与利益相关各方的沟通渠道、让社会各界参与的渠道。在近几年的北京疏解非首都功能，通州城市副中心建设，治理城乡接合部、"工业大院"、城中村等工作中，笔者观察到诸多应该从社会治理视角去关注和思考的问题。上述工作中，各方都有很多出于切身利益的诉求，政府对大部分诉求的回应是积极的，效果也不错。例如批发市场搬迁中的商户转移经营场所，治理"工业大院""开墙打洞"等工作时对经营者给予较为充分的利益补偿和安排，但同时对这些场所与经营活动的从业者、使用者、消费者的诉求，政府的回应不够积极，比较被动。这反映了政府与社会的沟通缺乏有效的渠道与信息传递，也反映了政府治理的实施方案缺少更周全的补偿性措施。

笔者注意到，一方面，大众媒体包括主流媒体和网络媒体，各相关领域的专业团体和专业人士，如建筑师、规划师、经济学家、社会学家都对治理城中村、"开墙打洞"给予了很高的关注。但因为种种原因，媒体与专业人士难以获得全面信息，无法有效参与而转向精英主义的批评，使这些虽然存在瑕疵，但原本大方向正确、依据合理合法的治理工作，常常在混乱的社会舆论中匆匆收场、无疾而终。

另一方面，近年来北京的中青年专业人群、中等收入群体，对城市规划建设、空间品质提升、历史遗产保护的兴趣和热情，越来越高，但政府对这些积极的社会力量的关注不够，更没有很好地引导、利用它们。例如，前些年西便门于 20 世纪 50 年代建成的国务院宿舍的改造、近几年的百万庄小区更新，在网络上都形成了规模不小的讨论，还发起了访谈、调查，提出了一些价值较高的意见和建议，并对政府和主管单位的决策起到了良好建言作用。再比如，北京国际设计周已有 10 多年历史，是北京很重要的文化事件和文化名片。近几年来设计周的主题出现了从产品、服务设计转向空间与城市设计的趋势，胡同与四合院保护性利用、街巷设计、旧建筑改造、社区更新等空间性主题创作与展览越来越多。智慧城市、区域协同、产城融合等领域性话题都参与到国际设计周中，不仅吸引了规划、建筑设计机构和专业人员的参与，也引起社会公众越来越多的关注和参与。这说明随着社会进步和中等收入群体的成长，人们对公共空间、居住生活空间的文化关切，对建筑与城市审美的文化需求正在快速成长。"大城市病"治理，城市宏观层面的健康发展，微观层面的品质改善都成为市民越来越关注的热点。动员市民、专业机构、专业人士参与城市治理，不仅可以使治理体系更加完善，治理效果更加显著，也是社会公众、专业团体、机构自身的需求和愿望。

市场也是参与城市治理的重要一方。在国家对城市房地产调控压力不断增大的形势下，房地产企业短期套现的行为受到抑制，也开始从追求拿地—圈地—开发—销售的模式转向持有经营的模式；从只关注住宅和商业用房开发转向更多元化的建筑产品供给。一些房地产企业更积极地参与到城市有机更新、工业地产存量利用、街区改造项目之中。北京已经出现了不少文化产业开发企业和公益性组织机构，这些企业和机构长期致力于城市公共空间供给与品质提升，致力于城市新兴职能的培育和成长。市场和社会力量出于自身的利益与兴趣，既会关切城市发展与治理的走向，也会关心城市物质建设、空间需求的变化。而且，作为市场的供给方和逐利者，企业对市场具有本能的敏感性，企业的参与可以更好地把握社会需求的变化，可以更好地提高供给的即时性。

2. 加强法治建设，依法治理

从大国首都治理的国际经验来看，加强法治建设，加快立法，形成完备的法律法规体系，依法治理首都是共同的有效治理之道。法律法规体系包括立法、执法、司法和守法，是法治社会的基础，也是区域与城市治理体系的核心和治理的根本依据。党的十八届四中全会提出，"实现立法与改革决策相衔接，做到重大改革于法有据、立法主动适应改革和经济社会发展需要"。

2015 年，笔者和中规院团队受北京市人大委托开展了"推进京津冀协同发展首都城市立法问题研究"。在研究过程中我们分析了京津冀协同发展与北京治理"大城市病"的立法需求；比较借鉴了伦敦、巴黎、东京、首尔、华盛顿等首都城市与首都区域治理中的立法与法治建设的经验，提出了针对首都与区域问题的国家立法、北京城市立法和京津冀跨行政区协同立法的具体建议。

在国家层面，我们建议制定"京津冀协同发展促进法"。京津冀协同发展是国家重大战略，建立区域协同发展的长效机制必须有法规体系的保驾护航，这也体现了立法与改革决策相衔接的精神。此外，还建议在总结京津冀协同发展战略实践的基础上，相应地制定国家的"区域协调发展促进法"，明确区域协调主体的地位、责任和权益；明确制定区域政策的法律授权，规范区域政策的制定与实施程序。建立区域协调的法规依据，从而有助于克服我国行政区经济、竞争型政府体制在区域协调发展方面的弊端。

我们同时建议国家制定"首都法"，明晰中央政府和首都城市政府在首都发展、建设、运行的管理中的权力、责任和义务；明确规定首都发展长期而稳定的方针、目标和定位，防止首都城市政府在经济社会发展出现波动时采取急功近利的发展策略；明确首都人口与户籍、行政体制、治理体系、税收、财政、规划、建设、公共服务、文化保护、环境保护、交通、城市安全等各个方面的发展与管理的基本要求。根据北京的国家政治中心定位和古都历史格局整体保护需要，笔者认为，在"首都法"中应当制定关于"首都区"或"中央政务区"的法律条款，明确提出这一特定区域的行政管辖体制和权限，社会管理模式，规划建设管理责任，历史遗产保护要求和中央政府、首都城市政府各自的责任，以及特殊的税收、财政制度安排。

此外，考虑到首都城市治理的特殊性，建议由国家立法机关比如全国人大常委会给北京市授权，允许北京市根据首都治理"大城市病"的需要，在国家的税收、土地、治安、社区组织等法律、法规的实施与执行过程中做必要的强化或调整，从法律体系上支持北京的工作，强化对"大城市病"的治理。

在北京市的地方立法方面，根据疏解非首都功能，治理人口膨胀、人口密度过高，清退低端产业等重点问题，建议制定"促进产业升级优化""房屋租赁""公共服务与资源生产品价格"等管理条例，支持北京通过产业、就业、生活服务合理供给与需求管理等手段，优化、调节城市产业与人口，同时保障基本的社会公平正义，促进首都健康发展。

针对北京城市发展与管理中政策文件多、行政法规少、政策取向不清晰、政策多变等问题，建议在城乡规划、交通、生态环境、历史文化、基础设施、城市更新、城市安全、城市管理等多个领域加快制定一批行政法规。在建议制定的法规中，一些是针对长期难以有效解决的老大难问题的，如制定"缓解交通拥堵""机动车停车""道路路权管理""绿化隔离带管理""固体废弃物及垃圾处理""集体建设用地管理"等条例。一些是促进城市品质提升和治理体系建设等长期工作的，如制定"公共空间管理""重要基础设施与特殊地区安全管理""历史文化风貌区和优秀历史建筑保护""社区管理与自治"等条例。还有一些是促进政府行政效能和管理水平提升的，如制定"中心城区城市更新""城市管理综合执法""基础设施运行安全""生态空间保护与修复"等条例，以及"在京外国人管理与服务的意见""城中村管理办法"等行政性文件。笔者还认为，有必要针对北京市行政功能迁移和建设通州城市副中心，制定"城市副中心建设条例"。

在多年参与京津冀协同发展专咨委工作和多次深入河北各地调研过程中，笔者深切感受到由于三地经济发展水平、地方政府财政能力差异过大，三地政府虽然对区域协同发展有一定的共识，但对具体问题的理解和诉求存在较大分歧。

　　笔者认为，必须加强加快北京、天津、河北三地探索区域协同立法。但在推进区域协同立法过程中，首先，要寻求共同利益发展共识，在环境污染防治、公共服务共享、要素自由流动、统一市场建设等重大问题上找到"最大公约数"。其次，要处理好先进地区与欠发达地区的发展机会平等的关系，如北京与河北共建产业园区，引导产业向河北转移；大兴国际机场经济/产业发展合作等问题。再次，要促进发达城市为欠发达地区生态环境与资源的牺牲做必要的补偿，如排污权、碳排放分配与交易。

　　在达成共识的前提下，国家立法机关可以授权三地制定相互一致、相互衔接的地方性法规，也可以由三地立法机构向全国人大、国务院建议制定国家法律和行政法规。20世纪30年代，美国制定的《田纳西河流域管理局法案》、60年代制定的《阿帕拉契亚山区贫困扶持法案》，都是地方与国家互动而产生的特殊区域性法规，很好地促进了区域振兴与协同发展。笔者强烈呼吁，要尽快制定更加合理、公平的区域环境与生态保护补偿法规，实现三地环境、生态保护"同责任、同贡献、同补偿"，激励河北与北京相邻的张家口、承德地区居民共同保护首都地区生态、环境、资源的积极性，分享保护与发展的成果。

3. 发挥规划的空间治理效用

　　京津冀协同发展战略实施以来，规划作为中央及地方的战略实施和区域、城市治理的有效工具，发挥了重要的作用。京津冀协同发展战略始于2014年2月26日习近平总书记视察北京市，视察的第一站就是北京市规划展览馆。2015年以来，党中央、国务院批准发布一系列规划，包括《京津冀协同发展规划纲要》《北京城市总体规划（2016年—2035年）》《河北雄安新区总体规划（2018—2035年）》《白洋淀生态环境治理和保护规划

（街区层面）（2016 年—2035 年）》，中共中央政治局常委会还专门听取了《北京城市副中心控制性详细规划》的汇报。此外，国家有关部委、北京市、河北省还编制了诸多关于京津冀、北京市、河北省和雄安新区等各类专项规划、行业规划。

规划是伴随着工业化、城镇化发展起来的现代社会治理，尤其是空间治理的重要工具。现代社会的各种发展因素越来越多样，运行越来越复杂，经济社会发展变化越来越快，产生的问题也越来越多。通过规划手段，可以对未来的发展前景作出预测，对资源和要素进行综合配置，对各种发展诉求和利益进行统筹协调。尤其在城乡发展空间持续扩大、物质建设需求旺盛、人口迁徙非常活跃的发展阶段，规划的作用越来越大，越来越重要。习近平总书记讲到规划时说："规划科学是最大的效益，规划失误是最大的浪费，规划折腾是最大的忌讳"。可见，规划在党和国家领导人的心目中有多么重要。

规划的英文"Planning"原本指的是城市或区域层面的空间属性、物质属性的发展运筹与安排。在我国的行政体制下，规划大体上分为两类：一类是经济社会综合发展或专业发展类的规划，包括国民经济规划、区域战略规划、铁路规划、水利规划、环境规划等，这类规划主要确定国家、区域或行业的发展目标、指标、策略、政策等，虽然也涉及空间性的布局，但主要不是配置空间资源。如《京津冀协同发展规划纲要》虽然也有表述空间构想的图纸，但主要内容是明确提出协同发展的目标、原则、策略、指标和措施。另一类是空间性的规划，包括 2018 年行政体制改革以前的城乡规划、土地利用规划、主体功能区规划。2018 年行政体制改革以后，主要空间属性的规划都归入了新构建的"国土空间规划体系"之中。空间性规划的重点是确定发展的空间选址与范围，确定发展规模、土地开发强度等指标以及各项空间要素的配置和各项公共服务、基础设施的配置与布局。因此，在中央批准的《北京城市总体规划（2016 年—2035 年）》中，我们不仅可以了解北京的定位、目标、人口与用地指标等内容，还可以看到居住、公共服务、工业用地的配置与分布、中心城区的功能布局、古城保护、交通系统、绿地系统等在空间上的详细安排。这样综合性的空间规划通过空间资源与要素的综合安排和空间资源使用的管控，形成了北京发展好四大首都核心功能、疏解非首都功能、实现首都城市健康发展的重要依据。而资源配置、设施安排和空间管控，会直接影响到未来每一个市民的生活品质和福祉。

《北京城市总体规划（2016年—2035年）》提出，2020年，疏解非首都功能取得明显成效，"大城市病"等突出问题得到缓解；2035年，初步建成国际一流的和谐与宜居之都，"大城市病"治理取得显著成效。在这个愿景目标下，总体规划提出人口和用地的控制性指标：全市人口规模要控制在2300万人以内，而东城、西城、朝阳、海淀、石景山、丰台六区总人口要减少200万人左右；城乡建设用地总量要减少161平方公里；平原地区开发强度要从46%降低到44%。显然，总体规划的目的是要管住人口总量，减少建设用地总量。总体规划同时提出中心城区的常住人口密度要从现在每平方公里1.4万人降低到1.2万人；城乡产业用地占建设用地的比重要从27%下降到20%以下；居住用地比重要从36%提高到40%；一刻钟社区服务圈实现城乡全覆盖。这些指标显示了北京一般制造业要继续退出；在总人口不增加的情况下，增加居住用地，降低人口密度，为居民提供更好的人居环境。

北京的住宅用地容积率（即单位用地面积上的住宅建筑面积比例）一直控制在2.5—3，与全国的超大、特大城市相比，属于比较低的水平。因此和许多副省级城市、省会城市相比，北京高层、超高层住宅比例较低，住宅区的建筑密度比较低，人口密度也比较低，居住环境相对较好。而总体规划指出的新的指标将有助于首都居民居住环境的进一步改善。

然而，城市总体规划是总纲性的规划，具体的建设、更新与改善还需要详细规划、专项规划的层层传导和落实。笔者认为，北京要充分运用规划这一空间治理的有效工具，做好以下工作，将首都居民的生活品质和福祉落到实处。第一，更加均衡地配置居住用地、产业/就业用地和公共服务设施，促进就业、居住、服务的空间均衡方便居民生活、就业，减少交通需求；第二，控制好居住用地的容积率和住宅建筑高度，摆脱我国城市已掉入的以高层、超高层住宅为主体的居住形态，降低长远发展的隐患和负担；第三，改善城市老旧社区的住宅建筑质量和设备配套、小区环境、公共设施，提高这些地区原住民的生活质量；第四，加强存量规划，加快老城、老工业区有机更新，把大量非首都功能疏解腾退出的存量建筑用于改善人居环境，培育和发展首都核心功能；第五，严格管控好城市的生态空间、绿化空间和历史文化空间，保护好珍贵的自然和文化遗产。

有效地运用规划这一空间治理工具，还可以促进区域协调发展，尤其是北京东南部与河北相邻地区协调发展的重要作用。近年来，中规院作为第三方设计机构，受北京市与河北省的委托，分别承担了北京市通州区和相邻的河北省"北三县"的总体规划（后为国土空间总体规划）。这一规划目的是在分析、判断相邻地区发展问题与弊端的基础上，统筹区域整体与两地各个区县局部的发展，平衡通州区与"北三县"各自的发展诉求，为双方制定符合区域整体利益，又一定程度满足地方诉求的空间规划，使北京、河北以规划为依据管理好各自的发展。2017年2月，北京市有关领导在听取这个规划的中期汇报时说，读了一系列关于京津冀协同发展的专项规划，觉得建设部负责编制的《京津冀协同发展规划纲要》最有用。他还详细列举了规划中的多项内容，说明规划的作用。确实，空间性规划对于协调区域发展中的空间资源配置与空间管控的作用非常重要。笔者认为，在京津冀区域范围内，前文讨论的诸多需要加强协同的事项，不仅要建立协调机制，更要尽早制定协同发展与管控的空间规划。

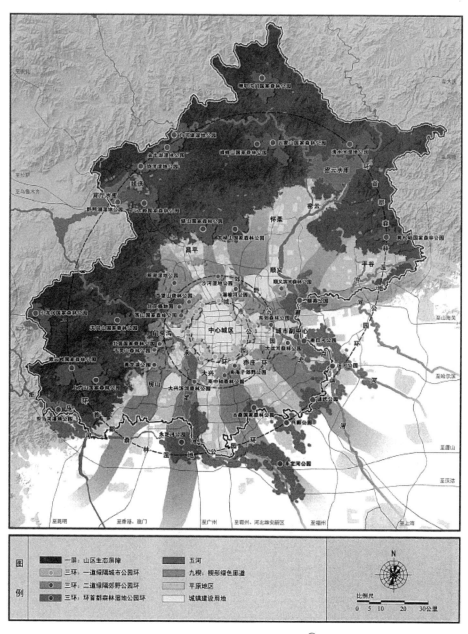

图
例

	一屏：山区生态屏障		五河
	三环：一道绿隔城市公园环		九楔：楔形绿色廊道
	三环：二道绿隔郊野公园环		平原地区
	三环：环首都森林湿地公园环		城镇建设用地

N

比例尺
0 5 10   20   30公里

北京市域绿色空间结构规划图①

———————

① 资料来源：《北京城市总体规划（2016 年—2035 年）》。

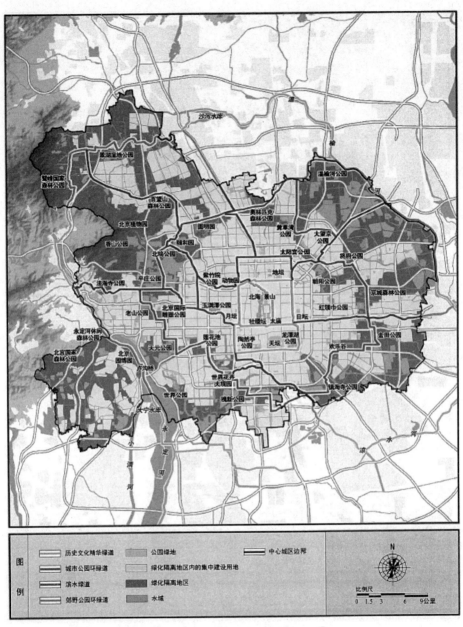

北京中心城区市级绿道系统规划图①

———————

① 资料来源：《北京城市总体规划（2016年—2035年）》。

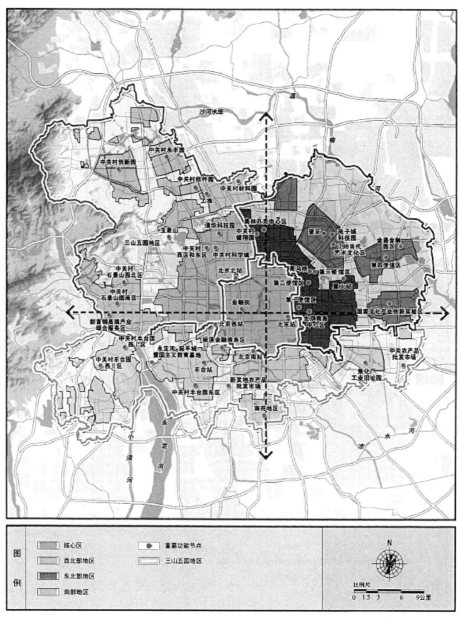

北京中心城区功能分区示意图[①]

——————————————

① 资料来源：《北京城市总体规划（2016年—2035年）》。

4. 用好税收、价值等经济调节工具

2014 年 6 月，京津冀协同发展专家咨询委员会（以下简称"专咨委"）成立之初，组长徐匡迪就要求专咨委的成员，不只是提供咨询意见，自身也要加强学习。他给每个成员布置了"作业"，要求我们每个人从本专业视角，对区域与城市相关问题开展研究，并进行内部讲座交流。当时笔者在专咨委会议上做了"世界城市、首都城市发展经验借鉴""世界大都市地区交通发展的国际经验"的介绍。此后不久，徐匡迪组长告诉笔者，大领导对我的 PPT 材料中关于一些国外首都城市采取差异化的税率调节供需，管理首都职能和人口的做法很感兴趣，要求我们提供更详细的材料。中规院团队很快整理并报送了一份详细材料。税收制度、政府财政支出与补贴安排、财政转移支付确实是调节稀缺资源供需，调控大城市产业和人口发展的直接而有效的工具，国际相关做法和经验引起中央领导的关注也说明这一工具的重要性。

北京市税源丰富，政府财政收入、土地出让金收入都很高，把政府财政收入用于城市公共服务支出及补贴是政府的责任。前文讨论过北京对公共服务过度的补贴造成了区域性的成本"洼地"，导致过多的功能及就业、人口向北京集聚。今后，北京应当用好、用对税收、财政和收费等经济调节政策，促进非首都功能疏解、人口控制和首都核心功能发展。

差异化的税收对需求的调节作用是最显著的，尤其在以末端环节征收直接税为主的税制下，对个人或企业所得税给予减免或提高税率，会直接影响个人或企业的落地选择。例如，深圳特区多年实施较低的企业所得税税率，一些城市经济技术开发区实施的企业所得税几年免几年减的政策，对促进企业入驻起了很大的作用。韩国首尔对首都"拥塞抑制区"提高个人和企业所得税税率，对推动部分国家机关迁到世宗市新政务区起了很大

的作用。如果用末端的消费税进行调节，对抑制人口膨胀也会起到直接作用。但中国实行的是以间接税为主的税制，用间接税进行调节效果并不一定好。而且中国的税收制度高度统一，个别地区对减免税收十分敏感；提高税率、增加新的税种，使得社会、公众可能更敏感。笔者十分期待党的十九大报告提出的"深化税收制度改革、健全地方税体系"的改革方向，也许这一改革可以为更加有弹性的城市人口控制与鼓励的差异化调节政策提供有力的税收工具。

就鼓励疏解、搬迁而言，通过拥挤税、区域性交通拥堵收费等税费征收政策，由于税率、费额不高，可以起一定的调节作用，但难以起到直接调控的效果。因此，在采取行政、规划、立法等管制措施的同时，配合使用一些中央或地方的财政补偿手段，对于促进企业疏解或居民迁移有较好的效果，这是伦敦、巴黎鼓励机构与工业疏解的成功经验。北京批发市场搬迁采取了适度经济补偿的办法，当前东、西城区为鼓励公租房退租、户籍居民外迁也采取了财政补贴政策，这既补偿了企业与个人配合政府决策的经济损失，也起到一定的激励作用。

用好、用对经济调节政策工具的前提是分析识别不同的疏解、限制目标和吸引、鼓励目标，制定针对目标机构、企业和目标人群的精细化政策方案，尽量避免一刀切、普惠式的财政补贴政策。这就需要北京从首都核心功能出发，按照产业链、价值链的内在关联性去分析并识别目标机构或企业，识别目标人群。经济调节的政策包括针对企业和机构的要素价格政策、税费政策、劳动力成本政策、管理成本政策；针对居民和就业者的住房补贴政策、交通价格政策、税收返还政策；等等。

经济调节政策的执行与实施手段也会影响政策的效果。激励性和限制性的政策都应该尽量直接，让机构和个人的感知度越高，政策效果越好。实施激励性经济政策，要尽量事先明晰，让企业或个人有明确的预期；实施限制性经济政策，在每一项、每一次征收时都要让征收对象有清晰的感知。研究表明，在计次的现金支付、信用卡支付或网上支付、长周期一次性支付三种费用征收方式下，现金支付对消费行为起到的抑制作用最为明显，而长周期一次性支付所起的抑制作用要弱得多，甚至会激发报复性需求行为。

为了提高税收、财政、价格、成本等经济调节手段的效果，应该由城市政府负责制定目标、方向，负责总体性的政策制定、政策协调和政策评估，把政策实施方案和责任交给区县政府或专业部门。区县政府或专业部门更了解实际情况，制定的实施性方案也更接地气，同时又能运用各种工具，兼顾多方诉求。经济调节政策工具，需要政府更高的智慧，更灵活的手段，更及时的效果评估、反馈和政策调整。

5. 正确对待"非正规"，保持城市包容性

1996年，笔者受世界银行聘请，作为咨询专家赴孟加拉国参加首都达卡的城市交通技术援助项目。回国途中顺道在泰国曼谷访问了亚太经济社会委员会，交流城市扶贫和"非正规"问题。

世界银行交给笔者的任务是应用中国城市管理非机动车交通的成功经验，研究达卡人力三轮车管理与道路供给管理政策，提出路网和交叉口设计解决方案。初到达卡笔者就傻眼了，首都700万人口，有60多万辆人力三轮车，老城区每条路上都是商店和小贩，全城到处是贫民窟，还有近200万人居无定所。这个城市"除了坐三轮的就是蹬三轮的"，"除了买东西的就是卖东西的"，是一个典型的贫困城市，"非正规"经济与"非正规"就业主导的城市。

通过这次国际专业工作实践及与各国专家、孟加拉国中央政府部门、达卡市政府和非政府组织的工作交流，笔者获得了两个深刻的体会。第一，国家在没有实现现代化以前，必须重视实体经济的发展，只有经济

和产业的充分发展才能给城市发展提供动力，创造更多的正规就业供给和社会财富，长期依赖"非正规"经济的自然发展无法实现有序的工业化、城镇化和现代化。当时中国正在经历的改革开放和以经济建设为中心的发展路径，与孟加拉国形成了强烈的反差。第二，在实现现代化的过程中，城市存在着大量的"非正规"经济和"非正规"生存现象，包括各种"非正规"居住、生产、经营场所，各种"非正规"公共服务、生活服务供给，"非正规"就业方式。20世纪90年代，中国的正规经济和正规供给发展迅速，社会和专业人士对"非正规"现象关注很少。但事实上中国的经济发展很大程度上也依赖于"非正规现象"，乡镇企业、城中村、工棚与地下室居住、农民工小学、"开墙打洞"经商等，都是"非正规现象"的中国形态。而且，随着社会贫富差别的扩大，城市低收入群体和弱势群体的生存与生活仍然需要"非正规"就业和供给。因此，城市发展过程中必须不断调整对"非正规现象"的管理政策，一方面包容"非正规"，保持城市的活力和包容性；另一方面引导"非正规"随着经济社会的发展进步走向正规。

城市是一个经济、社会、文化的生命体，城市人口与经济发展都是具有复杂关联性、相互依存的生态系统。北京的各项首都核心职能是一个链条，有核心环节，也有支撑环节、辅助环节。城市的人口与就业也有不同的层次与群落，需要不同岗位高低搭配。城市高端、正规化的就业岗位越多，对低端与"非正规"的就业需求也越大。有分析认为，一个高端功能核心就业岗位需要5—7个辅助性岗位支撑。随着收入水平提高和收入差距扩大，城市居民产生了多元化、多档次的服务与消费需求，也产生了多样性、多层次的就业需求。同时，中产阶级的成长过程也是渐进的，刚进入大城市的新移民支付能力有限，对公共服务、生活服务的消费需求是逐步提高、逐次产生的。因此，城市的住房、交通及各项生活服务的供给也应该是多元化、多样性、多层次的。

除了正规化的供给以外，"非正规"供给也是世界城市、全球城市成长过程中必不可少的。香港著名导演王家卫执导的电影《重庆森林》讲述了发生在香港弥敦道的重庆大厦的故事。重庆大厦就是地处寸土寸金的尖沙咀地段的香港典型的"非正规"场所。笔者2011年曾经考察过重庆大厦及近旁几个类似的低端商业、居住、宾馆集聚的楼宇。那个曾经充斥着走私、欺诈，犯罪猖獗、命案屡发的场所，今天的秩序情景与内地城市的低档楼宇非常相似。重庆大厦的经营者、打工者主要来自非洲，廉价旅馆投宿旅客来自多达162个国家，几十个国家的经营者在此经营数以万计的零售铺面。重庆大厦今天仍然是香港这个世界城市不可或缺的组成部分。在伦敦、纽约，我们也可以看到不同形态的"非正规现象"，包括街头摊贩、卖艺和"非正规"生产、经营场所。当然，也必须看到，随着经济社会发展水平的不断提高，越是发达国家和城市，"非正规现象"也越少。

笔者也多年关注并研究广州中大布匹市场的"非正规"产业、居住、服务的发展、演化历程。发现这个集聚了几千家企业、几万名小业主和打工者的"非正规"场所是广州重要的产业——服装批发业的后台，是城市很有竞争力的产业的重要组成部分。中规院团队十几年来一直在持续研究深圳的城中村，而城中村更是深圳许多新兴产业和创新企业的摇篮。2012—2014年，笔者带领中规院课题组开展"城市生活质量研究系列——社区视角下的弱势群体生活质量研究"，对重庆的老旧社区、上海旧城改造的搬迁居民安置社区、深圳的城中村和广州中大布匹市场进行深入研究。笔者认为，必须更多地关注城市老旧社区、老龄化社区、弱势群体、中低收入新移民的生存状态以及这些群体的就业、创业、养老、公共服务、居住、交通、娱乐、社会交往以及参与治理的诉求，必须更多地关注"非正规现象"对城市经济产业发展的支撑作用和重要贡献。笔者深切感受到"非正规现象"将会在今后相当一个时期内继续存在。

中国大城市在大规模、快速城镇化和城市急剧膨胀的过程中，没有出现大量的贫民窟，确实是一个"奇迹"。但实际上是"非正规"居住与服务供给的大量存在，支撑着大城市的日新月异与光鲜亮丽。低端供给与"非正规"供给是大城市必须具有的包容性。但是，对"非正规现象"无节制、无管理会使大城市成为成本"洼地"而吸引不必要、不合理的需求，集聚起与首都无关的职能及经济活动，从而严重影响首都核心职能的发展与发挥，影响城市的健康有序发展。同样，对于低端供给与"非正规现象"的管理，也不能简单、粗暴、一刀切，应该与疏解非首都功能的做法相同，从产业与职能疏解的源头分门别类下手，从严重违法违规现象治理下手，针对不同区域、不同行为，采取差异化政策措施，慎重而坚定地持续推进。

2018 年，北京市政府实施了老城区胡同整治，治理了一批"开墙打洞"，清理了一批违规经营。朝阳区小红门火灾事件发生后又紧急清理了一批城乡接合部违法建设，清退了一批不符合基本安全要求的居住、经营、生产混合场所。这些行动本是有充分管理依据的，但却引起了社会和网络民意的一场激烈争论。

争论背后，我们更应该思考，为什么？

"开墙打洞"把住宅改为经营场所，可以给经营者带来收益，给邻里带来购物消费的便利。在改革开放初期，这一做法还是解决就业、扩大生活服务供给的重要有效举措。北京也有一些运作良好的街巷甚至成为吸引很多游客的旅游目的地和网红场所，如南锣鼓巷。但《中华人民共和国物权法》对把住宅改为经营性用房有明确规定，不仅要符合相关的法规，还要经过有利害关系的业主同意。这些场所虽然受到旅游者的追捧或在网上获得好评，但不一定符合当地其他居民的利益。改革开放初期，许多南方城市在新建住宅时大量开发底层商业经营用房的做法越来越不被居民接受，反映了居民对住区生活诉求的变化。笔者认为，真正有品质的住区应该是安宁、祥和又便利的，外来游客所喜欢的场景不一定是当地居民想要的。因此这类现象应该有约束、有管理、有引导。例如通过社区自治组织的协商提出有共识的方案，由政府、居民、经营者达成合法合规、多方可接受的利益分享和管控机制。北京电视台的《向前一步》栏目，反映了政府在城市建设、更新中采用多方协商机制形成共识和妥协，和平解决问题、难题的成功做法，体现了现代社会治理理念，探索了新的社会、社区治理方式和途径，这些节目案例也给"非正规现象"的管理、引导提供了诸多可资借鉴的例证。

长期以来，北京的城乡接合部"家家有违建，户户搞出租"，"工业大院"居住、经营、生产、仓储严重混杂问题是北京农村集体建设用地上广泛存在的"非正规现象"。2004年，《北京城市总体规划（2004年—2020年）》编制过程中，时任北京市市长的王岐山说，他最大的"心病"就是北京100万居住在各种地下室的打工人群，是城市安全隐患的巨大"雷区"。经过多年治理，地下室居住人群变成了更大规模的城中村和上述混杂功能建筑的居住人群。这些建筑既没有工程建设许可和消防验收，更没有改变用途的监管，安全隐患十分严重，但又容纳了大量的居住人群和生产经营活动。随着部分产业和经营活动的疏解和退出，这一现象有所缓解，但现存的总量仍然很大，必须尽快治理，纳入政府的控制和监管。

对"非正规现象"治理的舆论反应，常常莫衷一是。这既有社会的认识问题，也有政府的管理问题。在引导和管制从"非正规"走向正规的过程中，政府必须从立法开始，从体制入手，持续地建立健全制度、政策和机制，引导、鞭策"非正规现象"提升转型。不能一出事故就"运动式"推进整治，平时却不作为或作为不到位。曾有人调侃北京城市管理的常态是"一放就乱，一管就死"。党和国家领导人讲到北京城市管理问题时，也婉转地批评北京市政府的社会管理"太粗放"，缺少精细化。笔者认为，对于城市"非正规现象"，一方面要接受、要包容；另一方面要管理、要引导，而且这种管理必须持之以恒、久久为功。

6. 优化交通系统与交通政策

纵观先进发达的大国首都和世界城市，我们发现这些城市都具有完备的交通基础设施，多样化、多层次的交通服务供给，良好的交通秩序。同时，这些城市都制定了价值取向清晰的交通发展战略和有效的实施政策，对不同地区不同交通方式采取不同的激励、引导和抑制手段，在保持交通效率、满足交通要求的同时，不断优化交通结构、缓解交通拥堵，形成安全、便捷、高效、绿色的交通体系。

北京未来的交通体系在空间上应该是多层次的。北京与周边河北各县市、天津、雄安新区等半径30—100公里范围应该是便捷的商务、休闲、双城居住的大都市区交通圈；城市中心半径30公里是通勤、商务、公务密集交往的都市区交通圈；中心城区（城六区）是以公交为主体的城市交通区；而作为首都核心区的东、西城或二环以内，则应该是公交、慢行高度优先的稳静、绿色、优质交通区。城市交通服务的供给应该是多样化、可选择的综合交通体系，充分满足不同人群、不同出行目的、不同服务水平、不同支付能力的多层次交通需求。同时，要制定更加精细化的交通政策，有针对性地组织道路、停车、公共交通供给。

大城市的通勤范围受到多种因素严格约束。在目前的城市空间结构与形态特征下，北京的工作通勤半径不应该，也不可能超过30公里。一些非交通专业人士认为，随着城市规模的扩大，居民的通勤距离会不断扩大。有的学者甚至认为北京、上海这样的城市，通勤距离应该扩大到60公里。随着高铁、城际动车和城市轨道交通的发展建设，许多人误以为城市通勤范围可以无限扩大，因而轻率地提出同城化、通勤化或远距离建新城、安排居住的设想。

事实上，居民对通勤的时间成本和费用成本的承受是非常有限的。从时间成本分析，每个人一天的时间只有24小时，扣除工作、睡眠，可支配的时间十分有限。大量国内外城市交通出行调查表明，合理、可承受的通勤时间在 45 分钟左右，极限值是 1—1.5 小时。从农耕文明到商业、工业文明时代，这个数据基本无变化。北京、广州、上海等城市 40 年来人口规模扩大了 3—4 倍，但通勤交通时间距离和空间距离只增加了 30%—50%，平均通勤时间稳定在 40—50 分钟，超过 1 小时的通勤者比例很低。从费用成本分析，世界银行和一些国际机构的研究表明，中等收入群体、一般工薪阶层用于交通的费用支出一般是收入的 5% 左右。根据笔者的硕士研究生 2009 年对北京中关村、CBD 等地区的中低收入人群的职位关系与通勤特征研究，发现这些地区中低收入人群的通勤时间为 40 分钟左右，空间距离为 7 公里左右，而费用成本仅占收入的 1.2%，远远低于国际经验。可见，通勤交通的时间成本和费用成本是两个刚性约束条件，任何人都无法长期忍受这两个刚性约束的高成本。因此，通勤者会用改变居所或就业地点来进行自我调节；或选择工作日就近居住（往往是以降低居住生活质量为代价），周末家庭团聚的"双城居住""两地居住"工作、生活方式。这是居住地、就业地选择和通勤交通的基本规律，这可以说明为什么"北三县"与北京中心区有通勤人群，而南部的固安、涿州与北京中心区没有大量的通勤交通。"我爱北京天安门正南 50 公里"的广告词尽管动人，但并不实用。在固安购房者多为选择第二居所、周通勤或双域居住，少有每日通勤人群。这也可以说明京津城际开通已十多年，发车频率也达到了公交化的水平，但几乎没有每日往返的通勤人群，而只是周末或半周回家、上班的人群。因为铁路经营模式和定价政策不可能产生低票价，车站到工作、居住地点的接驳交通时间也抵消了城际列车时速 300 公里的好处。

穷尽各种可能的设想，笔者唯一能想到的，同时解决时间成本、费用成本约束的长距离通勤的交通方式就是目前广州在尝试的地铁 18 号 /22 号线。该线路行驶时速 160 公里的动车，车站设越行线路，可以实现从广州东站到南沙 70 公里距离最快半小时到达，大大降低了时间成本。由于城市政府可以给轨道交通线路运行或乘客较高的财政补贴，由此降低通勤者的费用成本，从而使 60—70 公里距离的快速、低价通勤成为可能。但笔者仍然担心，政府是否有能力长期提供财政补贴？是否能真正控制住需要换乘的通勤者的时间和费用总成本？同时，笔者怀疑是否有必要组织这种类似城际或区域尺度的通勤服务或职住关系。当然，这一尝试对我国大都市圈地区提高商务、休闲交通的服务水平具有积极意义。

笔者对天津主城区与滨海新区职住关系的观察，以及对上海与江苏昆山城市轨道线路客流交通特征的观察都说明，这些地区之间的通勤交通的时间、空间数据都与本城市的平均水平相差不大。也就是说，这些跨行政区的通勤起讫点大多在相邻地区的近域范围之内。

北京大都市区交通圈的交通组织应该尽力避免跨行政区的通勤交通需求，尽可能在行政区范围内组织居住和就业，尽可能实现本地化的产、城、服融合，不鼓励跨行政区的职住通勤，是科学合理的，符合城市发展与交通需求规律。即使在可承受范围内的"北三县"，也不应该长期停留在"卧城"的单一功能，因为北京的东部不可能再继续发展更多的就业岗位。"北三县"到北京 CBD 的通勤距离已达到可承受的极限，长期通勤不可持续。"北三县"应该利用较好的房地产供给，目前已经集聚的较高素质居住人群，借助首都核心功能的外溢，发展相关的延伸产业职能，承接部分疏解职能，使自身的就业、居住、服务相对平衡。

北京大都市区交通圈存在着强烈的潮汐现象，上下班时间大量通勤人群在南北部与中心区之间流动。根本原因在于外围地区大量房地产楼盘、安置房建设缺少就业岗位和公共服务配套，居住与就业、服务严重不平衡。亦庄开发区早期只有产业/就业集聚，用了 20 多年才逐步实现了居住与就业相对平衡。望京地区由于早期只有大量房地产开发，居住功能过于集中，加之城市干道网建设存在问题，造成严重的潮汐交通和周边道路拥堵；近十年来，植入了大量办公建筑及就业岗位，问题有所缓解。北部回龙观—天通苑地区大规模建设经济适用房、老城区搬迁安置房，缺乏就业岗位和适宜的公共服务配套，居住、就业、服务长期无法平衡。尽管北京市政府当时配套建设了地铁 13 号线，但较高的票价（当时单程 3 元）导致通勤人群大量选择价格更低的常规公交，大大增加了通勤的时间成本，也造成了 13 号线较长时期的载客率和运营效率很低。2006 年，笔者的硕士研究生通过对回龙观老城区搬迁安置居民的交通出行调查发现，大量安置人群为了解决就业和公共服务需求，又重新回到中心城区租房居住。笔者当时做过测算，回龙观地区到中心区的轨道加常规公交的通勤费用至少要 8—10 元 / 日，而可以承受这一费用成本的通勤者的收入应该在 4000—5000 元 / 月，而当时当地居民的收入水平大多处在 2000 元 / 月左右。近十年来，随着地铁 8 号线、5 号线建设，东北部地区就业岗位、公共服务有效增加，状况有所改善。南部大兴区多年持续的大规模房地产开发及相对较低的房价造成了大量居住人口集聚，而交通、就业岗位和公共服务发展迟缓，形成了与中心区之间不仅在通勤的高峰时段，而且在周末也同样是严重的潮汐交通和拥堵。

因此，北京大都市区交通圈问题的解决首先在于外围地区的居住、就业、服务的配套，实现外围地区的职、住、服平衡，减少长距离通勤交通需求。其次要有针对性地建设公共交通设施，如中心区与南部的轨道交通线路加密。中规院团队在研究中关村科学城就业人员居住问题时，曾经提出修建首钢、门城、丰台西部地区到中关村的地铁快线，为在科学城就业的科技创新人员提供更多的居住选择。最近刚开通的回龙观至上地的自行车高速路就是一个很好的针对性交通供给，既满足中关村创新人群的通勤需求，又鼓励绿色出行。希望北京越来越多地提供这些有想象力、有正确价值取向和有针对性的交通设施。

北京的城市交通政策与交通供给存在不协调的问题，加剧了"大城市病"，影响了北京的首都功能运行。北京的城市交通管理政策长期存在模糊不清、取向不明的问题。交通政策没有清晰的价值导向和调节目标，因此没有起到调节交通供需的作用，没有起到限制人们使用私人机动交通方式，吸引人们乘用公共交通，鼓励人们使用自行车、步行等慢行交通的作用。严重的交通拥堵和出行不便成为北京"大城市病"的突出病症。此外，机动交通的尾气排放也成为北京空气污染最主要的"贡献者"。

一方面，北京发展公共交通的投入很大，公共汽车数量全国第二，但线网覆盖率和线路布局不尽合理，换乘不便、准点率低，造成公交服务水平不高，资源利用率不高；北京建设了世界上线网规模第二的地铁系统，中心区和高需求线路在高峰时段的客流严重超载，但一些郊区长、大线路客流很低。另一方面，北京虽然对小汽车采取了限号、限行的措施，但对小汽车使用和停车管理、私人机动交通需求管理举措少，同时北京又耗巨资建设了大量机动车快速道路；北京的公共交通财政补贴全国第一，但北京私人小汽车的使用费用在北上广深一线城市中也最低，实际上是政府对公共交通实行财政"明补"，对小汽车实行了"暗补"。北京拥有全国大城市中最完备的非机动车交通系统，即到处可见的"三块板"道路，曾经给自行车交通创造了最好的道路条件和出行环境。但由于沿路停车和路面管理不善，自行车使用越来越困难，在交通出行中的占比不断下降。导向不明的交通政策与交通供给使北京形成了在高峰时段轨道交通、道路汽车交通都拥挤，而公共汽电车乘用率很低的矛盾局面。

1995年，笔者作为中方专家组长，参加了世界银行、亚洲开发银行和建设部组织的"中国城市交通发展战略研究"，这个研究的核心文件《北京宣言：中国城市交通发展战略》提出了城市交通规划、建设和运行的五项原则。第一项原则："交通的目的是实现人和物的移动，而不是车辆的移动"。这就要求管理者应该根据各种交通方式运送人和物的效率来分配道路空间使用的优先权，确切地说就是为公共交通、自行车和行人提供优先。第二项原则："交通收费和价格应当反映全部社会成本"。社会成本包括交通行为对社会造成的全部费用和损失，尤其应当包括环境污染与造成的健康和治理的损失，交通拥挤造成的时间和费用损失。

北京市政府投入大量资金修路，为公共交通发展做了很大努力，但没有对公共交通、自行车和步行交通给予足够的优先，实际上就是在给小汽车使用者提供巨大便利和鼓励。而北京的车辆行驶税和停车收费很低，又投入大量的大气环境治理费用。这意味着交通系统的目的出现偏差，也意味着小汽车使用者完全没有承担社会成本。同时小汽车使用者没有合适服务水平的替代工具，必然导致小汽车无节制地使用。

交通界有一条著名的当斯定律："机动车交通需求总是倾向大于道路的供给"，换句话说就是，修越多的路就会有更多的车。城市交通的供需具有强烈的时间、空间不均衡性，交通需求具有刚性和弹性之分，交通方式有巨大的外部性差异。因此，城市交通政策必须有价值导向，必须能起到管理交通需求、调节交通供需关系、鼓励绿色交通的导向作用。例如，采取时间、空间上差异化的交通政策，对中心区、高峰时段的机动交通征收拥堵费，提高停车收费；对绿色交通使用者给予更多的奖励；对不同人群提供不同的交通便利和补助；等等。政府应该给慢行交通提供更多的优先，构建安全、舒适的慢行交通环境；为市民提供价格合理、高水平、便利的公共交通系统。同时对机动交通实行更多的管制或收费政策，城市交通拥堵和出行难的"大城市病"顽症才能得到解决。

7. 提升郊区发展品质

任何社会经济现象都会映射在空间上，空间上的任何问题都是社会经济问题的系统性反映。在空中鸟瞰的首都北京地区的大地景观，能最直观反映北京的发展模式、城乡治理能力和城市文明程度。每当飞机从发达国家首都或世界城市起飞、降落，你都可以看到清晰的城市边界，连续的森林、农田和边界同样清晰的乡村聚落。从北京首都机场起降，北部、西部山区，你看到的是绿水青山之间，一片片被开矿、采石破坏的山体；在平原地区你看到的是高密度、碎片化的聚落和蓝色铁皮屋顶"工业大院"混杂的斑块。规划同行过去用"河北蓝"来戏称河北平原地区常见的极为分散的乡村工业发展模式。近十多年，"河北蓝"变成了"北京蓝"。近郊区的这些"北京蓝"斑块与正规化的郊区工业区、房地产楼盘在尺度、肌理、面貌上形成了巨大的反差，且高度混杂、穿插，从空间上直观地反映出了北京城乡二元化发展、城乡接合部治理薄弱的问题。

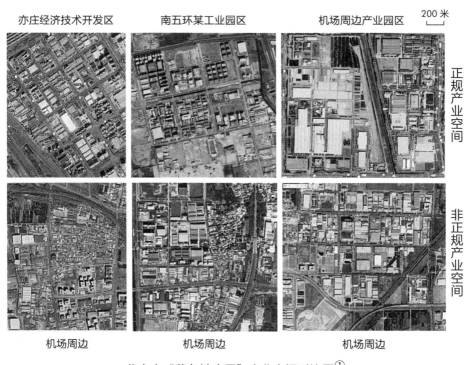

北京市"蓝色铁皮屋"产业空间对比图[①]

由于城乡发展的二元化，造成北京国有土地上的大地景观与农村集体

---

① 资料来源：Google 卫星地图。

建设用地的面貌截然不同。北京市政府曾经提出建设"首善之区"的要求，北京的城市经济在全国率先走上了生产性服务业引领、科技创新驱动的后工业化道路，但郊区各区县却长期依赖低端工业、批发物流和房地产业。中心城区与郊区的经济、产业发展完全脱节，城市建设用地与农村集体建设用地的开发利用方式完全不同。城乡聚落的管理和服务水平差距较大，中心城市与城乡接合部的建筑面貌迥异。北京有着人口与经济高度密集但发展品质不高、环境污染严重的平原地区，但也拥有京津冀区域生态环境本底条件最好、乡村聚落富于特色的燕山、太行山山区。

笔者认为，改变城乡二元发展模式，改变城乡接合部的低水平扩张、盲目发展局面，需要建立城乡统筹，中心城区与近郊区、远郊区、山区统筹的经济与产业发展体系，空间资源配置与管控体系，让具有不同区位、自然禀赋和发展基础的各个行政区，围绕首都功能，在经济产业发展体系中发挥各自的优势，实现特色化、差异化发展。

密云、怀柔、延庆、门头沟、房山和平谷山区是京津冀重要的生态屏障，拥有丰富的文化和风景资源、良好的生态环境，是北京 2000 万城市人口的休闲、游憩的后花园，应当继续有序疏解、转移山区常住人口，降低资源环境负荷，严格保护生态环境，建设美丽乡村，扩大旅游休闲服务人口，重点发展旅游业和特色农业。

在新经济蓬勃发展的转型时期，大城市周围地区"有风景的地方就有新经济"。笔者经常以杭州的萧山、余杭两区"三十年河东，三十年河西"举例。萧山作为工业化时期的全国百强县前十名，当年风光一时，今天却面对着工业转型升级的巨大压力；余杭当年没有赶上工业化的快车，但也因此留下了绿水青山，留下了文化风景，留下了优良环境，"撞上了"新经济。今天的杭州城西科创大走廊是全国新经济的代表性地区，恰恰成长于余杭区范围内。北京的远郊山区特色发展的潜力很大，路径也很多。怀柔科学城利用优良的生态环境和风景资源，依托中国科学院的科教资源，服务于国家实验室和大科学装置的集聚。怀柔科学城如果坚持采用"营城"，而不是建"园区"的方针，充分配置好教育、卫生公共服务，建设好人居环境，将会成为下一个"中关村"，成为重要的基础性科学研究基地和原始创新的源头地区，成为科技创新这一首都核心功能的重要承载地。密云、门头沟、房山的浅山地区都具有发展一定规模的科技创新集聚区的条件。

延庆区位于华北平原与蒙古高原的过渡区，气候条件独特，以北京的"夏都"著称。2022年冬奥会、2019年世园会给延庆注入了运动和文化旅游要素，完全可以走以运动、娱乐和休闲等为主的服务性产业发展的特色化路径。密云、怀柔、门头沟、平谷山区都有良好的旅游休闲发展资源和基础。

《北京城市总体规划（2016年—2035年）》已经明确了平原地区建设用地减量发展的目标。通州城市副中心的建设，北京行政机关搬迁，明确了东部地区的发展模式。北京解决城乡二元发展问题和城乡接合部"小、散、乱"问题的难点主要在昌平、顺义、大兴和房山的平原地区。笔者认为，海淀的山后地区和昌平的平原地区，是平原控制发展、减量发展的重点，应该把有限的发展空间用于安排中关村科学城的科技创新功能和相关的教育、文化、居住等服务配套。大兴、顺义、房山平原地区职、住、服严重不平衡，在疏解一般制造业、批发业的同时，应该重点发展首都核心功能的附属职能和公共服务、生活服务配套，承接中关村、怀柔两大科学城创新产业的外溢，服务好首都大局。平原地区各郊区县要坚持整治、腾退"工业大院"，放弃追求GDP、盲目发展产业的路径。北京市政府应该给予产业政策和财政扶持，引导平原地区各郊区县的转型发展，与中心城区经济产业协调发展。

公共服务和生活服务是引导职、住平衡的重要因素，北京中心城区的教育、医疗等优质、高端资源要向外围疏解与扩散。通州城市副中心已经实施了优质医疗、教育资源配置，这对副中心建设的社会心理预期已经起到积极作用。目前正在社会公示的《北京市商业服务业设施空间布局规划（征求意见稿）》提出，在回龙观、大兴西红门、石景山新首钢和通州副中心建设四个区域级商业中心，是一项很好的均衡生活服务的举措，有助于促进城乡接合部的就业、居住与公共服务均衡，促进中心城外围地区的转型发展、健康发展。

平原地区空间治理，一方面要着力解决城乡建设用地的有序开发、利用和腾退，优化城市功能和生活、生产空间布局；另一方面，要提高生态和农业空间品质，健全蓝绿空间体系。要坚定地通过搬迁、腾退、严格控制，加快《北京城市总体规划（2016年—2035年）》提出的三个绿隔带与公园环，永定河、潮白河、北运河水生态走廊，9条楔形生态绿色走廊的管控与实施，形成平原地区的生态安全格局。笔者认为，吴良镛先生在2003年"北京城市空间发展战略研究"中提出的建设东、西、南、北四个大型国家公园的布局构想，今天仍然有很强的现实意义和实施价值。

通过城乡一体化发展机制的建立、郊区发展品质的提升，北京将形成人工建设与绿色生态融合、中心城区与城乡接合部协调的大地景观，为中国大城市的城乡和谐发展，贡献人、产、城、乡与山、水、林、田、湖、草生命共同体的美丽首都样板。

8. 设立"首都区"

在古都北京设立"首都区"是笔者和中规院团队从2003年"北京城市空间发展战略研究"时就开始的畅想。2015年，笔者又在北京市委市政府理论学习中心组学习会上给北京市党政领导们重讲过这个"梦想"，衷心希望"梦想"能真正实现！2018年，笔者与北京市规划和国土资源管理委员会领导讨论北京历史文化保护工作时提出，古都保护的难度很大，关键是这么大范围的保护，必须有行政和财政的强力支持，有发展模式与管理体制的根本性改变。而单一的北京市本身没有这个能力和权威性，应该设立特殊体制的"首都区"，以国家和地方的双重力量实现古城的完整保护，成为国家政治中心功能核心区。

把北京二环路内，即明清北京城城墙范围以内 62 平方公里，或现在的东城区、西城区范围的 93 平方公里划定为一个采取特殊管理体制的"首都区"，作为国家的政治、政务功能集中区，古都历史文化、古城风貌的整体保护区。通过"首都区"的行政体制、财税体制和城市发展模式改革创新，通过古都保护性利用的发展模式创新，创造一个展示中华古都文化，培育中国当代先进文化的城中之城、活力之城、文化之城、首善之城。2016 年中规院团队在承担北京总体城市设计研究项目时，曾经提出北京城市文化特质营造的精彩表述：古都味、东方韵、国际范儿。笔者以为，要在北京近 3000 平方公里的城区范围内，实现这样的目标几乎是不可能的，但是在"首都区"范围内实现是完全可能的，也是必须的。

笔者想象，"首都区"应该是集古都味、东方韵、国际范儿于一体，充分保护历史文化与古城风貌，具有鲜明东方文化特质和场所精神，充满现代文化创造力，连贯古今、融通中外的区域。她一定是最本土，也是最国际的；最端庄大气，也是最亲切宜人的；最传统，也是最时尚的；最文艺，也是最有活力的；最优雅，也是最市井的。"首都区"应该是多元包容、24 小时有活动的魅力地区，是中华民族共同的精神家园；也是全球最重要的国际文化交流与政治交往场所和文化旅游目的地。

设立"首都区"，首先要做好功能疏解和优化，历史文化完整保护，城市品质提升和空间严格管控。通过非首都功能疏解和北京市政务功能搬迁到城市副中心，把中央和国家机关的政府办公进一步向"首都区"集中，既可以方便各部门之间的工作联系，又可以减少对外围地区的影响。进一步疏解"首都区"的非相关功能，适度疏解人口，严格控制人口就业总量和人口密度，减轻"首都区"内公共服务、生活服务压力。同时全面保护"首都区"的历史文化遗产，包括保护胡同—四合院格局的完整形态、肌理，对四合院进行设施更新，改善老建筑、胡同住区的生活品质；腾退占用非居住历史建筑、场所的机构和居民，恢复为公共活动、经济活动场所；进一步改善"首都区"的市政基础设施，严格控制建筑高度，让"首都区"成为"永不再拓宽道路""永不再长高"的地区。

通过这样的功能疏解、优化，通过全面的历史文化保护，通过建筑与住区更新和基础设施改善，通过严格的建设、风貌管控，"首都区"一定会形成北京最高品质、最具文化特色的地区，也一定会吸引、培育起新型业态的文化功能、国际交往功能和科技创新功能，进而成为全国政治中心的核心区，国家文化中心、国际交往中心、科技创新中心功能的重要载体空间。

"首都区"是一个核心功能、高端功能的集聚区，但又要包容低成本的服务与支撑职能；应该是一个精英人才、国际人士的居所，但仍然是原住民的美好家园。她的功能和社群一定是多元共融、和谐相处的。可以利用功能疏解腾退、人口疏解、有机更新和适度重建，运用负面清单准入制度和准入门槛，通过市场机制实现"首都区"高端功能的再集聚。同时要保护和发展好支撑高端功能和居住、就业人群的服务性职能，包容部分"非正规现象"的存在。实现不同职能、不同人群共生，不同价值、不同生活方式共存，创造多元多样的文化气质和社会氛围。通过保护复杂性和多样性，创造"首都区"的活力和魅力。

无论怎样划定"首都区"，她都是一个几十到上百平方公里的广域地区。因此一定有很多不同功能、不同人群、不同场所精神、不同文化气质共存的地区。现在的东西城区范围内就有充分彰显中华古都文化理念、历史文化遗产最集中的古都中轴线，有作为国家象征的天安门广场，有中南海及周边的中央办公区，有长安街沿线、三里河国家行政办公与金融机构集中区。此外还有金融街商务区，王府井、东单、西单、三里屯等现代风貌的商业街，传统风貌的前门商业区，琉璃厂文化街和后海、南锣鼓巷历史风貌区，金鱼胡同—金宝街高端酒店区，等等。这些区域承载不同功能，也具有不同空间意象和场所特征，展示了首都多元多样的文化内涵和精神气质。

然而，从文化视角观察，除了古都中轴线、长安街和天安门广场，北京首都核心区的文化性功能和文化功能所凝聚成的各种地域文化特征尚不明晰，也远远不够丰富多样。如同伦敦有王宫议会政府区，有舰队街，有SOHO区；纽约有下城，有百老汇，有SOHO区和华盛顿广场，有洛克菲勒中心；巴黎有左岸，有拉丁区。"首都区"应该通过功能疏解、腾挪出更多的文化展示、创意、传播、观赏、交流的空间，创造出更多的体验消费、文化消费的空间场所；通过文化的沉淀和积累，通过精心保护和创造性设计形成更多的承载高端功能，具有鲜明文化价值的不同场所与空间。笔者注意到，近期国家大剧院发起组织了"中国国际演出剧院联盟"，这是一个提升北京城市文化影响力的重要举措，但在北京目前尚缺乏各类剧院、表演场所集聚区。"首都区"应该成为国际上最有影响的文化之城，还需要大量的文化场所。而文化活动与文化场所的发展一定会培育起发达的文化产业，成为"首都区"重要的经济/产业功能，提高"首都区"的文化功能承载力和国际声誉、文化魅力。

"首都区"要发展成集中承载国家政治功能，完整保护历史文化，培育新兴产业、高端职能的区域，必须有一个与这些目标相适应的行政管理体系，有一套不同于当下城市发展的制度改革与创新。主要有以下几个方面。

首先，应该设立一个特别的区域性政府，由中央和北京市政府双重领导。中央政府制定"首都区"的行政架构，税收、财政体制，发展目标与规划；北京市政府组织社会管理与公共服务，基础设施供给，协调北京市与"首都区"的关系。

其次，要通过区域性发展制度与机制创新，在首都区建立专门的税收制度和财政体系，彻底放弃土地财政与房地产依赖，开辟新的政府财政来源，形成符合保护与发展要求的市场投资机制。《北京城市总体规划（2016年—2035年）》已经明确了古城范围内不再搞大拆大建，完整保护四合院；北京市也宣布了古城地区不再搞房地产开发，这些都是很好的

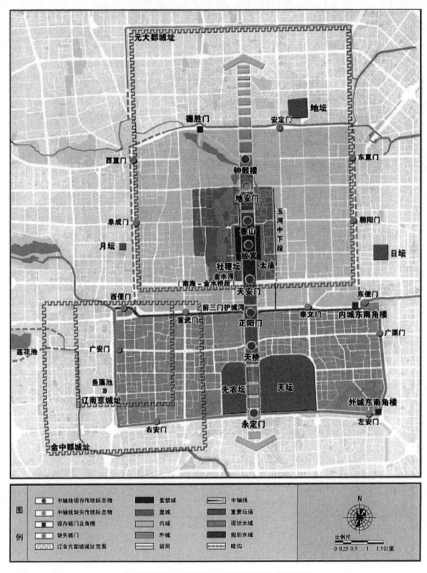

北京首都功能核心区空间结构规划图

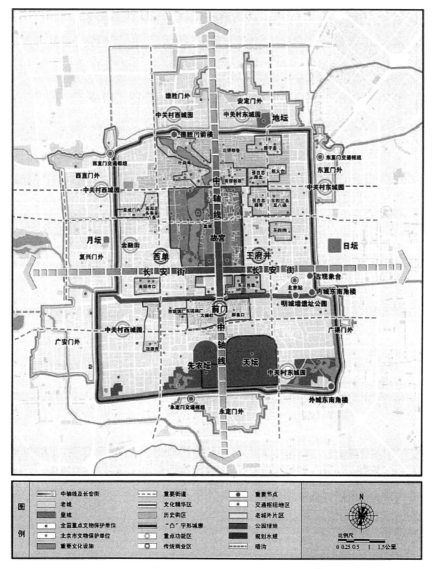

北京古都老城传统空间格局保护示意图①

开端。税收与财政制度创新和中央的支持是首都区设立与健康发展的必
要条件。

---

① 资料来源：《北京城市总体规划（2016 年—2035 年）》。

再次，建立严格管控且开放包容的社会治理体系与机制。既要充分保障中央政府办公和国务活动的政治中心功能，又要严格管控各个办事机构、组成部门及下属单位的无序膨胀；既要严格保护历史文化遗产和古都风貌，又要积极鼓励存量空间的有机更新，局部地区和建筑的改建新建，以吸引和培育文化交流、创意创新等高端职能。

在土地和建筑的用途管制上，要在符合"首都区"发展目标与规划、保障安全的前提下，有更灵活的管理制度，以鼓励混合开发及综合功能协调发展；在人口管理上，既要吸引高端机构、高端产业和高端人群、国际人士进入"首都区"，又要保留较高比例的原住民生活居住。原住民是非物质文化遗产传承人，是城市文化、民间文化的创造者和传播者，保留原住民是弘扬首都北京城市文化的必要条件。

"首都区"应该是一个由多阶层组合的完整城市社会，不是空中楼阁，不是天上人间，应该保持必要的包容性和宽容度，在严格控制人口总量、就业总量和人口素质的同时，不断提高"首都区"人居环境品质，提高"首都区"社会文明水平，而且要保护好低收入、弱势群体的利益，包容符合居民生活需要的"非正规"供给，尤其是具有城市文化价值的传统服务业态和供给方式。从长远看，首都区还应该成为高度国际化的城市社会，要吸引国际人士就业与生活居住。既要吸引发达国家人群，也要包容欠发达地区人群，使"首都区"的社会结构更加多元国际化，更富于活力与开放。

"首都区"的管理体系和治理模式还可以扩大到国家政治中心功能相对集中的其他地区，如长安街西延长线、"三山五园"地区、几个使馆区等，以及规划安排的未来国家政治中心功能发展所需要的地区，如中轴线的南北延伸线。但整体规模和范围不宜太大，空间分布宜相对集中。

设立"首都区"不仅使全国政治中心功能更加集中，运行更加有效，减少了全国政治中心功能与首都其他核心功能的相互影响，而且使首都各项核心功能的空间关系更加清晰。设立"首都区"还给古都整体保护，古城区人居环境品质提升，首都文化中心与国际交往中心功能的空间供给提供了重要机会，是一个既利于当下、又功在千秋的大战略。真诚寄望设立"首都区"成为国家决策，让"首都区"充分展现古都千年灿烂文化、中华优秀当代文化和大国首都的世界文化名城风范。

首都

北京发展问题分析与国际经验借鉴

大国

下　案例篇

巴黎 / 柏林—勃兰登堡 / 东京 / 首尔
华盛顿 / 伦敦 / 莫斯科

巴黎

巴黎地处法国北部，塞纳河西岸，是法兰西共和国的首都，已有1000多年的建都历史。她是法国的政治、经济、文化、商业中心，是法国最大的城市，也是欧洲第二大城市。"巴黎"具有不同的范围层次，狭义的巴黎市包括巴黎市域内的20个区，即法国第75行政区，面积105平方公里。"大巴黎地区"则进一步包括近郊三省（即上塞纳省、瓦勒德马恩省和塞纳—圣但尼省）和远郊四省（即伊夫林省、瓦勒德瓦兹省、塞纳—马恩省和埃松省），面积1.2万平方公里。

19世纪的巴黎呈现出同心圆式的扩张模式，人口膨胀、交通拥堵等"大城市病"日益凸显。19世纪中叶，巴黎进行了大规模的城市改造，提升了城市能级。然而，在城市改造中，大量的历史文化建筑被拆毁，郊区居民也因为垃圾处理厂等设施的建设对市区居民产生了一些不满，引起了社会矛盾。20世纪以来，巴黎对这些教训进行了反思。一方面，设立保护区，对历史文化建筑的保护和修缮进行补贴，并拆除违章搭建，疏解人口，为低收入者提供租房补贴，使旧城改造平稳有序。另一方面，巴黎摒弃了单中心模式，积极打造若干个选址合理、交通便利、功能全面的新城，既疏解了中心城区的人口和产业，保护了历史文化遗产，也为城市发展开辟了新的空间。

19 世纪中期的"奥斯曼大改造"

辉煌的巴黎并非一天建成，巴黎的城市发展史就是一部典型的人类城市建设史。公元 508 年，法兰克国王克洛维正式建都于巴黎，使巴黎取代了里昂，成为法国的政治文化中心。公元 800 年前后，作为查理曼王国的首都，巴黎城当时已成为西欧地区政治、文化、军事、经济和宗教的中心，城市人口不断增加，市区范围也不断外延。公元 1137 年继位的路易七世宣布卡佩家族永远定都巴黎。到后来的"太阳王"路易十四时期，法国国势蒸蒸日上，巴黎也达到了她前所未有的辉煌。

19 世纪上半叶，随着工业革命在巴黎蓬勃开展，巴黎的人口数量也出现了爆炸式的增长，在 1845—1848 年的短短三年间，就从 60 万人飙升至 100 万人。但这时的巴黎仍保留着中世纪的城市形态，街道狭窄拥挤，卫生状况糟糕，城市布局不合理，缺乏统一规划。经济和人口规模的快速扩张使旧有的同心圆式的城市结构不堪重负，迫切需要一场颠覆性的改造，以适应工业社会的新需求。1852—1870 年，在皇帝拿破仑三世的支持下，时任塞纳省省长奥斯曼男爵起用了著名的城市建筑师欧仁·贝尔格朗德等一批建筑师、规划专家和水利专家，对巴黎市区进行了大规模的规划和改造。这次大改造通过大规模的道路和地下管道建设等措施，提升了城市的基础设施和公共服务水平，使巴黎成为法兰西第二帝国名副其实的首都和欧洲都市的样板。

（1）提升改造道路网络

道路网络的规划与建设是奥斯曼改造的核心。长期以来，巴黎基本上是一种无序的自发增长，城墙一圈圈向外扩大，街道也缺乏规划，形成了杂乱的网状格局。奥斯曼改造拆除了大量的旧建筑，切蛋糕似的开辟出一条条宽敞笔直的林荫大道。在这期间，巴黎市区道路从 384 公里增加到 420 公里，道路宽度从 12 米拓宽到 24 米；郊区道路从 355 公里增加到 425 公里，道路宽度从 13 米拓宽到 18 米。奥斯曼改造后的巴黎道路网络呈现出典型的"环路 + 放射性道路"的同心圆式布局。道路分为三个等级，第一级是贯通城市的主干线，由两条东西向的大道和两条南北向的大道组成，干线道路笔直而宽阔，连接起塞纳河两岸，构成了巴黎交通的基本框架。第二级是连接关键点的次级道路，多为斜向修建，将车站、广场、政府机构等关键点与干线连通，形成完善的市内交通体系。第三级道路以城市边缘的广场为基础向外延展，连接巴黎市区与郊区，是进出巴黎的通道。奥斯曼通过放射性道路将三条环道之间的新城区和近郊进行了很好的整合，极大地改善了巴黎的城市面貌。

(2) 建设发达的下水道系统

改造前，巴黎下水道系统分散且规模很小，人们常常将污水和排泄物倾倒在大街上，污物流入水井和塞纳河中，影响了巴黎人的健康。为了提升城市卫生条件，奥斯曼对巴黎的下水道系统进行了大刀阔斧的扩建和改造。设计师们根据巴黎东南高、西北低的地势特点，设计了四通八达的下水道系统，将废水排到郊外野地集中处理。为了保证下水道畅通，贝尔格朗德发明了清沙船，大的十几米长，几个人合力操作；小的 1 米多长，单人可驾驶。清沙船多为钢铁结构，像拖船一样扁平，用于清除阴沟里的沉积物。庞大的下水道系统大体上按照市政道路网络布局，几乎可以覆盖市区及郊区的任何地方。下水道广泛分布在道路下方，用于收集沿街的住宅、工厂中排出的生产生活废水；在一些节点处建有高大、宽阔的储水道，用于存储由一级下水道汇集来的废水，收集管道与储水管道之间由一些连接管道相连通。最后，通过一段长 8.8 公里的通道将废水集中排放到远离巴黎城的塞纳河下游，不会污染巴黎的饮用水。奥斯曼改造期间，巴黎的下水道系统由 107 公里拓展至 560 公里，其中 176 公里的下水道都可以通行轨道车和小船。巴黎下水道系统集中解决了废水排放、城市防洪、水源保护等一系列问题，至今仍在造福巴黎市民。巴黎下水道深5—50米不等，管网纵横交错，基本上都是石头或砖混结构，十分坚固。考虑到当时的施工条件，这一地下工程堪称壮举。

（3）"大拆大建"造成的后遗症

奥斯曼大改造完成以后，巴黎形成了单中心、放射状交通网、主轴线与塞纳河平行的格局，成为现代化的大都市。但是，在这场"大拆大建"中，许多历史文化建筑被拆毁，居住区分割等问题日益突出，产生了一些社会矛盾，这些教训引起了人们的反思。

为了建设发达的道路网络，巴黎拆除了城墙和60%的市内建筑，中世纪和文艺复兴时期的建筑被拆毁的比例高达1/3。以西岱岛为例，它是塞纳河上的一个江心小岛，是巴黎最原始的奠基地。为了打通一条南北贯穿的大道，除了巴黎圣母院等著名建筑以外，岛上几乎所有的中世纪建筑都被拆毁，巴黎圣母院就是在西岱岛改造中为数不多的被保留下来的建筑之一。

为了打造整齐划一的城市风貌，奥斯曼规定，在道路两旁兴建的建筑风格必须统一。在市中心，凡是买下街道两旁土地的开发商必须严格按照规定的高度、风格来建房。因此，大量各具特色的房屋被拆毁重建。从1852年到1870年，巴黎市共拆毁房屋27478间，新建102487间。更严重的问题在于，城市改造加剧了居住区分割，引起了一些社会矛盾。由于市中心的改造，地价和房租大大提高，快速上涨的租金使工人负担加重。1848—1871年，巴黎的地价由20法郎／平方米上升至95法郎／平方米。1862年工人阶级房租比1848年之前高出七成。穷人被迫迁到低成本的郊区去生活，居住空间逐渐分化，市中心和西北部是富人居住区，郊区和东部是穷人居住区。居住区分割使得居民对立严重，产生了一些社会矛盾。

例如，为了城区的用水，巴黎在郊区建设蓄水设施，对河流进行截留，这就遭到了郊区居民的反对。对于设在郊区的公墓和垃圾处理厂，郊区居民更是强烈反对，认为它占用了耕地，污染了郊区环境。

20 世纪保护与新建"双管齐下"

在 19 世纪巴黎大改造之后相当长的一段历史时期内，巴黎仍保持着单中心城市空间格局。这种格局使得巴黎市区交通拥堵，城市发展缺乏空间，也不利于旧城区的保护。20 世纪 60 年代以来，巴黎在旧城保护和新城建设方面"双管齐下"，在市中心设立了"保护区"，在近郊建设拉德芳斯等城市副中心，在远郊建设马恩—拉瓦莱新区等卫星城，既保护了旧城区的历史文化建筑，也为城市发展开辟了新的空间。

（1）出台保护区制度，保护历史文化街区

在大刀阔斧的城市改造中，巴黎约 1/3 的中世纪和文艺复兴时期的建筑被拆毁，这引起了人们的反思。20 世纪以来，巴黎逐渐意识到，作为历史悠久的古都，在现代化的进程中应当高度重视对历史文化遗产的保护。1964 年，巴黎市议会根据 1962 年颁布的《马尔罗法》，建立了马莱保护区，对巴黎历史文化建筑的核心区进行最严格的保护。

马莱区曾经是国王和贵族居住的地区，花园、宅邸林立。18 世纪末爆发了法国大革命，修道院、花园、宅邸被收归国有，分给贫民、手工艺人、小商人居住和使用。工业革命时期，马莱区又成为巴黎的主要生产作坊区，人们加建了大量仓库和作坊，古老的府邸被加层、改建，居住环境越来越差。随着居住环境的恶化，这里的居民阶层越来越低，这又进一步恶化了居住环境。1962 年，马莱区只有 30% 的住房拥有室内卫生间。此时马莱的人口有 7.4 万人，人口密度为 5.87 万人／平方公里，远高于巴

黎当时的水平（3万人/平方公里）。

为了更好地保护历史文化建筑，也为了改善马莱区居民的生活环境，1964年，巴黎市议会建立了马莱保护区，并开始编制马莱区《保护与价值重现规划》（以下简称《规划》）。《规划》的目标是，既要保护遗产，又要使街区充满活力，避免成为一个没有生机的"博物馆"。马莱保护区面积1.26平方公里，东到巴士底广场，西至市政厅广场，南为塞纳河，北到禁庙区，位于巴黎的核心区域，有176幢文物建筑和526幢进入了保护名录的建筑需要保护。

一是对历史文化建筑的修缮可以享受国家补贴。政府规定，文物建筑的维修必须经国家有关部委同意，维修费用的50%由国家补助。根据建筑面向公众的开放程度，剩下费用的50%—75%可以享受税收优惠政策。对进入了保护名录的建筑，其维修费用的40%由国家补助。此外，对保护区内的其他建筑，如果国家要求进行必要的修缮，维修费用的20%由国家补助。如果产权人拒绝维修，国家可以征收他们的财产。

二是拆除违章建筑，疏解人口。《规划》强调，要逐步拆除违章建筑，恢复原来的庭院和花园。经过拆除违章建筑，重新安置居民，马莱区的人口得到了明显疏解。从绝对量看，1975年，马莱区的居民人数下降为4.7万人，人口密度下降为3.73万人/平方公里。从相对量看，1962年，马莱区的人口密度是巴黎人口密度的1.96倍；到1975年，马莱区的人口密度下降到巴黎人口密度的1.41倍。需要指出的是，这种疏解需要一家一户做工作，对居民进行重新安置，实施成本非常高。以圣保罗村为例，1971年，户均居住面积仅有23平方米，经过长期整治，2012年的户均居住面积为58平方米。但是，街区整治计划的成本昂贵，大约为新建建筑标准的30%。

三是保障低收入居民的居住权益。由于人口的疏解和居住环境的改善，马莱区的地价和房租有所提升，居民中工人、工商业小业主的比重在下降，从事高级职业的人口比重在上升。为了缓解居住区分割产生的社会矛盾，政府吸取了奥斯曼改造的教训，对低收入居民提供补贴，使他们继续享受居住环境的改善，而不至于被迫搬走。政府将一些街区划为社会住宅区，这一区域内的业主修缮房屋可以获得政府补贴、低息贷款和减税。此外，政府还鼓励社会住宅区内的房东以低租金出租房屋，租金越低，补贴越高。这些措施保障了低收入居民的居住权益，使马莱区社会结构的变化较为缓和，有利于社会稳定。

四是以点带面。马莱保护区面积只占巴黎市面积的1.2%，而根据现行法律，巴黎市约80%的土地上都有需要保护的历史文化建筑。巴黎通过严格的规划审批，以"保护区"制度这个"点"，带动整个旧城区的历史文化遗产保护。2006年，巴黎正式颁布实施了《巴黎地方城市规划》，针对建筑高度、建筑体量、建筑外观、建筑布局、庭院绿化、景观视廊、土地利用等规划指标做出了十分详尽的规定，对保护区之外的全部行政辖区内的建设行为进行规划管理。此外，巴黎还规定，辖区内的任何拆除行为都必须经过城市规划行政主管部门的许可审批。

（2）建设远郊新城，促进职住平衡，打造"多中心"城市

二战后，巴黎的人口增长极其迅猛，城市以同心圆的方式向外扩张。市中心的集聚程度最高，逐渐向郊区方向递减，街道布局呈放射状和环状。商业、金融、行政和科学文化机构主要集中于市中心核心区内，城区边缘则主要为结构简单、单调的住宅群。由于郊区商业设施匮乏、交通不便、就业机会少，居住地和工作场所之间的距离增加、交通紧张，职住分离的问题十分突出。1956年，《巴黎地区国土开发计划》提出了降低巴黎中心区密度，提高郊区密度，促进地区均衡发展的观点。政府采用了一系列财政的、行政的手段促进中心区产业和人口的外迁。一是限制中心城区的产业发展。1955年，政府宣布不批准市区内的

新工业项目，鼓励政府部门外迁。1958年宣布现有市内工业企业改扩建占地规模不得超过现有场地面积的10%。1959年宣布禁止在市区内建造1万平方米以上的办公大楼。从20世纪60年代起，对市内企业开征"拥挤税"。二是鼓励生产企业迁往郊区。对从巴黎市区迁出的占地500平方米以上的工厂，可享受60%的拆迁补偿费用。根据迁入地区不同和提供就业岗位的多少对外迁的工业、第三产业和研究部门进行补贴，补贴金额可以达到其投资总额的12%—25%。

除了积极疏散中心区人口和不适宜在中心区发展的工业企业，政府还积极发展周边新城。1960年通过的《巴黎地区整治规划管理纲要》建议摒弃单中心模式，沿城市主要发展轴和城市交通轴建设卫星城市，以推进区域一体化均衡发展。1963年出台的《巴黎大区规划指导方案》和1964年编制的《巴黎地区国土开发与城市规划指导纲要1965—2000》，规划在巴黎周围设立8个（后改为5个）人口规模介于30万—100万之间的新城，形成多中心的区域空间格局。据此，从20世纪70年代开始，巴黎以塞纳河为轴线，在巴黎市外圈和内圈的三个省内陆续建设了5座远郊新城，构筑了一条东南—西北走向的走廊。这5座新城从北开始按顺时针方向依次是：西北的塞尔吉—蓬图瓦兹，东边的马恩—拉瓦莱，东南的默龙—色纳，南边的埃夫里，西边的圣康丁—昂—伊夫利纳。

在选址上，这5座新城都坐落在塞纳河、瓦兹河、马恩河畔原有城镇较为密集的地区，新城中心距离城市中心平均距离约25公里，最近的13公里（马恩—拉瓦莱），最远的30公里（默龙—色纳），既便于疏解中心城区的人口与产业，又能够方便新城与中心城区的密切联系。另外，为了保护河谷地区的自然风景，新城多选择在地势较高的地区。在产业选择上，新城积极承接巴黎中心城区产业转移，以发展现代服务业和工业为主，使巴黎中心城区有更多的空间来发挥首都核心功能。新城注重大巴黎地区的整体协调发展，功能齐全，休闲娱乐中心、大学城等生活配套设施完善，有效促进了职住平衡。以始建于 1969 年的塞尔吉—蓬图瓦兹新城为例，它距巴黎约 30 公里，为一双中心城（塞尔吉和蓬图瓦兹），由 11 个市镇组成，面积 108.5 平方公里，是巴黎西北部最重要的经济中心。经过 20 年的建设，新城初具规模，1989 年的人口达到 15 万人，是当年全国第 20 位的城市。新城的主要产业是电子、信息、医药、化妆品、机械等工业和商业、运输业，以及其他服务行业，基本实现了职住平衡，有效疏解了巴黎中心城区的人口和产业。

为提升中心城区与新城之间的公共交通便利程度，巴黎建成了 13 条市域快速轨道线路，其中区域快速轨道共 5 条，设有站点 257 个，线路总长 587 公里，服务于距巴黎中心城区半径在 40—50 公里范围内的区域；市郊铁路共 8 条，全长 1296 公里，并不穿越市区，只将外围新城和郊区的居民送至中心区，服务范围为整个巴黎大都市区。新城社区规划以低层、低密度为特点，禁止建设高层，在规划建设中非常注重与自然环境的融合，将天然水系或人工湖泊巧妙地组织进来，外围有绿带环绕，并与原有的城市化区域隔离开，非常宜居。自建成以来，这些远郊新城始终是大巴黎地区人口增长最快的区域。1968—1984 年，5 个新区新增人口 37 万人，新创造就业位置 16 万个，占该地区 1984 年人口总数的 59.6% 和就业岗位的 71.4%。其新增人口占整个大巴黎地区新增人口的比重由 1968—1975 年的 18% 上升到 1975—1982 年的 47%，同期就业岗位增幅也明显高于整个大巴黎地区的增长。

（3）建设城市近郊副中心，优化中心城区的人口和产业布局

除了远郊新城，巴黎还在原有基础较好的地点建立了 9 个新的商贸、服务、交通副中心，以实现市内人员和货物的分流。以巴黎西北部的拉德芳斯新区为例，1958 年，法国政府开始建设拉德芳斯新区，既疏解了中心城区的人口，保护了古都风貌，也为城市发展开辟了新的空间。拉

德芳斯新区积极打造便捷完善的公共交通系统，拥有发达的公交、地铁、有轨电车、区域快速铁路和郊区铁路线等，是欧洲最大的公共交通枢纽和换乘中心。拉德芳斯按照"人车分离"的理念，将区域快线、地铁、火车、高速公路和电车分布在地下空间中不同的层面，彼此互不干扰，提高了通勤效率。据统计，拉德芳斯的公共交通系统每天运送通勤人员达到45万人次，约有85%的人选择公共交通出行。便利的交通吸引了许多企业的入驻。截至2012年，拉德芳斯已成为欧洲最大的国际商务枢纽，商务区占地面积5.6平方公里，入驻企业达2950家，世界百强企业中的1/5，法国最大企业中的一半集中在这里，就业人口达18.5万人。

然而，随着时间的推移，拉德芳斯的公共设施日趋陈旧，交通运载能力严重饱和，出现了一些新的问题。

一是职住分离造成了潮汐式的通勤人流。拉德芳斯是一座建设在空地上的新城，居住环境不如市区。另外，拉德芳斯与巴黎市区的交通十分便利，距巴黎中心区仅5公里，通过区域快速铁路到达凯旋门地区只要5分钟。因此，在拉德芳斯工作的人更愿意居住在市区，以致夜晚的拉德芳斯成为"空城"。这就导致每天大量的通勤人口在巴黎市区和拉德芳斯之间流动，上下班高峰时的公共交通系统不堪重负。

二是"千层糕"式的地下空间布局影响了换乘便利。为了实现彻底的人车分流，拉德芳斯采用了"千层糕"式的彼此独立的立体系统，各交通工具之间的换乘十分不便。

三是新区功能以商务为主，居住的便利度不够。拉德芳斯的功能以商务为主，就业人口中高级白领、企业高管的比重为32.1%，高出巴黎7.5个百分点。但拉德芳斯地区的住宅大多是位于区域边缘的中小户型，高级商务人士的住房需求难以满足。此外，拉德芳斯的高档商业休闲设施发达，但面向普通居民的小型零售商店数量很少。

针对这些问题，2006年12月，法国政府批准了《拉德芳斯更新规划》，旨在方便人们的工作、生活和出行，促进"城市与人的和谐发展"。

一是对"人车分流"的反思。快速路、高架桥等大型基础设施在带来交通便利的同时也割裂了原本相邻的区域。比如，一些步行者在接近目的地时会被行人不能通行的车行道挡住去路。现在，拉德芳斯区将一些封闭的快速路打开，加强了这些道路与周边路网的衔接，并对这些开放道路上的车速进行限制。另外，拉德芳斯区还尽可能地将现有的立交桥改造成平面交叉路，鼓励自行车和步行交通。

二是促进职住平衡，增强城市活力。拉德芳斯新区丰富了自身的定位，由单纯以商务为主改为集商务、居住、教学、休闲、娱乐、旅游于一体。另外，拉德芳斯新区还增加了10万平方米的住宅供应，增设了大量小型零售商店，改善了上班族的购物、休闲和居住条件，促进了职住平衡。

三是注重交通管理的细节。比如，在公路铁路桥上方架设人行步道，增设过街天桥和电梯，增设人行道、红绿灯、行道树，方便人们的步行。再比如，由于一些导向标识的设置比较复杂，驾车者往往来不及辨识标识而走错，拉德芳斯新区将现有的12个街区简化为4个片区，进一步完善和简化了标识，方便不熟悉路况的人们出行。

启示 ▶▶▶

19世纪中叶，奥斯曼对巴黎进行了大规模的基础设施建设，为巴黎的现代化奠定了坚实基础，但也产生了历史文化遗产保护不力等问题。进入20世纪，巴黎"双管齐下"，通过设立保护区来保护和改造旧城区的城市风貌，并通过建设新城来拓展城市的发展空间。北京也是历史悠久的首都城市，北京如何在城市发展中保护和改造好旧城区，巴黎的经验和教训值得我们借鉴。

一是要加大对旧城改造和保护的补贴。政府可以提供相应的补贴，鼓励对历史文化建筑的保护和修缮。在旧城区升级改造的过程中，要对原住民进行妥善的安置。对低收入居民的住房成本进行一定的补贴，以缓解旧城改造以后生活成本的上升，减少社会矛盾。另外，马莱保护区的任何拆除和改建都需要政府审批，建议北京也要加强旧城区改造中规划审批制度的权威性，为历史街区提供"保护网"，为地方政府的大拆大建设置"拦阻索"。

二是要建设几个规模较大、功能全面的新城，疏解北京中心城区的人口和产业。首先，要提升新城的基础设施水平，促进新城的产业发展。要打造地铁、有轨电车、区域快速铁路等公共交通网络，密切新城与中心城区的经济联系。新城区可以优先发展先进制造业、研发和教育等产业，支撑中心城区的首都核心功能。否则，新城自身难以发展，起不到切实疏解中心城区的人口和产业的效果。其次，新城的选址离旧城区的距离要适中。距离太近，起不到疏解人口和产业的作用；距离太远，新城自身的发展难以维持。根据巴黎经验和北京的实际情况，建议新城距离中心城区 60 公里左右。最后，新城需要功能全面。既要有服务业、研发和轻工业等产业活动，也要有休闲、教育、医疗等服务设施，要积极建设学校、医院以及各类社会服务机构，以促进职住平衡，避免新城成为"睡城"。

三是要提高城市管理水平，注重精细化管理。根据拉德芳斯新区建设的教训，交通管理应该注意细节，不能过分追求道路、街区、桥梁等设施的大尺度和几何化的构图，公共设施的设计应该更加人性化。比如，马路设置不应过宽，红绿灯间隔的设置与道路宽度、车流密度相适应，适当增加快速道路与其他道路的连接，定期更新城市标识系统等。

柏林—勃兰登堡

柏林—勃兰登堡都市区的形成和发展

推动区域协同发展的主要措施和经验

启示

柏林是有着七八百年历史的古都，面积约 892 平方公里，人口 346 万，它是德国面积最大、人口最多的城市，它包含 23 个地区（district）和自治市（borough）。

柏林—勃兰登堡都市区是德国 11 个具有欧洲影响力的大都市区之一。由于历史的原因，该都市区产生的时间并不长，且经历过合并失败的教训。但是通过依靠科学的制度设计，实现了区域协同发展，有效避免了首都"大城市病"的出现，重要经验包括：成立联合区域规划部，协调两州发展利益；完善非正式合作途径，鼓励各阶层参与交流；创造多中心协同发展格局，合理设置发展策略；坚持公共服务均等化，推动各地差异化发展。柏林—勃兰登堡都市区这一实践案例可以从完善协同发展规划机制、加快公共服务均等化改革以及设立协同发展基金等三个方面对当前推动京津冀经济圈的协同发展提供借鉴。

2018 年，德国人口总数约 8300 万，全球排名第 17 位，国内城镇化率超过 90%。但是与英国、法国等欧洲大国相比，德国人口分布相对分散，超过一半的居民分布在联邦政府从国家层面定义的 11 个具有欧洲影响力的大都市区里，接近 70% 的人口分布在不足 1 万人的各个小型城镇里，德国国内超过 100 万人的大城市仅 4 个（柏林、汉堡、慕尼黑、科隆）。柏林作为德国的首都，过去一百年城市人口总数变化不大，基本维持在约 350 万人的水平，远低于巴黎、伦敦和莫斯科等知名首都城市的人口增幅，有效避免了"大城市病"。事实上，德国政府在首都城市发展和治理方面的成功，一方面是受到政治、历史和文化等多重因素的影响，另一方面与政府相关机制制度的合理设计并有效执行是分不开的。

作为德国国内重要的大都市区，柏林—勃兰登堡都市区与京津冀经济圈存在较多的相似：一是行政地位相似。德国是一个联邦制国家，行政区域构成包括了 13 个联邦州和 3 个城市州。柏林作为德国的首都，是该国三大城市州之一，与勃兰登堡联邦州行政区划地位平等。北京、天津（直辖市）与河北（行政省）情况类似。二是经济发展差距相似。柏林的经济发展水平远远高于勃兰登堡，后者是德国传统的农业大区，工业、服务业发展相对滞后。目前京津两地发展水平同样大大领先河北。三是区域分布相似。勃兰登堡州环绕在柏林四周，地理面积广阔，能够为柏林发展提供丰富的资源。而北京和天津两座城市同样被河北省包围，后者为京津两地产业转移和人口疏解提供了便利。因此，系统梳理柏林—勃兰登堡都市区的发展和治理经验，可以为京津冀协同发展研究提供重要参考。

柏林—勃兰登堡都市区的形成和发展

早在 13 世纪初，柏林就成为东西方贸易和南北文化交流的必经之地，西部科伦城和莱茵兰的商人用栅栏和壕沟将其围起来，作为商货转运"栈"。1237 年，柏林建城；1244 年，柏林作为一个地理名词第一次出现在历史文献中。1411 年，皇帝委任纽伦堡伯爵弗里德利希六世（霍亨索伦家族）为这里的总督，并将其封为世袭的侯爵总督和勃兰登堡州选帝侯；1415 年，柏林成为勃兰登堡州选帝侯的首府。1701 年，霍亨索伦氏成为普鲁士国王；1871 年，又成为德意志帝国皇帝，柏林在霍亨索伦家族手上连续成为普鲁士王国（1701—1870 年）和德意志帝国（1871—1918 年）的首都。从这个时期开始，柏林逐步确定了区域工业中心和金融中心的地位。1837 年，西门子公司在柏林成立；1870 年，柏林建立德意志银行，之后许多银行总部相继搬迁至柏林。到 19 世纪末 20 世纪初，柏林已成为德国政治、经济和文化中心，跻身欧洲第三、世界第五的国际性大都市。

第一次世界大战爆发后，德意志帝国灭亡，但柏林作为国家首都的历史仍然延续，它先后成为魏玛共和国（1918—1933 年）和纳粹德国（1933—1945 年）的首都。800 年间，柏林缓慢地由一个商货转运"栈"发展成为一个邦国的都城，最终上升为普鲁士乃至德国的首都。在德国民众心里，柏林是德国文化、精神和民族国家统一的象征。尽管二战之后，德国一分为二，1949 年 11 月联邦议会确定波恩为首都，但同时发布了一项决定："一旦在柏林和苏占区举行普遍、自由、平等和秘密的选举，联邦议院的领导机构便迁往柏林，联邦议院马上在柏林召开会议"。因此，德国人心目中波恩只是"临时首都"，柏林的地位是难以撼动的。两德统一之后，德国政府抓住历史机遇，决定将首都从西部波恩迁回东部柏林，这就使全体国民在心理上真正地感受到德意志民族的统一，产生心理上的认同感和归属感。可以说，还都柏林是德意志民族实现统一的象征，也是国家实现统一的缩影。不过由于柏林城市的土地资源匮缺，城市容量小，长期以来发展空间受限。

勃兰登堡州紧紧环绕着柏林，拥有241万人口和2.97万平方公里的广袤土地，它包括14个区、4个自治城市以及153个自治市和16个自治镇。历史上，勃兰登堡州作为柏林的腹地，长期为柏林的发展提供食品、劳动力和其他原材料等。二战后，东、西柏林与勃兰登堡州在社会和经济上长期隔离。随着德国统一、政治封锁被打破，柏林和勃兰登堡州之间的社会、经济交流和人口流动日益频繁。回顾柏林—勃兰登堡都市区的发展历程，可大致划分为以下三个阶段。

第一阶段（1990年8月之前）：二战后，德国分裂成了东德和西德两个国家，柏林这座城市同样被拆分为东柏林和西柏林两部分。20世纪后半叶的几十年里，身处社会主义阵营的东柏林实行计划经济体制，以巨大的资源和环境成本换取经济增长；而西柏林由于与东德的边境接壤，其城市发展主要依靠西德政府的财政援助，不仅丧失自我发展的功能，与邻近的勃兰登堡州在信息、人员和资源等方面也缺乏基本的交流和合作。

第二阶段（1991—1996年）：德国重新统一后，联邦政府在1991年作出了还都柏林的重大决策。这是基于以下三点考虑。

一是从经济因素上看，还都柏林有利于消除东、西德经济发展差距。统一前后，原东德地区经济失衡，已出现巨大困难，东、西德差异过大。东德长期贫困、财政困难、失业率高企、居民流出总是多于流入；而西德经济繁荣、财政富裕、社会文化发达，大量移民不断前来。两德经济发展上的差距形成事实上的国家分裂，所以政府希望通过还都柏林以推动东西德经济和区域的平衡协调发展，缩小东西德之间的差距。

二是从政治因素上看，还都柏林有利于加快东西德的融合。两德统一，实际上是东德五个州并入西德，不少西部地区人怀有过多的恩赐感，而东部德国人在心理上有一种"二等公民"和"后娘孩子"的不安感。德国统一后将首都从波恩迁至柏林，既是对冷战时期柏林长期分裂后合并为一的一种补偿，也是对"被统一"的原民主德国地区民众的心理抚慰，对于医治东德残破的经济和心理创伤，加快东西的融合，消除东西德之间的隔阂具有重要意义。

三是从战略地位上看，还都柏林有利于提升德国在欧洲政治版图中的战略地位。二战结束后的五十年间，德国得到快速恢复与发展，并逐渐融入欧洲，在国际舞台上谋求重要地位：1950 年，西德与法国共建煤钢联盟；翌年，德、法、意、荷、比、卢六国成立欧洲煤钢联盟；1955 年，加入北约；1957 年，欧共体成立；1991 年，欧洲共同体首脑会议在荷兰的马斯特里赫特通过《欧洲联盟条约》；1993 年，条约正式生效，欧盟正式成立。柏林位于德国东北部平原上，施普雷河和哈弗尔河流经该市。扼东西欧交通要道，不仅是全国交通中心，也是欧洲非常重要的交通枢纽之一。柏林与周边大城市的距离较近，在跨国通道的区位较佳。德国还都柏林，意味着德国战略重心的东移，可以使德国的政治中心更加接近欧洲中部，可以发挥欧洲地缘中心的桥梁作用。柏林既可以成为西方与东欧、独联体之间联系的纽带，又是北约、欧盟东扩的先头阵地。

20 世纪 90 年代初期，柏林的人口经历了一个先增长继而减少的过程。统计表明，1991 年柏林的人口总量为 344.36 万人，1996 年减少至 342.86 万人，5 年里的增幅依次为 0.4%、0.1%、−0.3%、−0.2% 和−0.5%。上述人口规模变化与当时联邦政府制定的政策有较大关系。由于经历长期的政治封锁和经济隔离，当东、西柏林完成统一，尤其是重新确立国家首都的地位后，周边和国内其他地区的人才、资金和信息等各类资源纷纷汇集于此。而人口的激增虽然带来了商业的快速发展，但也直接引发城市用地需求增长较快的矛盾。与此同时，环绕柏林周边的勃兰登堡州却地广人稀，经济发展水平相对较低。

因此，为了促进柏林和勃兰登堡的协调发展、完善上述地区的基础设施建设、提高区域开发的科学规划以及节省行政管理成本，德国联邦政府从还都之日起就开始着手策划柏林市和勃兰登堡州的合并议案，并为此投入了大量的资金和人力。然而，出乎意料的是，勃兰登堡的民众，尤其是年轻一代，对合并议案大多持反对意见，这主要基于对联邦政府执政能力的不信任以及拒绝再次动荡、维持民族传统和地区特性等综合因素考虑，担心合并后联邦政府可能会为了维护柏林利益作出牺牲。勃兰登堡联邦州政府具有强烈的维护地方自治权的愿望也是阻碍合并的重要因素。这导致 1996 年合并议案全民公决中，勃兰登堡州的赞成率仅为 1/3。两州合并失败的直接后果是之前各方为合并后共同发展达成的近 200 个合作计划全部搁浅，短期内该地区经济发展势头遭遇沉重打击。

第三阶段（1997 年至今）：全民公决的失败导致两州合并的议案流产，但是之前在推动合并过程中确立起来的区域联合规划构想却得以保存。虽然勃兰登堡州的民众反对与柏林州合并，但是赞同深化两地的全方位合作，尤其是加强该区域发展的科学规划。部长联席会议是德国联邦州政府间的非正式合作机制，不过它对该国空间规划具有重要影响力。1997 年北莱茵—威斯特法伦州部长联席会议通过大都市地区空间发展决议《德国的欧洲大都市地区》，确立 7 个具有欧洲影响力的大都市区，柏林—勃兰登堡成功入围。

1998 年，柏林—勃兰登堡都市区的首部《州联合发展程序》正式发布，作为两地协同发展的重要成果，它成为指导各地区（注：德国的行政区划分为联邦、州、地区三级）之后开展具体规划工作的准则。进入 21 世纪以来，两地合作进一步加深，不仅在法律、保险、医疗和救援系统等方面逐步实现趋同，而且还约定实行统一的财政支持和技术发展政策、对外采取统一的市场区位形象、成立统一的就业市场等。总体而言，尽管柏林和勃兰登堡未能实现行政区划上的合并，但通过提升区域协同发展水平，让两地民众分享经济发展成果，提高了资源利用效率，实现了双赢。

推动区域协同发展的主要措施和经验

柏林—勃兰登堡都市区依靠科学的制度设计，实现区域协同发展，有效避免了首都"大城市病"的出现，其主要经验可总结为以下四点。

（1）成立联合区域规划部，协调两州发展利益

为协调两州的发展，一个正式的跨州规划合作机构即联合区域规划部于 1996 年成立。该机构以"平等分配发展机遇及潜力、强化共同的经济需求、促进两州共同发展、保护生活依赖的自然资源、增进区域竞争力"为目标，主要任务是制定两州联合的、强制性的法定规划，即《柏林—勃兰登堡州发展规划》和《柏林—勃兰登堡州发展程序》。该机构拥有直接的政治权力来制定和执行联邦州层面的规划决策，这使得柏林—勃兰登堡州区域空间规划体系表现出与德国其他地区不一样的特征。德国的空间规划大体分为四个层次：联邦规划、州规划、区域规划和城市／地方规划，而柏林—勃兰登堡州联合发展规划则属于跨州边界的区域规划，这在德国国内是独一无二的。另外，由于"联合区域规划部"同时也是柏林"城市发展部"和勃兰登堡州"基础设施和区域规划部"的组成部分，机构成员编制隶属于上述两州的规划部门，工资由各自部门承担，而联合区域规划部的其他运作费用，则由柏林和勃兰登堡州平均分担。因此，新机构的出现没有加大两州的财政负担。规划办成立时共有 100 名成员，其中绝大多

数来自勃兰登堡州。

为了确保规划决策的公正性，"联合区域规划部"设置了两名领导，分别来自两州。规划部常设 9 个办公室，其中由勃兰登堡州成员担任负责人的多达 7 个（包括：法律和组织机构、州发展程序和规划，次区域规划监管，经济交通基础设施及机场建设，勃兰登堡东部的土地利用规划协调，勃兰登堡南部的土地利用规划协调，勃兰登堡西部的土地利用规划协调，土地开发的基本原则和结构政策），而柏林成员仅在 2 个办公室（欧洲空间规划／大都市区规划、开敞空间发展和保护）担任负责人。不过根据"伙伴原则"的规定，每个办公室的负责人和其他成员必须来自不同的州，以保障规划决策建立在两州共同的意愿上。新机构还前瞻性地设置了"分歧台阶"的协调机制，当涉及两州利益的规划产生观点冲突时，共 5 个不同层级的"分歧台阶"从制度上保证了矛盾的最终解决。过去接近 20 年的实践证明，90% 以上的跨州规划问题都能在联合发展规划部的内部得到解决，仅有少数的矛盾特别激化的问题需要由两州的最高决策者共同商讨。

联合区域规划部的工作目标是希望通过政策引导，实现"柏林—勃兰登堡"都市区的区域协同发展。因此，他们在制定区域发展规划时确定了四条基本原则：一是以人为本。充分利用城市现有的各类资源优势发展经济，注重满足民众发展需求。二是互联互通。通过不断改善铁路、公路等公共交通网络，加强柏林都市中心与勃兰登堡州的休闲中心和自然保护区之间的联系，实现各地区间便利联系。三是相互协调。两地在房地产开发、土地管理、能源建设等方面保持密切合作，充分尊重各自的利益诉求。四是可持续发展。规划部统筹考虑该都市区城镇化发展进程，采取切实可行的措施，努力实现农业、生态和自然资源保护与重点产业发展同步推进。

（2）完善非正式合作途径，鼓励各阶层广泛参与

多年以来，德国政府始终非常重视城市规划的规范性和严谨性，上至联邦和州的国土规划、下至区市镇的区域规划，都坚持必须经议会审定并报上级政府批准，让规划具有法律效力。与此同时，为了保障公众知情权，政府还会主动引导公众参与土地利用规划和建筑规划全过程。具体做法包括：在公开媒体公布规划草案、召开公众座谈会、规划正式公布前提前预告、规划公布后一个月内充分收集公众意见、无重大修改意见后方可执行。

基于上述原则，"柏林—勃兰登堡"都市区除了正式的规划合作途径外，联合发展规划部也积极吸引市民参与、促进公众讨论，支持各种类型的公私合作以及区域论坛，通过建立各界广泛参与的非正式区域协作网络，来解决问题、强化交流、凝聚共识和建立信任。例如，在柏林和勃兰登堡州各自举办的"城市/州论坛"、在两州东西南北四个方位交界处的次区域地方政府设立的"邻里论坛"和勃兰登堡州远郊地区的地方"自助发展计划"——这些基于各州、区域或地方层次的非正式区域对话平台吸引了政府、市场、学界和公民等社会各界参与者，共同为区域合作的热点问题提供智力支持，为推动区域整体发展谋求朝野共识。

除了各种区域对话论坛之外，柏林和勃兰登堡州还通过组建共同的联合就业办公室、广播电视系统（RBB）、公共交通系统（VBB）和数据统计系统等，建立起区域内互惠合作和共同发展的劳动力市场和基础设施网络，进一步密切了两州之间的区域合作。

（3）创造多中心协同发展格局，合理设置发展策略

尽管德国整体城镇化率已超过90%，但人口密集度不高。统计表明，德国10万人以上的中等城市接近80个。"分散型集中"是德国人口分布的一个重要特点，其形成一方面与文化传统有关，如德国历史上曾有数百

个诸侯国和骑士领地长期共存，直到 19 世纪后半叶才完成统一。另一方面，联邦政府也有意识地控制单一城市的发展规模，以冀各地区均衡发展和共同富裕，还专门制定《联邦建设法》。

以"柏林—勃兰登堡"都市区为例，除了柏林，还扶持了法兰克福（德国银行及航空中心）、科特布斯、波茨坦、勃兰登堡这 4 个地区中心，以及 2 个含部分地区中心职能的次中心。"联合区域规划部"还在距离柏林 60 公里范围内的地区选择 26 个具有发展潜力的聚落作为发展重点，建设特别的居住区和经济开发区，以疏散首都相关产业，减轻中心城市发展压力；在距市中心 60—100 公里范围内设立了 6 个二级中心，同时还在勃兰登堡州其他县市中设立 30 个三级中心，以此构成了该都市区里完整的多中心体系。多中心的分布格局便于人口疏解，将原本集中在城市中心的建设压力向外疏解，分散到近邻的各个二级、三级中心，不仅能避免局部地区资源过度汇集导致"大城市病"，还能加强各中心之间的互动联系。

联合发展规划部还结合柏林和勃兰登堡两地功能定位和资源禀赋差异，有针对性地制定城市发展策略。柏林作为拥有悠久历史的古都，政府一方面主要采取局部改造的方式对重要建筑和传统街区进行保护性修缮，同时引入短路程、高密度的城市模式，让公共交通满足内城 80% 的出行需求；另一方面，合理协调承担首都职能和发展一流都市的关系。将首都职能限定在 1.5—2 公里的范围内，同时大部分新增的商业需求都利用现有密度不高的商业用地解决，进一步发展历史形成的多中心商业中心。关于勃兰登堡州的发展，联合发展规划部根据相关城市与柏林距离的远近设计了不同策略。如"柏林—勃兰登堡"都市区里 70% 的人口都分布在距柏林市中心 60 公里范围内，联合发展规划部对 26 个具有发展潜力的聚落制定了向内发展优于向外发展的策略，考虑到公共交通的特点，尤其重视沿途各个火车站附近地区建设密度，推动多功能混合布局，吸引周边人口聚集；对于距离柏林市中心较远的地区，则将发展重点放在保护与发展农业经济、保护与改善自然空间的生态潜力方面，侧重引导发展乡村文化和旅游产业，提高农村居民生活水平。

（4）坚持公共服务均等化，推动各地差异化发展

大力实施基本公共服务均等化是德国城镇化建设中的重要特点，该国宪法《德意志联邦共和国基本法》明确了"平等生活条件原则"，即德国境内不同地区每个公民都依法享受相同的服务，基本相同的公共服务供给可以且应该保障每个公民。为了实现上述目标，德国政府主要采取财政转移支付的方式，按照横向平衡和纵向平衡相结合的原则，包括一般均衡拨款与补充拨款、专项拨款、共同任务拨款等多种形式。纵向转移支付是通过对增值税（这是该国唯一能够调整联邦和州、州与地方之间收入关系的税种）、所得税等的分享来实现，目标是使财政收入能力相对较差的州能达到全国平均水平90%以上；横向转移支付是一种有德国特色的转移支付方式，联邦政府每年都会根据相关公式测算出哪些州属于富裕州，哪些州属于贫困州。之后在联邦政府的主导下，富裕州将自身部分税收收入无偿捐赠给贫困州，目标是使后者的财政收入能力达到全国平均水平的95%。

以"柏林—勃兰登堡"都市区为例，为推动区域内的多中心协同发展，除联邦政府层面的财政转移支付之外，两州政府还做出了以下努力：一是成立共同发展基金，通过公平决策、资金补贴，加强对区域发展薄弱点的支持，确保都市区内大小城市基础设施和生活配套条件基本相当；二是在均衡发展基础上突出"强化优势"，如果区域内任何地方能证明其发展潜能，可申请经济、政策资助，从而强化地方优势，实现发展多元化；三是协助联邦政府在各大、中城市并行发展大学和科研机构，避免因求学导致的人口聚集。

在努力创造不同区域基本公共服务均等化的同时，联邦政府还通过持续完善本国区域间交通网络建设，使各地尤其是各大都市区间精细分工和高效协作成为可能，这也是避免大都市人口过度集中的有效手段。德国是世界上公认的路网最密集、交通规划建设最好的国家之一，它处于欧洲中心，具备南来北往交通要塞的地理优势。自工业革命以来，德国各地政府就都重视交通基础设施建设，在35万平方公里的国土上，共修建了3.8万公里铁路和65万公里公路（含1.2万公里高速公路）。其中，近一半交通运输量是通过高速公路，高速公路全程免费，且大多数路段不限速。

通过不断发展航空、铁路、水路和公路等多种交通方式，改善交通接驳和换乘设计，加强交通信息网络系统建设，德国建立起分布均匀、设施完备、运转高效的交通系统。各大都市区之间由交通系统强有力地连接起来。这些交通聚集了国内大部分的交通量，覆盖德国大部分的城市和区域，而且可以穿越国境通往欧洲其他国家，确保德国几乎所有的区域内部和区域之间都有着高度的交通可达性，为各地精细分工与高效合作提供了支撑。

启示 ▶▶▶

（1）完善协同发展规划机制，尊重各方不同利益诉求

长期以来，在我国三大增长极里，京津冀地区的协同发展水平远远落后于长三角地区和珠三角地区。由于经济发展阶段的差异，资金、人才、技术等生产要素向北京和天津两大城市流动的"虹吸效应"进一步加大了区域内城市间的发展差距。因此，推动京津冀协同发展不仅是为了疏解北京的非首都功能，解决"大城市病"的问题，也是为了促进河北和天津两地的持续健康发展。

为推动京津冀协同发展，中央成立了京津冀协同发展领导小组以及相应办公室，其职能与"柏林—勃兰登堡联合区域规划部"类似，但是级别更高，更有助于协调各方利益。应当坚持"利益共享、成本共担"的原则，充分了解三地的实际情况，尊重各地不同利益诉求，制定科学的区域规划。与此同时，在推动京津冀协同发展的过程中，还应当重视社会各个阶层的意见，完善公共政策的制定机制，尤其是涉及民众切身利益的大气污染治理、产业升级转移和交通一体化等重大政策时，应在条文的起草和修订阶段广泛借助短信、门户网站、新媒体、手机 App、听证会等多种形式，让更多的公众知晓并参与讨论，使政策内容更加完善合理。

（2）加快公共服务均等化改革，促进产业有序转移

德国是世界上公认的联邦制国家里均等化程度最高的国家之一，为了实现宪法中"公民生存原则一致"的目标，联邦政府以财政均衡性转移支付为手段，通过纵向和横向调节，保障贫困州能达到全国平均财政能力95%的水平，实现不同地区提供公共服务能力的大致均衡，从而引导民众分散居住，促进社会和谐稳定。柏林和勃兰登堡之间就存在横向平衡的转移支付，前者每年通过科学测算"全国居民平均税收额"和"本州居民平均税收额"，将本州的部分税收收入补贴给后者，达到缩小两地财政能力差距的目标。

由于历史和政治的原因，北京和天津在基础教育、医疗保险和社会保障等公共服务领域的财政投入在全国长期处于领先水平，远远超过河北。大量优质公共资源在上述地区聚集，是造成过去十年首都人口快速增长的重要原因。当前为了推动产业从京津两市向河北的有序转移，必须加快公共服务均等化改革，解除搬迁企业员工的后顾之忧。

一是继续深入落实《京冀廊医疗卫生合作框架协议》和《京冀唐卫

生事业协同发展合作框架协议》，开展河北省直医疗单位与首都对口三甲医院的全方位合作，引导优质医疗资源向基层倾斜，缓解首都大医院"人满为患"的压力。二是尽快建立京津冀医保异地结算网络。尽管目前三地医保在起付线、报销比例、报销封顶线等方面的较大差异给异地结算造成了困难，但是顺利解决上述问题对于推动产业转移和发展养老事业都有着重要意义，应抓紧落实。三是鼓励北京和天津的中小学名校在河北设立分校，利用"互联网+"技术，采取录制视频课件、远程视频授课等方式，让河北的学生享受和京津两地同龄人一样的优质教育资源。

（3）设立协同发展基金，扶持河北重点地区发展

在柏林—勃兰登堡都市区的发展过程中，两州政府成立的共同发展基金在扶持薄弱城镇发展、缩小区内各地间经济水平方面发挥了重要作用。当前河北人均 GDP 尚未达到全国平均水平，约为京津两市的 1/3。如果不能缩小区域间发展差距，可能会制约承接京津两市产业转移的效果，进而影响合作项目的顺利实施。因此建议三地政府共同出资设立京津冀协同发展基金，对河北省部分重点地区进行帮扶。

一是大力解决"环京津贫困带"的问题。"环京津贫困带"的出现既有历史原因，也有现实因素。作为京津两市的周边地带，它已经成为维持中心城市繁荣稳定的重要因素。未来除了要加强对该地区的精准扶贫、加大政策倾斜力度外，还要探索建立长期稳定的生态补偿机制，补偿当地为了保护首都资源环境所作的贡献和蒙受的损失。二是加快推动河北省 PPP项目落地。政府与社会资本合作提供公共服务是我国未来一段时期的常态，要想缩小河北与京津两市在重点基础设施和公共服务领域的差距，可以通过发挥政府基金的引导示范效应，吸引社会资金和民间资本的投入，实现利益共享。三是有序推进京津冀交通一体化建设。北京市的"十三五"

交通规划提出了到 2020 年要形成"1 小时京津冀区域交通圈",当前首先应实现中心城市之间城际铁路公交化和完善重点地区间高速公路连接的建设目标。与此同时,三地政府还应集中精力解决"断头路"的问题,不仅涉及国道省道,部分重要的县道乡道也应纳入规划范围。要本着服从京津冀协同发展大局的态度,不拘泥于局部的利益得失,尽早打通连接各地的"毛细血管",为交通一体化服务。

东京

日本是世界上最早提出"都市圈"概念并且对都市圈进行统一规划和跨区域联合治理的国家，在都市圈发展与治理方面积累了非常丰富的经验。其中，以东京都为主要核心城市的"东京都市圈"最具代表性。

对东京都市圈的界定有狭义和广义之分。狭义的东京都市圈是指东京都及周边的埼玉、千叶、神奈川（即"一都三县"），面积1.34万平方公里（占全国3.5%），人口规模4000多万（占全国约1/3），经济总量接近全国一半，城市化率超过90%。广义的东京都市圈又称"首都圈"，是在"一都三县"的基础上加入茨城、栃木、群马及山梨等四县（即"一都七县"），总面积达3.69万平方公里（占全国9.8%）。

东京几乎是从战后的废墟上重建而成，在不到半个世纪内发展成为日本政治、经济、文化、教育和科技创新中心，也成为与伦敦、巴黎、纽约相齐名的世界城市，并带动了整个日本首都圈的繁荣。东京都市圈发展和治理的借鉴意义，不仅在于它已达到的领先规模和发达水平，更在于其集约化、多核心的发展模式和政府主导型的治理机制（这不同于传统的欧美大都市区），还在于其饱经日本经济和社会跌宕起伏的历史演变而始终保持较强的国际竞争力。

东京都市圈的发展历程及特点

东京的历史源远流长，其作为日本的政治和经济中心最早可追溯到四百多年前德川幕府时期的江户时代，并于 1868 年正式成为日本首都。尽管在 1920 年东京已是一个拥有 330 万人口和 35 个区县的工业化大城市，但真正以都市圈模式开始发展始于战后复兴阶段的 20 世纪 50 年代初。从日本经济社会发展的关键阶段和日本政府的五轮首都圈规划来看，东京都市圈的发展主要经历了三个历史时期，并表现出各具特色的发展特点，最终形成了当前"多核心、多圈层"的区域空间结构和高度互补的城市功能布局。

（1）都市圈的雏形期（20 世纪 50—70 年代初）

经历了近 10 年的战后复兴，整个日本经济从 20 世纪 50 年代中期进入了高速增长阶段。伴随制造业大规模集聚和城市人口快速增长，东京因其特殊的地理区位、政治及经济中心地位自然成为首都圈的超级核心城市，但很快就面临交通堵塞、基础设施不足、居住环境恶化等一系列城市问题。为此，这一时期的城市发展政策一方面是延续战前控制城市规模无序扩张的理念，另一方面是将重点放在为促进产业设施分散而积极开发周边地区和加快建设大型基础设施上。

为了控制东京向周边地区无序扩张，日本政府最早以推行"绿化带＋卫星城市（中小工业城市）"的方式来引导城市空间重构和产业功能布局。但其中以绿化带限制城市蔓延的做法并未奏效（即在东京建成区周边 10 公里范围内设立绿化带作为近郊整备区）——因为地价快速攀升使私人土地所有者不愿放弃土地上涨带来的收益，东京建成区面临加速扩张的挑战。不过，依靠《首都圈建成区内工业等设施控制法》《首都圈城市开发地区整治法》及《商务流通城市整治法》等强制性的国家法规，早期集聚在东京核心区的工业、教育、行政办公以及批发仓储流通等多类设施逐步分散，城市周边地区的卫星城和新兴工业城市建设也得以快速推进，以多摩地区（如町田、日野、八王子）和筑波科学园城市为典型代表。同时，为筹备 1964 年东京奥运会，以城市交通和城际高速路网为代表的大型基础设施建设也取得了巨大成就。由此，依靠首都圈内核心城市的快速崛起与主动的城市规模控制（如分散工业和流通设施），辅以周边地区的新城建设和大型基础设施开发，东京都市圈的雏形初步显现。

（2）都市圈扩张期（20 世纪 70—80 年代）

以 1973 年第一次石油危机为转折点，东京都市圈的经济增长开始减速，但产业转型反而加速了服务业和商务功能向东京都心的进一步集聚。与此同时，80 年代起因经济滞胀、第二次石油危机后续影响和泡沫经济出现引发日本政府的财政约束和私人土地投机性开发，东京周边地区的发展也得以提速，尤以多个首都圈副中心和商务核心城市的兴起为代表。由于这一时期的外部经济环境变化剧烈，首都圈的发展政策也多次调整、备受考验，但主要是以摆脱首都圈"一极集中"、适度疏解非首都功能为主要目标。

20 世纪七八十年代，东京的人口变化和土地利用结构的变化可以反映出这一时期"一极集中"特征的加剧。一方面，在常住人口从东京向周边地区迁移的同时，中心区就业人口显著增长；另一方面，东京都内商务办公用地面积在 70 年代的 10 年间更是剧增了 1.6 倍（中心区、副中心区表现最显著）。中心城市功能加速集聚的趋势并未因经济增长减速而放慢，而只是从前一时期的常住人口和制造业设施集中转变为就业人口和商务办公设施的集中。产业结构转型下的功能集聚反而使"一极集中"现象矛盾更加尖锐，过度密集和规模扩张使得东京都与周边区县的差距扩大。这不仅影响到首都圈经济社会系统的稳定，还因常住人口减少引发中心空洞化、房价泡沫、公共项目效益下降、城际交通恶化和环境污染等一系列新问题。为此，日本政府在继续扩大副中心城市开发的基础上，还大力发展商务核心城市：不仅将副中心增加到 7 个（新宿、池袋、涩谷、大崎、临海、锦糸町·龟户、上野·浅草），还加快开发周边的横滨未来 21 世纪港、埼玉新中心、幕张新中心等多个新兴商务核心城市。加上区域性交通网络的完善，多核型的都市圈架构得以逐步扩张。

（3）都市圈成熟期（20 世纪 90 年代至今）

20 世纪 90 年代起的"后泡沫经济"期，东京都的经济增速和人口规模都进入了前所未有的负增长阶段，人口老龄化的加剧和经济停滞引发的就业困难等社会矛盾也逐步凸显，社会价值观的多元化和信息化趋势也加速了城市生活方式和发展模式的转变。这一时期的发展政策理念除了继续完善首都圈的多核型城市结构，还提出了进一步促进各项城市功能空间布局优化，加强就业和居住功能平衡的方针。这是因为经济衰退时期日本政府和公众普遍反思过往的高速经济增长并没有给都市圈生活就业环境带来质的提升，反而因功能过度集聚和泡沫经济破灭加剧了各类"大城市病"，社会各方迫切要求营造良好的生活和就业环境、发展知识密集型新兴产业、创造独特文化和增强国际大都市竞争力。

首都圈城市建设的重点逐步转变为建设基层生活圈，促进生活性服务设施、公共交通设施的发展。道路交通建设从增加规模转向提升交通网络系统的整体运行效率，如干线道路网整治和道路连续立交项目等。同时，政府加强整治中心区，夯实副中心区（如东京都政府迁入新宿副都心），城市开发模式也从政府主导转向以民间开发和区、市、町、村基层自治体为主。由此，东京都市圈完成了由"一极"向"多极"的转变，形成了相对成熟的多中心分散型网络结构。

总的来说，东京都市圈在日本政府的主动引导下，采取"集中分散化"的空间扩展模式，将早期的"一极单核"空间结构转变为当前的"多核分散"区域格局，不同城市既保持了一定的独立性（内部功能平衡），又形成了特色鲜明、错位发展的分工格局（外部功能互补），相互间也通过发达的交通体系保持了紧密联系（如下图）。这种大都市圈的发展模式既有效疏解了过度集聚的中心城市功能，突破了"单极依赖"的发展瓶颈，还通过发展多个自立型都市区，实现了整个大都市圈均衡、有序、协调发展的目标。

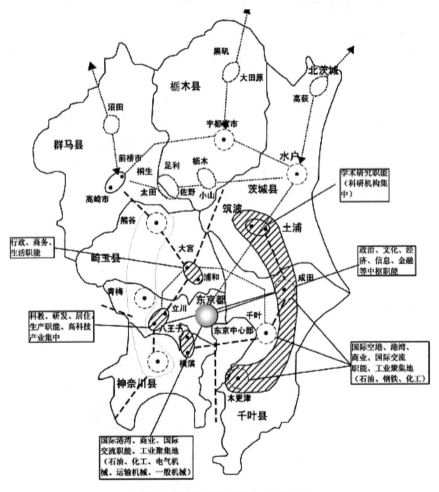

东京都市圈的空间结构和功能布局

东京都市圈的区域性治理经验

东京都市圈的发展除了依托其地理区位和政治、经济、文化中心的历史地位，离不开大规模的副中心、新城建设以及联结多中心的发达而便利的交通设施网络，但最重要的制度性因素在于日本政府自上而下的"建纲立制"和主动引导下的结构调整及政策配套，也与区域性行政制度紧密相关。这表现为统一性、多轮次的"首都圈整备规划"、发展商务核心城市和中央政府主导下的区域性行政协调机制。

（1）实施区域性统一规划机制优化空间结构

日本的"首都圈整备规划"始于20世纪50年代，先后于1958年、1968年、1976年、1986年、1999年制定了五轮次，其间经历了日本经济从战后复兴、高速增长、稳定发展到泡沫破灭、经济衰退等半个多世纪的发展进程，规划所面对的时代背景和外部环境发生了多次历史性转折，也都具有很强的针对性和鲜明的时代特征。《第一次首都圈基本规划》到《第五次首都圈基本规划》都是典型的跨行政区划综合性规划，目标都致力于解决区域经济一体化过程中的空间结构、功能布局及因人口、资源和城市功能过度密集所引发的各类区域性问题，缓解因大城市极化效应产生的"大城市病"。

日本五次首都圈基本规划的内容分析[①]

规划期限	规划范围	规划人口规模	规划思路	主要手段
1958—1975年	东京都心向外约100公里半径范围内	2660万人	控制东京都的快速无序扩张与人口、产业快速集聚，解决中心区人口过密、周边过疏	一是在建成区周边设定绿化带（近郊地区）以控制其无序扩张；二是在城市开发地区建设卫星城市，吸引流入的人口和产业设施

① 资料来源：根据日本国土厅大都市圈整备局资料（2003）整理。

规划期限	规划范围	规划人口规模	规划思路	主要手段
1968—1975 年	东京都及周边七县	3310 万人	将首都圈地区作为一个整体统筹规划，不再阻拦和强制疏散，而是积极引导和合理布局，对周边地区更倾向于开发而非单纯保护	一是改造城市空间结构，强化建成区的中枢功能；二是设立近郊整备地带（替代绿化带），有序开展城市建设；三是继续在城市开发地区建设卫星城
1976—1985 年	东京都及周边七县	3800 万人	控制"一极集中"，选择性分散都心中枢功能，提出建设"多核型区域城市复合体"理念	一是在大都市的周边地区发展"商务核心城市"（在原先卫星城基础上）；二是充实其商务、教育及文化职能
1986—2000 年	东京都及周边七县	4090 万人	推动形成多极分散型的土地开发格局，促进"多核多圈层"的首圈结构	一是利用商务核心城市建成多个"自立型都市圈"，促进周边地区向其聚集；二是既强化地区间的联系和协作，也提升各都市圈的自立性
1999—2015 年	东京都及周边七县	4180 万人	紧扣日本《第五次全国综合开发规划（1998—2010 年）》对21 世纪首都圈的功能定位，提升区域竞争力和促进可持续发展	一是加强东京都市圈与北关东、内陆西部及南部岛屿的联系和功能布局，形成东京都周边的环状节点区域和"首都圈大环状联系轴"；二是解决都心地区空洞化问题

在实施过程中，每轮次规划都将重点放在整个都市圈的空间布局和功能结构的调整和完善上。简言之，第一次规划主要是为了避免东京都的无序扩张，以卫星城开发建设等方式来疏解东京都心的部分居住和工业功能。第二次规划将首都圈作为一个整体进行统筹规划，一方面强化都心区的商务管理功能，另一方面也将居住、产业、基础设施等其他功能进一步向周边地区转移。第三次规划则正式明确了首都圈空间体系上的多中心发

展目标，提出将部分中枢职能沿交通干线向周边转移，同时将传统的卫星城充实发展为"商务核心城市"。第四次规划明确提出改变"一极集中"式的发展模式，以商务核心城市为关键载体，进一步将其发展为具有复合功能的"自立型都市圈"。第五次规划强调以节点城市作为区域副中心，通过区域性交通基础设施的完善来加强区域间联系、协调，发展形成"分散型都市圈网络"。总的来说，首都圈规划作为日本政府区域空间布局调控的重大公共政策，依靠完备的法律保障、合理的机构设置和配套的财政金融政策，在不同历史时期发挥了各自的作用。

首先，得益于完备的法律体系保障。为了保证规划的权威性和顺利实施，日本政府前后共制定了十多项相关法律。以1950年制定的《首都建设法》为例，该法强调"东京都不仅仅是一个地方自治政府，更是日本的中心、与世界各国接触的首都"和"有必要为与国内外联系交往的各种中枢性活动具有更高效率而统一性制定规划方案"，这使得东京都的城市建设和规划管理上升到国家政策层面，也促成了中央一级规划统筹机构——"首都建设委员会"的设立。再如，1953年制定的另一部基本法《首都圈整备法》首次明确地将东京都与周边地区作为一体化的区域设定为法定规划对象，开启了大都市圈发展阶段。

其次，合理设置统筹中央和地方、促成区域协调的规划机构。前两轮首都圈基本规划的主体是从1950年成立的首都建设委员会过渡到1956年改组后的首都圈整备委员会，即由一个实行合议制的独立性议事机构转变为总理府直属、委员长由建设大臣兼任的中央直属办事机构，促进跨区域的开发建设协调。从第三次规划起，规划主体纳入新成立的中央机构——国土厅下属的大都市圈整备局，强调要从整个国土开发框架中来定位首都圈发展，规划主体与地方政府也成为主导与从属的关系。从咨询委员会改组为行政委员会，再到相对纯粹的中央行政机构，规划决策权力的上移对于提升区域性规划编制效率和实现效果作用显著，保证了首都圈规划和全国性规划体系的一致性，并且容易获得一些大型项目的资金保障和政策倾斜。

再次，辅以相适宜的财政金融政策配套。为加速规划目标的落地（如引导工业、教育和部分商务功能设施向周边地区转移），政府还采取了一系列财政金融扶持政策。如：财政转移支付（将中央税收的一部分转移给企业迁入地所属的地方政府）；搬迁企业的所得税减免；新开发地区的政府发行地方债并由中央财政贴息；中央政府通过政策性银行向市场主体定向发放产业转移专项贷款；近郊整治地带、城市开发区内的新兴工业园开发还可享受法定的特别税制优惠。

（2）发展多个商务核心城市，疏解非首都功能

二战之后，日本城市化进程不断加速，东京都地区的"极化效应"不断加剧，交通拥堵、地价飞涨、职住分离严重失衡等问题突出。为改善这种"一极集中"的功能格局，促进"多核多圈域型"空间模式发展，日本在 1986 年的第四次首都圈基本规划中提出培育"商务核心城市"，即通过集聚产业功能，在都心区周边县市培育若干职住平衡、城市服务功能完善的自立都市（也称"业务核都市"）。从首都功能疏解思路来看，在日本经济进入中低速增长期之后，早期"严格控制特大城市扩张"的政策思路逐步被"积极引导大都市圈形成和疏解大城市功能"的理念所取代。这些因素都使得政府更加倾向于依靠开发周边地区和建设新城（即商务核心城市）的方式，来实现有序疏解中心城市功能和引导大都市圈的空间结构优化与区域协调发展。

自 1986 年的第四次首都圈规划到 1999 年的第五次规划，日本政府相继确立了覆盖 14 个地域的 22 个商务核心都市，规划的城市功能包括行政管理、研发、商务、教育、文化旅游、会展、工业等多个方面。以埼玉新中心区、幕张新中心区、横滨 21 世纪未来港及多摩城市中心立川地区等

为代表，多个大型规划项目从20世纪80年代中后期陆续启动。统计显示，1989—1994年间，东京都共有106家企业、约3.3万名职员转移到商务核心城市。日本政府的10个省厅的17个行政机关也相继迁移到埼玉规划的行政副中心；筑波科学园的功能进一步充实；横滨21世纪未来港和幕张新中心区也相继完善。

　　建设的这些商务核心城市具有一些重要特征。第一，多数商务核心城市都紧密围绕公共交通基础设施，特别是直达东京中心地区的轨道交通发挥了重要作用。第二，政府先行投入建设一些大型公共设施，对后续民间资本投入开发、提高地区知名度有很重要的促进作用。第三，与传统的卫星城形式不同，商务核心城市规划的就业人口往往数倍于居住人口，同时优先发展商务用地而非住宅。第四，城市整体规划注重都市环境的宜居宜业性，强调整合多种城市功能，促进其自给自足的发展模式。第五，给予一定的政策支持。基于《多极分散型国土形成促进法》，政府对在新城的民间投资公共设施（如交通、研发设施）给予包括特别税收政策、特别地方债、无息贷款在内的一系列金融扶持。

　　总的来说，通过发展多个商务核心城市，东京都的部分非首都功能得以有效疏解，都市圈功能布局更趋平衡。一是控制了东京中心区总人口，降低了商业用地比例，使中心区环境更加宜居。东京中心区总人口在1985年为835.5万人、2010年为894.9万人，25年间的增长率仅为7.1%；而同时期埼玉、千叶、神奈川等周边地区人口增长率高达22.6%、20.8%和21.8%。尽管东京都市圈的人口集中趋势仍在延续，但周边地区的人口增长远远高于中心区，中心区在都市圈所占人口比例从1985年的27.6%下降到2010年的25.1%；商务核心城市的人口全部实现正增长，缓解了人口压力。二是通过促进商务核心城市中居住人口和就业人口的集中，对于改善都市圈的职住平衡问题作用凸显。伴随商务核心城市日趋成熟，东京都的就业人口占整个东京都市圈的比重持续下降，相比之下，千叶、埼玉、神奈川等地区持续提高。以第三产业为例，在 1985—2005 年间，商务核心城市的服务业就业人口增长了 50%，远高于同期东京都的 12.3%。就业人口分散化对改善东京职住分离情况也有积极作用。东京都通勤时间小于 1 小时的居住人口比例从 2003 年的 61% 提高到 2008 年的 71.9%。三是推动了部分原先在东京都中心区的企业向商务核心城市转移，较大程度上疏解了部分首都功能，还有效降低了东京的土地价格。

当然，东京都市圈发展商务核心城市也有一些局限性。如，除发展较好的商务核心城市（如川崎、横滨等）之外，一些商务核心城市并未能真正发展成为都市圈的副中心，吸纳的就业和居住人口也未能完全达到预期。这一方面与日本经济在 20 世纪 90 年代后泡沫破裂引发的低增长宏观环境有关，也与近年来日本人口下降、大城市资源环境压力缓解以及人口疏散需求降低等因素有关。

（3）建立完善跨行政区划的区域协作机制，改善都市圈治理

在日本，基本的行政区划包含两大体系，即广域公共团体下的"都、道、府、县"体系和基础地方公共团体下的"市、町、村及特别区"体系。其中，"市、町、村"一级的地方政府相对自治，主要处理与所有居民日常生活相关的全部事务，开展增加社会福利、综合性安排本地域的行政工作；而"都、道、府、县"则主要行使"市、町、村"无法单独安排、需要区域协作的事务。对东京都而言，专门设立了"特别区"（相当于"市"），使其分管"道、府、县"事权的一部分甚至大部分。伴随以首都圈为代表的一批大都市区快速扩张，很多交通、环境、产业及公共安全等问题难以单纯依靠某个地方政府自行解决，急需跨区域的行政协调。为此，日本政府通过修订旧法和制定新法在制度创新上有了许多尝试，其中，"广域行政"的跨区域行政管理体制是最具代表性的。这包含两种形式：一种是通过地方行政组织的合并来实现跨区域行政协调与管理；另一种是不改变现

有行政区划而通过事务委托、部分事务整合、设立协议会、共设新机构等方式来处理跨区域行政事务。

日本跨行政区划的区域协作机制的主要内容[1]

主要形式	主要依据	主要内容
联席会议	《地方自治法》第252条第2款	普通地方公共团体为共同执行地方事务、联席协作，或编制区域性综合规划，经日本国民议会表决，按照共同协议的约定设置联席会议
共设新机构	《地方自治法》第252条第7款	普通地方公共团体经国民议会表决，按照共同协议约定，共同设置各类行政委员会及其附属机构
行政事务组合	《地方自治法》第284条	两个以上普通地方公共团体为合作处理部分行政事务，经总务大臣或都、道、府、县知事许可后设置
行政事务委托	《地方自治法》第252条第14款	普通地方公共团体经日本国民议会表决，按照共同协议约定，将部分事务委托给其他地方公共团体管理
区域性联合	《地方自治法》第284条	两个以上普通地方公共团体为综合处理部分适合区域性协调管理的行政事务，或编制区域性规划，经总务大臣或都、道、府、县知事许可后设置
广域联合	《地方自治法》第284条第3款	跨行政区划的政府可以联合形式处理跨区域行政事务，协作管理范围更广

在东京都市圈的发展过程中，随着中心城市功能集聚和辐射能力的增强以及圈内生活性、生产性活动半径的快速扩张，很多城市问题（如交通、环境、产业、公共服务等）的产生及影响范围逐渐呈现出跨越行政区划、覆盖都市圈大部分区域的特征。为解决这一系列纷繁复杂的区域性问题，除了引导性的统一规划，也离不开有效的区域性行政协调和管理机制。从区域行政的历史经验看，东京都市圈内的区域性协调机制，多年来主要由中央政府主导，即中央政府通过完善、权威的区域性

---

① 资料来源：根据日本《地方自治法》（1947年颁布）内容整理。

规划体系和强有力的项目资金保障、政策配套以及自上而下的宏观调控，达到区域行政协作的目的。而以地方政府为主体的区域联合组织或机构的数量和活动范围受到诸多行政法令的严格限制。其主要原因除了与日本国家政体的集权化特征高度相关之外，也与大规模的区域开发对于效率提升、资金保障、资源合理配置等方面的要求密切相关，相对集中的协调机制有利于避免重复建设、资源浪费和地方政府间的恶性竞争等问题。

不过，即使在这种行政管理体制下，东京都市圈内各地方自治体仍探索出了与中央集权主导相配套的一些区域性协作机制，保证了处理具体区域问题的针对性和灵活性。1947 年，日本政府颁布的《地方自治法》赋予了都、道、府、县各级地方政府相应的自治职能，并规定各地方政府可以通过设立协议会、共同设置机构、事务委托、设立事务组织和区域联合组织等形式建立处理区域性事务的协作机制。当前，一些正式体制外的跨区域协议会是最常见的形式。其中，既有以解决专业性问题为导向的区域协议会，如"东京都市圈交通规划协议会"；也有各地方自治体的首脑自发组成的联席会议，如 1965 年成立的"关东地方行政联席会议"、1979年成立的"七都县首脑会议"、2002 年成立的"首都圈港湾合作推进协议会"等。这些自下而上、非正式的协调机制也成为中央政府主导区域协调机制的有益补充。

启示 ▶▶▶

东京都市圈是世界范围内屈指可数的著名大都市圈之一，其多年形成的独特发展模式和丰富治理经验对我国以北京为代表的多个特大城市及其周边地区的发展具有参考价值。为此，在深入实施京津冀协同发展战略的背景下，围绕北京的功能疏解和带动周边地区均衡、协同发展所面临的现实挑战和治理需求出发，总结以下几点政策启示。

（1）以大都市圈发展模式优化北京及其周边地区的空间结构和功能布局，实现区域一体化发展

"都市圈"作为一种城市发展模式，其优点在于：圈内中心城市与周边地区的功能互补和相互带动作用，推动了中心城市的功能升级和周边地区的共同发展。东京都市圈经历了从消极控制城市规模转向重视城市功能的合理布局和积极引导空间调整的发展过程，其从单核型向多核型的转变是城市功能发展和规模扩张对空间重构的必然要求。分散型网络区域结构的形成，不仅需要适度疏解城市功能、建设多个次一级城市中心，还需保持居住和其他城市功能的平衡与共存，以打造疏密有致、适度集约的多核型都市圈结构。对北京而言，要规避过去"摊大饼"式的空间扩张，以都市圈的集聚模式来引领发展。这不仅有利于北京及其周边地区的区域经济一体化，实现不同城市间的产业功能互补，还能有效解决北京的"大城市病"，提升首都能级，保证资源空间的可持续利用。

（2）建立科学完善、动态调整的区域性统一规划及相应的制度保障，促进都市圈协同发展

东京都市圈的规划实践表明，区域性统一规划的关键作用在于能够跨越行政区划的范围，从国家战略需求和更大程度发挥区域发展规模效益和集聚优势的角度出发，依据都市圈整体发展的水平、范围和特质，对空间组织、基础设施、城市环境、产业布局及公共服务等区域性问题进行统筹考虑，并开展整体规划和有针对性的项目规划。但是，我国现行的区域规划或城镇体系规划在很大程度上受到行政区划的约束，无论是内容、形式还是政策落地，难以有效适应未来大都市圈发展的需要。当前，中共中央政治局审议通过的《京津冀协同发展规划纲要》和由三地合编的全国第一

个跨省市规划《"十三五"时期京津冀国民经济和社会发展规划》均已颁布，关键在于如何将规划思路和政策落到实处。借鉴东京都市圈的区域性规划实施经验，首先应推进相关立法，通过立法为规划提供实施保障。充分发挥京津冀协同发展领导小组及专家咨询委员会对规划编制及动态调整的指导作用，同时也要及时响应三省市和各部门的合理诉求。要同步推进财政、金融、社会等相关配套政策，加快规划落地步伐。

（3）超前谋划、合理布局自立性强的新城，对于疏解非首都功能具有积极作用

从疏解非首都功能、缓解"极化效应"的历程来看，一类距离东京都中心区 30 公里左右、具有一定人口规模和相对完善城市功能的"商务核心城市"发挥了重要作用。这类城市不同于传统意义上的新城（规模比新城更大），但效果十分类似。从空间上看，这类商务或产业新城的发展成熟，有效推动了东京都市圈多核多中心的集聚式空间格局，"一极集中"问题也得到了缓解。在就业功能上，东京都市圈内房地产、金融、设计研发等生产性服务业、商贸服务业以及高端制造业的发展日益均衡，协作性增强，使得大量高素质就业人口的布局更加优化。究其原因，这些商务或产业新城的发展成熟有效疏解了部分非首都功能，对就业人口形成了较强的吸引力，成为新的区域增长极，一定程度上改善了原有的都市圈空间布局，缓解了首都圈的极化现象。

（4）加快形成适应国情、灵活有效的跨区域行政协调机制，推动区域性互补合作

区域性行政协调与合作机制的建立，需要紧密结合都市圈的特点和外部条件，灵活采取不同的形式加以完善。东京都市圈内跨区域协作机制的形成既发挥了中央政府主导下提高资源利用效率、避免无序竞争的优势，

也适时发挥了地方政府主动寻求协作的积极性。这不仅顺应了日本地方自治和分权改革的需要，也在不突破现行地方行政体制框架下实现了部分区域职能的协作。当前，从推进京津冀协同发展的战略需要出发，京津冀协同发展领导小组办公室在协调解决跨地区、跨部门重大事项，健全完善督促检查机制上发挥了关键的统筹指导和综合协调作用。下一步，要在三省市合作联动、各部门配套落实方面建立区域协同机制。通过常态化顶层协调和立法保障，不断强化领导小组的权威性和执行力。进一步加快部门与地方、地方政府间的行政协调、政策沟通和实质性合作，构建以市场机制为基础的资源合理配置、开放共享、高效协作的协同发展共同体。

首尔

首尔及首尔经济圈
公共机构疏解的动因、举措及成效
启示

首尔，全称首尔特别市，旧称汉城，韩国首都，是朝鲜半岛最大的城市，亚洲主要金融城市之一；也是韩国的政治、经济、科技、教育、文化中心。首尔位于韩国西北部的汉江流域、朝鲜半岛的中部。全市下辖25区，面积约605.77平方公里，是世界上人口密度极高的城市之一。虽然首尔仅占韩国国土面积的0.6%，但其GDP却占全国GDP的21.5%。

自20世纪60年代起，韩国就采取一系列政策举措推动非首都功能疏解。尤其是2012年以后，韩国加快了非首都功能疏解步伐，至2014年年底，韩国大部分中央政府行政机构已迁移至世宗市。韩国在公共机构尤其是中央行政机构疏解过程中采取的创新性做法，在一定程度上缓解了首都和首都圈过度拥挤的问题，并在扭转区域经济发展不均衡方面取得了一定成效。

但需要指出的是，单纯依靠公共机构疏解难以从根本上解决首都圈过密问题，也难以从根本上实现区域经济均衡发展，对首都经济功能疏解的引导不足反而引发忠清南道和世宗市之间、世宗市内已开发地区和未开发地区之间的新问题、新矛盾。更为严重的是，韩国中央政府行政机构搬迁的不彻底，不仅降低了政府机构工作效率，也提高了社会成本。我国疏解非首都功能，推动京津冀协同发展，有效避免韩国单纯依靠公共机构疏解的教训，但在一些具体做法上仍可以借鉴韩国经验。

首尔及首尔经济圈

首尔经济圈是社会、历史、文化、经济等综合发展的产物，首尔及首尔经济圈的发展，在空间范围上经历首尔市区、首尔都市圈及首尔经济圈三个阶段，其中首尔都市圈是首尔市发展至首尔经济圈的过渡阶段。首尔城市的基本格局，是朝鲜战争之后，韩国经历大规模工业化，首尔江北、江南地区得到长足发展才形成的。

首尔面积605.77平方公里，占韩国国土面积100188平方公里的0.6%；仁川面积为1040.82平方公里，占韩国国土面积的1.04%；京畿道面积10172.29平方公里，占韩国国土面积的10.15%。

根据韩国统计厅2017年数据，首尔全市生产总值为372.1万亿韩元（约合0.329万亿美元），占韩国全国GDP 1731.50万亿韩元（约合1.531万亿美元）的21.50%。仁川全市生产总值为84.10万亿韩元（约合0.074万亿美元），占全国GDP的4.90%。京畿道GDP为414.30万亿韩元（约合0.366万亿美元），占全国GDP的23.90%。首尔经济圈经济总量为870.50万亿韩元（约合0.770万亿美元），占全国GDP的50.30%。

从人均GDP看，2017年韩国人均GDP为33657000韩元（约合2.98万美元），首尔市人均GDP为38062000韩元（约合3.37万美元），仁川市人均GDP为28757000韩元（约合2.54万美元），京畿道人均GDP为32347000韩元（约合2.86万美元），首尔经济圈人均GDP为34125210韩元（约合3.02万美元）。

根据韩国统计厅人口调查数据，2017年，韩国人口共计51422507人，首尔市人口为9741871人，占全国人口的18.94%。仁川全市人口为2925967人，占全国人口的5.69%。京畿道人口为12851601人，占全国人口的24.99%。首尔经济圈人口总数为25519439人，占全国人口的49.63%。

从人口密度看，2017年，首尔市人口密度为16097.5人/平方公里，是韩国全国人口密度 513.3 人／平方公里的 31.36 倍，是仁川人口密度 2811.2 人／平方公里的 5.73 倍，是京畿道人口密度 1263.4 人／平方公里的 12.74 倍，是首尔经济圈人口密度 2159.3 人／平方公里的 7.45 倍。

公共机构疏解的动因、举措及成效

（1）动因

长期以来，韩国绝大部分公共机构都聚集在首都圈。据统计，在公共机构开始疏解之前，韩国全部的中央政府行政机构、83.2% 的国有企业总部集中在首都圈，韩国排名前 20 位的大学中有 12 所集中在首都圈。公共机构的过度集聚产生两大问题：一是首尔及首都圈人口膨胀、交通拥挤，引发"大城市病"；二是首都圈经济总量过大，中部、西南部地区发展滞后，区域经济发展不均衡。韩国政府认为，这两大问题必须通过公共机构疏解加以解决。

首先是过度拥挤问题。韩国首都圈人口密度很高。根据 2014 年的统计数据，韩国首都圈面积 11818.29 平方公里，只占国土面积的 11.8%，但人口高达 2536.4 万人，占韩国总人口的 49.4%，人口密度为 2144.8 人／平方公里，是非首都圈地区的 7 倍左右。特别是首尔市人口密度高达 1.6 万人／平方公里，是首都圈的 7.5 倍。首都及首都圈人口过度集聚，交通拥堵和环境污染问题严重。

其次是区域经济存在发展不均衡问题。韩国首都圈国土面积所占比重小，但经济发展要素集聚程度高。20 世纪 90 年代前后，韩国 100 强企业总部的 91%，500 强企业总部的 82.6%，3000 强企业总部的 71.9% 都集中在首都圈。据韩国国土研究院提供的数据，在对企业"为何不把总部从首都转移到地方的理由"进行调查时，50% 左右的企业选择"首都行政功能集中"，30% 左右的企业选择"信息集中"，5% 左右的企业选择"权力集中"。经济发展要素高度集聚，导致首都圈与非首都圈经济发展很不均衡，韩国首都圈经济总量占韩国的比例长期偏高，最高时约占全国经济总量的一半。

（2）举措

一是制定出台一系列政策文件和法律法规。

韩国在推动公共机构疏解过程中，不仅出台了一系列政策文件，包括《大城市人口分散政策》（1972年）、《人口疏散计划》（1975年）、《首都圈分散对策》（1980年）等；还针对主管部门变动大、治理政策缺乏连续性等问题，于1982年出台了《首尔都市圈整治规划法》，并于1983年制定了《首尔都市圈整治规划法实施令》，对首都及首都圈的区域范畴、治理内容、人口与产业疏解等进行详细规定，将首都城市治理和首都圈发展纳入法制化轨道。《首尔都市圈整治规划法》和《首尔都市圈整治规划法实施令》历经1994年、2009年、2014年三次修订，不断完善，成为首尔及首都圈发展与治理的政策主轴。正是在这一法律框架下，韩国进一步制定并实施了一系列公共机构疏解政策。

二是建设首都卫星城市和行政中心城市。

20世纪90年代初，韩国政府在距离首尔市中心20—25公里远的地区，先后建设了安阳等5座新城，以承接由首尔市疏解出来的公共机构和企业。20世纪90年代末，韩国在距离首尔市中心更远的地区又建设了金浦、平泽、坡州等10个拥有独立功能的卫星城，以缓解首尔市过度拥挤的局面。但韩国大部分公共机构，尤其是中央政府机构仍然集聚在首尔市核心区，人流、车流仍然指向首尔市中心。韩国政府认为公共机构在首都圈内疏解无法从根本上解决问题，于是推动公共机构向首都圈外疏解。韩国公共机构的首都圈外疏解，最早可追溯到20世纪90年代前后，韩国将忠清南道的大田市升级为直辖市，将8个中央政府行政机构共4000多名公务人员疏解至大田市，但效果并不明显。21 世纪以来，韩国又在忠清南道建设世宗市，并将 49 个中央政府行政机构共 2 万多名公务人员疏解到世宗市。

三是组建高层次协调机构。

韩国通过组建高层次协调机构，有效推动了公共机构尤其是中央政府行政机构疏解。韩国《首尔都市圈整治规划法》规定设立首都地区管理委员会，赋予首都地区管理委员会审议首尔都市圈整治规划的设立、变更等重要政策的权力，以及推动实施首尔都市圈整治规划的权力。在后续的三次法律修订中，这一委员会不仅保留下来，职能还得到加强。为更好地建设新行政中心，韩国还设立了由总理任委员长的世宗特别自治市支援委员会，以整合各方资源，加快新城建设。

四是出台较为全面的政策优惠和支持举措。

一方面，对于企业和公共机构，主要采取税收、财政和土地政策推动其疏解。1972 年由韩国总统秘书室出台的《大都市人口分散政策》提出以税收优惠鼓励迁移。1977 年出台的《首尔都市圈人口再配置基本规划》提出采用金融与税收优惠政策支持企业疏解到地方。韩国相关法律规定，对于从过度拥挤控制区疏解至成长管理区域的单位，国家和地方政府将给予土地优惠政策支持。同时，韩国在过度拥挤区域内征收拥堵费，提高了企业和公共机构的留驻成本，促进其加快疏解。

另一方面，韩国对于疏解至世宗市的公务人员，出台了全方位的支持政策。其一是妥善解决公务人员的住房问题。韩国政府规定公务人员对世宗市内建设的商品房享有优先购买权。在世宗市开发初期，韩国政府规定房地产开发商必须把 70% 的商品房优先销售给公务人员；政策调整之后，优先销售的比例降低到 50%。据调查，在首尔，中央政府行政机构公务人员住房自有率不到 45%；到世宗后，则提高到 75%，住房自有率明显上升。其二是制定全面的补贴政策。韩国政府对公务员搬迁、交通和住宿等进行补贴，并为仍居住在首尔的公务人员提供首尔—世宗市往返班车服务。

韩国对公务人员的补贴政策一览表

补贴项目	补贴对象	补贴标准	时期
搬迁补贴	搬迁的公务员	200 万韩元	一次性
交通补贴	需要在首尔—世宗往返上班的公务员	20 万韩元 / 月	2 年
住宿补贴	对于在世宗市没有住房的公务员	1 万韩元 / 晚	长期

（3）成效

随着疏解政策不断深入推进，韩国首都圈公共机构的比例，包括政府机构、准政府机构、国有企业总部等，逐步从 84.5% 降低到 35.2%；而非首都圈公共机构比例，则从 15.5% 提高到 64.8%。中央政府行政机构疏解力度更大。20 世纪 90 年代，韩国将 8 个中央政府行政机构共 4000 多名公务人员疏解至大田市。2012—2014 年韩国又将 49 个中央政府行政机构共 2 万多名公务人员疏解到世宗市。疏解出的中央政府行政机构已达到机构总数的 80%。韩国公共机构疏解，对解决首都"大城市病"和促进区域均衡发展，都起到一定作用。

首先，在一定程度上缓解了首都及首都圈过度拥挤问题。

一是首尔人口缓慢下降。经过多年连续增长，首尔人口在 1990 年达到了历史最高点 1060.3 万人，之后在波动中下降。2017 年，首尔人口降为 974.2 万人，与 1990 年相比减少了 86.1 万人，下降了 8.1%。根据 2018 年统计数据，首尔已经成为韩国人口流出率最高的地区之一，为 1.1%。

二是首尔环境质量有所改善。据韩国统计厅空气污染数据，2012 年 1 月首尔空气中二氧化硫浓度为 0.009ppm，全年平均二氧化硫浓度约为 0.005ppm，首尔在全国城市排名靠前。2018 年 1 月，首尔空气中二氧化硫浓度已经降到 0.006ppm 左右，全年平均二氧化硫浓度约为 0.004ppm，空气质量整体好转。

三是首尔交通状况得到改善。据最新数据，首尔公交车的平均运行时速为 19.6 公里（2009 年北京市中心城区公共汽车时速不到 10 公里），小汽车在市中心的通行时速为 16.6 公里，通行速度较快，交通拥堵问题得到改善。

其次，部分缓解区域经济发展不均衡问题。

一是从经济总量看，首尔 GDP 占全国经济比重总体呈现下降趋势。根据韩国统计厅数据，该比重在 1995 年约为 25.4%，至 2017 年约为 21.5%，下降 3.9 个百分点。但是，首都圈生产总值占全国经济比重却呈现波浪式上升的态势。2017 年，首都圈生产总值占全国经济比重达到 50.27%，超过非首都圈。可见，区域经济发展不均衡问题并未得到根本性解决。

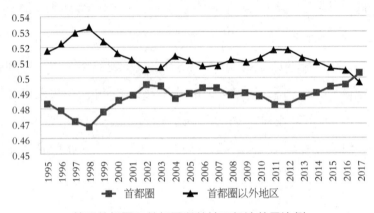

韩国首都圈和首都圈以外地区经济总量比例

二是从人均 GDP 看，韩国首都圈和非首都圈地区差距逐步缩小。2003 年之前，首都圈人均 GDP 长期高于非首都圈地区。2003 年之后，首都圈人均 GDP 开始持续略低于非首都圈地区人均 GDP。首都圈内外的地区差距较小，经济发展更加均衡。但是，首尔人均 GDP 仍然高于首都圈与首都圈以外地区。

启示 ▶▶▶

（1）有待解决的矛盾和问题

韩国政策设计初衷是通过公共机构尤其是中央政府行政机构疏解，解决首都圈过密问题，并促进区域经济均衡发展。但从调研得到的反馈看，韩国并未完全达到预期政策目标，反而引发了一些新的矛盾和问题，教训值得汲取。

一是单纯依靠公共机构疏解难以从根本上解决首都圈过密问题。

调研发现，公共机构疏解，尤其是中央政府行政机构大规模疏解，未能从根本上解决韩国首都圈人口过度拥挤、交通过度拥堵的问题。从首尔疏解到世宗市的中央政府行政机构人员约2万人，带动家属4万人左右，带动其他搬迁人口估计7.6万人，合计只有约13.6万人。而韩国首尔市人口在1000万人左右，疏解的人口只有首尔市人口的1%；韩国首都圈人口在2500万人左右，疏解的人口只有首都圈人口的0.4%。如此低的疏解比例，难以从根本上解决首都圈尤其是首尔市人口拥挤、交通拥堵问题。并且，韩国中央政府行政机构搬迁之后，原来3—5层的低层政府办公楼被出售给企业，部分企业将之改建成几十层的高楼，流往该区域的人口、车辆更多了，人口更加密集，交通更加拥堵。

可见，仅是疏解部分公共机构，疏解出去的人口、车辆数量有限，难以从根本上解决人口拥挤、交通拥堵问题。若管控不力，对空闲土地、楼房的再利用反而会增加人口，适得其反。并且，交通拥堵、环境恶化等"大城市病"，还可以通过合理的城市规划、科学的交通道路设计、有力的环境治理等来解决，公共机构疏解并非唯一途径。

二是单纯依靠公共机构疏解难以从根本上实现区域均衡发展。

韩国公共机构疏解的另一个重要目标是通过把中央政府行政机构搬迁到世宗市，带动更多的经济发展要素进入韩国中部、南部地区，实现全国的均衡发展。但实际情况是，韩国将八成中央政府行政机构搬迁到世宗市之后，转移过去的人口只有13.6万人，对中部、南部经济增长的促进作用极其有限。并且，首尔市的中央政府行政机构搬迁之后，大部分政府大楼被大型企业收购，成为企业总部和办公楼，反而聚集了更多人口、资金等经济发展要素，首尔市发展更快、实力更强，韩国区域发展不均衡问题并未从根本上解决。

实际上，促进经济均衡发展的途径很多，除了搬迁公共机构之外，还可以通过加快要素向目标区域流动、提高资源配置效率等来实现。若措施不当，单纯依靠公共机构的疏解甚至会加剧地区经济发展的不均衡。

三是单纯依靠公共机构疏解也引发了新矛盾新问题。

首先，引发了忠清南道和世宗市之间的矛盾。韩国中央政府行政机构疏解至世宗市之前，忠清南道居民对疏解充满期待，希望通过中央政府行政机构疏解，将首都圈人口、资金、技术等经济发展要素大量转移到忠清南道，促进忠清南道快速发展。而实际上，世宗市开始建设发展之后，不仅没有将首尔的人口、资金、技术大量吸引、扩散至周边地区，反而是将周边地区的优质资源吸引到世宗市，周边城市发展更慢了。据统计，世宗市从周边城市吸引了 5 万人，人均年龄只有 30 多岁。世宗市是直辖市，不归忠清南道管辖，世宗市发展产生巨大的经济虹吸效应，反而降低了忠清南道的整体竞争力。

其次，引发了世宗市内已开发地区和未开发地区之间的矛盾。世宗市行政区面积达 464 平方公里，而开发区只有 73 平方公里，开发区面积只占行政区面积的一小部分。由于韩国政府主要在开发区进行规划建设，造成行政区内发展不均衡。在世宗市加快开发建设过程中，开发区内原住民受益较大，收入和生活水平都得到提高，居民满意度高。但世宗市大部分行政区并未进行开发，大部分行政区原住民并没有从世宗市开发建设中获得好处，开发区之外的居民颇有怨言。

在政策设计之初，韩国政府是计划利用中央政府行政机构对经济资源的强大吸引力，通过对这些机构的疏解，将首都圈集聚的经济发展要素转移到新的目标地区，以促进区域均衡发展。但实际情况却是，中央政府机构在迁入地所发挥的虹吸效应，对迁入地周边地区的要素资源也形成了强大的吸引力，且远远超过对迁出地的吸引。其结果，可能不仅没有充分吸引到迁出地的要素资源，反而造成迁入地和周边地区、迁入地内部开发地区和未开发地区之间新的不平衡，引发新的矛盾。

四是中央政府行政机构搬迁的不彻底降低了政府机构工作效率，增加了社会成本。

一方面是降低了政府机构工作效率。因为韩国总统府、国会等中央政府领导机构仍然留在首尔，迁往世宗市的各个中央政府行政机构负责人，为方便开会、便于汇报和获得审批，长期居住在首尔市。各个行政机构工作人员，处理重要事情反而要从世宗市前往首尔向部门负责人进行汇报，费时费力，降低了效率。同时，因为各个机构负责人长期居住在首尔，也削弱了对本部门工作人员的监督管理，行政效率难以保障。另一方面还增加了社会成本。据调查，需要前往中央政府行政机构办事的人员，基本上是企业、事业单位领导人或者工作人员，这些人大约80%居住在首尔，以前可以直接在首尔办事，而现在需要前往世宗市，增加了办事成本。

政府机构搬迁不彻底，尤其是在上级机构、权力机构没有搬迁的情况下，仅仅搬迁部分行政机构，必然带来行政效率降低的问题。政府机构区域布局的改变，短期内也会导致其对民众服务能力的下降。

（2）疏解非首都功能的镜鉴

与韩国相比，我国是通过非首都功能疏解促进京津冀协同发展，有效避免了韩国单纯依靠公共机构疏解产生的教训。但在疏解非首都功能的具体做法上，韩国经验仍然值得借鉴。

一是制定《京津冀协同发展规划法》，将北京非首都功能疏解和京津冀协同发展纳入法治轨道。

韩国《首尔都市圈整治规划法》及《首尔都市圈整治规划法实施令》对推动公共机构疏解，尤其是中央政府行政机构疏解提供了坚定的法律依据。20世纪90年代，韩国将8个中央政府行政机构疏解至大田市后，2012—2014年又将49个中央政府行政机构成功疏解到世宗市。借鉴韩国经验，我国在推动北京非首都功能疏解过程中，除了制定并完善关于土地利用、城乡发展、生态环境保护等政策文件之外，有必要出台一部《京津冀协同发展规划法》，将北京非首都功能疏解和京津冀协同发展战略上升为国家意志，为非首都功能疏解和京津冀协同发展提供有力的法律保障。

二是健全公共基础设施，提高新城区公共服务水平和质量。

根据韩国经验，在疏解之前，搬迁人员对新城市居住、生活、教育、医疗、商业等公共服务的供给水平和质量普遍比较担心，对基础教育质量尤其关注。应高度重视新城区的公共基础设施建设工作，提高公共服务水平和质量。不仅要让搬迁人员，而且要让随同搬迁的人员，享受到至少不低于搬迁前，甚至要高于搬迁前的生活水平。这样才能够有效消除搬迁人员的担忧，减少冲击。具体举措上，首先是加大投入，健全公共交通基础设施，方便居民出行。其次是提升基础教育质量。建立起涵盖幼儿园、小学、中学的基础教育体系，优化师资力量，推动名校去新城区办分校，实现优质教育资源在新旧城区间的合理配置。再次是完善生活配套设施。加快新城区商业、超市、医院等设施建设，提高居民生活便利度。复次是完善社区配套服务体系。建设综合社区中心，建立图书馆、健身房、运动场等社区服务设施，提高社区居民生活品质。最后是改善新城区居住环境。建设绿化带、城市公园，打造优美、舒适的城市环境，提升宜居水平。

三是组建高层次非首都功能疏解和京津冀协同发展协调机构，加大疏解及新城区建设力度。

根据韩国经验，公共机构疏解牵涉到的政府机构较多，需要投入的人力、物力、财力巨大，即使有了相关政策文件和法律法规作为依据，仍然需要强有力的组织机构去协调落实。这些高级别、强有力的协调机构，一方面可以对要疏解的机构进行管理和监督，保障迁出工作的顺利推进；另一方面可以整合资源、筹措经费，确保新城区建设工作达到预期目标。疏解非首都功能承载机构面临同样的问题。建议在国家层面组建非首都功能疏解协调机构，以审核各个机构的搬迁计划，监督搬迁计划落实情况，并对未按照计划搬迁的机构进行处罚，推动疏解工作顺利进行；同时组建京津冀协同发展协调机构，以负责资金筹集、资源整合，促进疏解目的地的环境、交通、基础教育、医疗卫生等公共基础配套设施建设，提高新城区公共服务水平和质量。

四是采取限制、疏散、总量控制和征收拥堵费等多种举措推动北京非首都功能疏解和京津冀协同发展。

借鉴韩国的办法，可以采取限制、疏散、总量控制和征收拥堵费等多种举措推动北京非首都功能疏解。1.限制。根据对京津冀的不同发展定位，在北京和天津的不同功能区，采取不同的限制办法。尤其要对北京市一般性产业特别是高消耗产业，区域性物流基地、区域性专业市场等部分第三产业，部分教育、医疗、培训机构，部分行政性、事业性服务机构和企业总部等四类非首都功能发展进行严格限制。2.疏散。采用金融、税收与土地优惠政策，支持北京市四类非首都功能迁移到天津和河北地区。同时，针对搬迁人员，制定全方位的支持补贴政策，防止发生大规模矛盾，以实现平稳过渡。3.总量控制。为了防止北京、天津部分功能区人口过度拥挤，《京津冀协同发展规划法》应授权主管部门设置新建和扩建建筑的总容量，限制超过总量的新建或扩建活动。4.征收拥堵费。可以考虑在北京东城区、西城区等过度拥堵的城区试点征收拥堵费。明确征收对象为过度拥堵区域内由于新建、扩建及其他用途变更引发人口集中的设施所属单位和个人。参考韩国的标准，拥堵费一般等于相关建筑成本的10%，对于部分特殊的建筑，可将金额控制在建筑成本的5%以内。拥堵费应由建筑管辖区内的地方政府征收，其中50%的费用可以由征收地区使用，另外50%的费用可用于促进河北偏远贫困地区的发展。试点一段时间后，再以法律的形式确立下来。

华盛顿

华盛顿是美国联邦政府首都所在地，为纪念美国开国元勋华盛顿的丰功伟绩而命名。华盛顿作为美国的政治和文化中心，政府机构占地面积约占特区面积的一半，主要承担政治中心功能，是世界各国少有的仅以行政职能为主的现代化大城市。自1800年美国首都正式搬迁以来，200多年都没有形成庞大的经济功能，华盛顿也有"世界首都"之称。

华盛顿城市区划面积较小、人口规模不大，加之建都初期没有考虑经济基础、文化传统等因素，使其在发展过程中受到诸多限制。因此，需要通过与周边地方政府合作，逐步解决自身面临的发展困境。在具体实践探索中，初步形成以委托授权的协作治理为主要特征的治理模式。本篇主要从城市概况、发展面临的问题、治理探索、经验与启示等方面对华盛顿的城市发展与治理进行介绍。

历史沿革与城市定位

（1）历史变迁

美国建国之初，共有费城、巴尔的摩、普林斯顿、特伦顿、纽约、华盛顿等 9 个城市先后成为美国首都。在经历的数次变迁中，费城是除华盛顿之外时间最长的首都。1789 年美国联邦政府正式成立，在国会关于首都选址问题上南北双方发生激烈争吵：北方议员希望定都纽约，而南方议员希望定都于南方的城市。最后，为了平衡不同联邦成员的利益，南北双方相互妥协并作出让步，决定在当时 13 个州南北分界附近的地方新建一个城市作为美国首都。

1790 年 7 月 6 日，美国国会通过了《选址法案》（*Residence Act*），确定在弗吉尼亚州与马里兰州交界处的波多马克河附近建设新首都。为此，首任总统华盛顿划定一个 100 平方英里的菱形区域，共同组成"联邦特区"——华盛顿哥伦比亚特区（Washington，D. C.）。其中，华盛顿市（Washington）是作为首都的名称，哥伦比亚特区（District of Columbia）是美国国会直接管辖的区域。1800 年，美国首都自费城迁至华盛顿，位于弗吉尼亚州和马里兰州的交界处，特区西南同弗吉尼亚州相连，边界为波多马克河，其他三面同马里兰州相连。

（2）区划尺度

特区设立早期，波多马克河北岸有乔治城镇、华盛顿市和华盛顿县三个分开的行政区划。根据 1871 年的一项立法，上述三个行政区于 1878 年合并为华盛顿市，后来逐渐发展成为华盛顿哥伦比亚特区的核心城市。随着城市化、都市区经济乃至大都市区集群的迅速发展，华盛顿哥伦比亚特区成为现代华盛顿大都市区的核心区域。华盛顿的概念界定具有不同的范围层次，由小到大的范围分别指的是华盛顿市、华盛顿哥伦比亚特区、华盛顿大都市区。

华盛顿区划的不同含义及所指[①]

研究所指	对应英文表述	涵盖范围	人口密度（人／平方公里）	面积（平方公里）	人口（万人）
华盛顿市	Washington	特区核心城市	3898	178	69.4 万人（2017 年）
华盛顿哥伦比亚特区	Washington，D. C.	华盛顿市及周边地区	—	6094	具体不详
华盛顿大都市区	DC-VA-MD-WV Metropolitan Division	包括华盛顿哥伦比亚特区、弗吉尼亚州、西弗吉尼亚州和马里兰州在内的 22 个县市	408.2	14574	595 万人（2016 年）

对应的北京不同区划范围[②]

对应北京范围	人口密度（人／平方公里）	面积（平方公里）	人口（万人）
城六区	9207	1312.84	1208.8（2017 年）
北京市行政区	1323	16410.5	2170.7（2017 年）
京津冀地区（北京市、天津市、河北省）	516	218000	11248（2017 年）

如果将华盛顿的区划尺度分别对应到北京，由小到大对应的大致范

---

① 资料来源：根据华盛顿特区政府网站、中国驻美大使馆经济商务参赞处有关数据整理。

② 资料来源：根据《北京市统计年鉴》《京津冀协同发展规划纲要》有关数据整理。

围分别是城六区、北京市、京津冀地区。虽然人口密度二者差距仍然较大，但在协调首都与周边市县关系及合作治理方面，也有一些值得借鉴的做法。

（3）城市规划及概况

联邦国家在首都选址时，主要将平衡不同区域之间的利益得失作为首位政治理念进行抉择。华盛顿原来是一片灌木丛生之地，地势相对平坦，在设立之初就没有考虑国防安全、经济基础、文化传统等因素，而是通过建造新城的方式实现。因此，华盛顿的城市规划是在一张白纸上开始的。这一总体规划是由法国建筑师朗方在 1791 年主持设计的，它充分利用了华盛顿地区的地形、地貌、河流和方位等特点。

朗方规划以国会和白宫为中心，使两者位于一条轴线上，首先确定了首都的中轴线，在城市中心区两条主轴线之间预留了大面积开阔的草地和水池。从国会山向东西两侧延伸，分别抵达东边的阿纳卡斯蒂亚河和西边的波多马克河。它采用放射形干道加方格网的道路系统，改变了 18 世纪、19 世纪大多数美国城市方格网形道路系统的状况。具体而言，城市道路以国会大厦为轴心，向四面八方放射出 13 条大道，通往一系列的纪念碑、纪念馆、重要建筑物和广场，在大道交汇处形成 15 个城市广场。虽然此后又相继经历了麦克米伦规划，以及城市公园系统规划、"遗产规划"、"纪念性景观和博物馆总体规划"等一系列城市规划，但都继承了朗方规划的总体思想，使其在 200 多年的时间内不断完善，推动华盛顿特区逐渐发展成为一个绿色的现代都市，同时也是美国的政治文化中心、科技中心和生物医药研发中心。

政治文化中心。目前，华盛顿中心城区主要以联邦政府部门为主，同时也是各国驻美国大使馆、世界银行、国际货币基金组织等国际组织总部所在地。历史上，也曾因为行政机构增多而将一些行政机构搬迁到特区以外，最著名的就是五角大楼，它位于华盛顿特区西南方的弗吉尼亚州阿灵顿县，于 1941 年 9 月破土动工，仅用了 16 个月就完工。此外，华盛顿还拥有为数众多的博物馆与文化史迹。

科技中心。华盛顿特区正逐渐成为未来的科技中心，已被列为美国 100 个都市圈中排名第二的高科技中心，拥有"美东小硅谷"的美誉。近年来，所有重要的高科技公司都在附近设有总部或者分部，在这里形成了一条高科技长廊，其中生物科技、信息科技、通信科技最为突出。借助首都的区位优势和政治影响力，许多科技公司不仅能够招聘到更优秀的工程师，培养更为稳定、忠诚的员工队伍，还获得了联邦政府的大量订单。

生物医药研发中心。美国国立卫生研究院（NIH）、美国食品药品管理局（FDA）、美国国家标准与技术研究所（NIST）等数十个联邦机构，超过 350 个生物技术公司均位于华盛顿特区，囊括了几乎所有的生物科技领军企业，拥有全美最高的医疗水平。

（4）城市功能定位

华盛顿是一个典型的政治功能型首都，它不兼具经济中心功能，中心城区主要以联邦政府部门为主，很少有工业企业和大型企业总部，工业用地面积不到 4%。华盛顿特区的经济来源主要是联邦政府拨款及其机构开支、科技型产业，以及旅游、信息服务、教育、酒店、传媒等服务业。2017 年，华盛顿特区生产总值为 1108 亿美元，位列美国各州第 34 位；人均收入 76986 美元，列美国各州（含华盛顿哥伦比亚特区）第 1 位；失业率为 5.7%，处于较高水平。总体来看，华盛顿特区的功能定位可以概括为"全国政治中心 + 相关附属功能"，相关附属功能主要是指与政治中心功能相匹配的文化、教育、国际交往等功能。

首都城市发展的特殊性与面临的问题

首都是一个国家的核心城市之一，对于国家的政治、文化、社会乃至经济发展都具有重要作用。由于建都初期没有考虑经济基础、文化传统等因素，使得华盛顿特区在发展过程中受到诸多限制，商业住宅、环境治理、公共设施配套等很难依靠自身能力解决。因此，必须正确认识华盛顿城市治理的特殊性，共同面对发展过程中的"大城市病"，特别是在公共交通、空气污染、基础设施建设等方面，需要加强与周边地区的合作。

（1）首都城市发展的特殊性

美国宪法第 1 条第 8 款第 17 目规定："对于由某些州让与合众国、经国会接受而成为合众国政府所在地的地区（不得超过 10 平方英里），在任何情况下都行使独有的立法权。"这一地区就是华盛顿哥伦比亚特区。与此同时，美国国会先后通过《建筑物高度法》及修正案，规定华盛顿特区内任何建筑物高度不得高于当时最高的国会大厦（94 米），不得超过其临街的宽度（6 米）。这些规定明确了华盛顿城市边界，既不能朝四周发展也不能向空中延伸，使得华盛顿功能无法"膨胀"，需要加强与周边市县合作。比如，很多商业、住宅都建在郊区或周边市县，商业、生活、娱乐等功能主要由周边卫星城提供。三个主要机场分布在周边市县，通过区域交通走廊将特区与马里兰州、弗吉尼亚州周边地区紧密相连。华盛顿地铁路网大致呈辐射状，现拥有 5 条营运中的路线和 1 条正在规划的路线，服务范围涵盖华盛顿特区及邻近的地区，列车能够从郊区前往城市的任何一个地方。

同时也应看到，虽然华盛顿特区发展更多依赖与周边市县合作，但周边的一些高科技企业、信息产业也获得了联邦政府的大量订单，这并未排除华盛顿作为首都的政治影响力。一方面，联邦政府是许多核心技术的研发投入者和直接产出者。国家基金会（NSF）、国防部、能源部等政府机构控制了大部分联邦政府的研发支出，其中有相当大的比例投在当地研究机构、大学和企业。另一方面，联邦政府还是重要的技术产品需求者，大量依赖政府和军工合同的高科技企业也不断增加，在华盛顿大都市区内形成了几个相对集中的科技和信息技术中心，大量的联邦政府订单保证了阿灵顿这一区域的持续繁荣。因此，这里可以被看作是高新技术企业进行核心研发活动、寻求市场项目和技术的窗口，地理区位优势比较明显，但都不在华盛顿市区。

（2）相伴而生的"城市病"

与此同时，华盛顿也产生了我们常说的"城市病"，主要有以下三个问题。

一是职住分离形成的交通拥堵。由于大多数的商业、住宅建在郊区或周边市县，许多在华盛顿工作的美国人都选择住在邻近的马里兰州和弗吉尼亚州，从而形成"城内工作、城外生活"的职住分离现象。职住分离形成的城市交通压力最突出的是，早晚高峰时段拥堵和市区停车难问题。据统计，华盛顿特区常住人口有60多万人，但每天在华盛顿市内上班的人数超过200万人，也就是说，每天有140多万人在早晚上下班时间进出华盛顿，而其中至少一半的人是自己开车。每个工作日的早上7—9时和下午4—6时，是华盛顿交通拥堵最严重的时段，各条进出城区的主干道都会排起长长的车龙，平常只要20分钟的路途，在高峰期间至少要走1个小时，美国人形象地称之为"冲刺时段"。此外，由于华盛顿市区面积很小，有限的停车空间基本已被城区本地车辆占用，外来车辆要想在市中心找到一个合适的停车位几乎不可能。

二是人口变迁带来的住房压力。华盛顿人口增长经历了由降到升的过程，其背后与美国工业化进程的变迁有关。在此过程中，行政、科教文卫资源丰富、服务业发达、辐射地区及人口广博的华盛顿逐步崛起。2010—2016年，华盛顿特区人口大幅增长了12.6%，而全美人口增幅只有4.5%左右。如今，华盛顿哥伦比亚特区直接管辖人口70万人，整个大都市区人口近600万人，成为全美排名第六位的大都市区。据预测，华盛顿人口增长将会继续保持强劲增长态势，但由此也助推了城市房价迅速上涨。虽然华盛顿为年轻人和其他中高收入就业者提供了丰富的机会，但无家可归的人员仍然很多。Downtown BID在2016年发布的报告显示，在32个城市中，华盛顿的居民无家可归问题最严重，而高涨的住房成本已经迫使许多华盛顿长期居民向郊区搬迁。

三是社会贫富悬殊引发的治安问题。20世纪80年代至90年代初，华盛顿社会治安堪忧，凶杀案发生率在美国50万人口以上的大城市中名列榜首。随着中产阶级化的城市改造运动开展，市中心犯罪率逐步有所下降，但没有真正解决城市内部贫富分化严重的问题。许多贫民被迫离开原有住所到城市边缘地带居住，在社会、文化、教育等方面进一步被边缘化，逐步产生通过犯罪等极端手段来报复的"仇富"心态。与此同时，从郊区迁入市中心的富人不能很快适应都市的生活习惯，加之缺乏必要的警惕性，给犯罪分子留下了可乘之机。此外，每年有数千名刑满释放人员返回华盛顿，但很少得到社会的接纳和进一步改造，警方也未能对民间的枪支武器进行有效管理。这也是华盛顿特区城市发展转型中面临的最大难题。

治理模式的实践探索

华盛顿发展不可能"摊大饼"，历史特殊性决定了其不可能承载过多的经济功能，需要加强与周边地区的沟通合作。近几十年来，首都与周边市县沟通合作日益频繁，二者相互影响、共同发展，逐步形成大都市区合作治理新模式。在单一政治中心功能发展模式下，华盛顿特区的城市治理特点可以概括为委托授权的协作治理。从纵向府际关系看，体现出华盛顿特区与其他州自治的区别，即华盛顿特区的最高权力机构为美国国会，它通过华盛顿市政府实施市政治理，属于一种委托授权治理。从横向府际关系看，顺应美国大都市区发展趋势，注重开展区域间政府合作，大都市政府委员会（MWCOG）是协调政府间关系的有效组织形式。

（1）纵向府际关系：委托授权的市政自治

美国的地方政府高度自治，各级政府间不存在隶属关系。除了在法律规定范围内行使统一职权外，联邦政府也无权干涉州、县、自治市的地方事务。相比其他各州而言，华盛顿特区虽然是首都，但在立法权、选举权、自治权等方面却有所约束，它是建立在一系列特殊政治框架之上的，由此决定了它作为单一功能首都的地位。主要体现在以下三点。

一是立法权限的约束。华盛顿特区是市级行政单位，最高权力机构为美国国会。根据美国宪法第一章以及《哥伦比亚特区地方自治法》规定，特区由民选市长和13名成员组成的特区委员会负责管理，它不受任何州的管辖，直接受联邦政府监督。1870年，哥伦比亚特区的地方政府机构成立，但由于当时的行政长官过于铺张浪费，国会在1874年撤销了该机构，对哥伦比亚特区实施了近一个世纪的直接管理。1974年，国会再次将权力下放给地方政府。特区议会根据国会直接授权，可以行使部分州政府立法机构具有的制定法律法规的权力，但是，国会对当地的所有立法都有审查权和否决权，这在美国宪法中有明确规定。

二是选举权限的约束。1790 年的《首都选址法》规定，特区作为联邦管辖区不属于任何州。美国宪法规定只有州才有民选代表。在 1961 年宪法修正案通过之前，特区市民没有选举人票，也就不能参与总统大选。之后，华盛顿市民在争取自己权利的过程中也经过了长期斗争。目前，华盛顿特区有两张选举人票，市民在众议院仅有一名不具选举权的代表，没有联邦参议院代表。

三是自治权限的约束。以财税体制为例，美国按照联邦、州、地方三级划分，各级拥有各自的财政收入与支出范围。下级政府的预算只需要同级议会的审查通过，并不需要上级政府批准。目前，美国州与地方政府财政体制主要有以下特征：一是公共财政主要用于教育、治安、消防、排污、公共保健和医院、公园等民生方面；二是各级地方政府拥有独立的税收立法权和税收管理权，联邦政府一般不予干涉；三是强有力的转移支付在保障州和地方政府公共物品供给的同时，也对州与地方政府的行为进行监督和制约；四是赋予了相应的发债权限，一般都有法律规定地方政府举债的使用范围和规模。相比州和地方政府而言，华盛顿特区同样具有独立的税收体系和发行债券的权限，唯一不同的是没有预算自治权。特区的各项预算开支和税收必须经过美国国会批准。1995 年，外界指责华盛顿特区的预算过大，效率不高。为此，国会设立了哥伦比亚财务控制委员会，负责监管特区的资金使用。直至 2001 年，特区预算出现盈余，国会才将财权归还给市政府。

（2）横向府际关系：大都市区合作治理

从 19 世纪中后叶开始，伴随着人口不断向中心城市集聚，中心城市的人口和工业开始向郊区扩散，由此揭开了美国大都市区序幕。大都市区是由中心城市与周边城市共同组成的相互关联的人口密集区，通过政府间合作实施跨域治理。这些大都市区的中心城市管辖区一般不大，周边各个市、镇独立行使自治权，华盛顿大都市区就是典型的例子。

长期以来，华盛顿特区与马里兰州、弗吉尼亚州周边市县的政府间关系日益密切，通过主要的区域交通走廊与周边地区形成一个整体。与此同时，首都城市规划也强调要靠卫星城建设分散中心城市功能，并形成以核心城市带动周边小城市和小城镇发展的发散型结构。为此，华盛顿大都市区于 1957 年成立了区域联合会（Regional Council），1962 年更名为华盛顿大都市政府委员会，由国家首都地区的 21 个地方政府构成，还包括作为地区成员的马里兰州和弗吉尼亚州的立法机关，以及美国参议院、众议院议员代表。华盛顿大都市政府委员会在解决公共交通、空气污染、基础设施建设等公共问题上发挥了积极作用，同时还扮演着大都市区域规划机构的角色，主要有以下几个特点。

从组织性质看，大都市政府委员会没有执法权力，成员政府间通过让渡权力，制定具有法律效力的议事章程，赋予大都市政府委员会在共同管理事务和治理领域内的权威，是一个具有特殊协调功能的半官方、松散型非营利组织。因此，大都市政府委员会不能强迫成员采取任何行动，任何成员可在任何时候以任何理由退出，超出共同管辖范围外的地方事务无权干涉。目前，大都市政府委员会资金来源主要是联邦和州政府拨款（占 60%）、地方政府会费（占 20%）、契约费（占 10%）、各类基金和私人部门捐赠（占 10%）。

从组织架构看，无论是松散型还是紧密型的合作组织，均根据决策、执行、监督功能设立内部机构。大都市政府委员会的最高权力机构是理事会，对其所有的政策、职能和资金负责，成员任期 1 年，由各地方政府及来自本区域的州立法会代表任命。理事会下设空气质量、环境和公共工程、运输规划等专业技术委员会及相关事务执行机构，负责协商应对大都市区域面临的问题与挑战。近年来，重点针对人口增长、基础设施老化、交通拥堵、能源消耗、环境治理等跨区域问题开展研究、制定规划并授权进行区域公共资源配置。

从职能作用看，大都市政府委员会为其成员提供了许多实质利益。特别是经过 50 多年的发展，主要职能包括制定并实施交通、环境保护等规划，为成员提供各类信息收集，有效解决了许多公众关注的区域问题。主要表现在：一是将联邦和州政府拨款分配给其成员。长久以来，美国联邦法律要求交通、住房和环境拨款通过区域组织予以分配，那些不参与这些组织的地方政府没有资格获得联邦拨款，这极大地调动了地方政府参与大都市政府委员会的积极性，也间接促进了都市经济圈内的区域合作。二是为成员提供跨地区服务。在契约基础上，为各成员政府部门、区域利益相关者提供专题信息资源，代表各方向联邦政府、法院和议会呼吁。三是参与制定大都市区总体规划及相关专项规划。国家首都规划委员会（NCPC）负责整个华盛顿特区内部的规划事务，对于延伸至特区之外的周边地区的规划事务由国家首都规划委员会和华盛顿大都市政府委员会共同负责。1999 年，首个区域性战略规划经理事会批准通过，2011 年又制定了全面战略规划，与首都城市规划紧密衔接。

启示 ▶▶▶

华盛顿虽然是一个典型的政治功能型首都，但随着美国城市化进程推进，华盛顿特区的城市化发展也趋于成熟。在这一过程中，大都市区成为最明显的特征，由此带来的"城市病"引起了各级政府的高度重视。从城市发展历程看，城市拥堵、住房压力和社会治安是华盛顿面临的主要问题，需要各级政府的彼此协作，加强政府与市民之间的沟通交流，兼顾社会各阶层的利益，制定更具包容性的治理政策。

以大都市政府委员会模式为代表的实践，体现了不同主体平等协商、互动参与的区域治理理念，它所具有的区域管理和协调功能比政府管理更为有效，成为华盛顿城市治理的重要经验。比如，各自为政的专项规划导致的边界矛盾和冲突有所缓解，土地无序开发蔓延态势和市政设施重复建设逐步控制，涉及大都市区范围的工商业发展政策和区域公共服务设施规划得以有效实施。此外，特区政府在解决交通拥堵、社区安全建设等方面的举措也值得参考借鉴，更加强调市场引导和多方参与相结合。

（1）探索构建适合京津冀的区域合作治理框架

京津冀地区面临类似问题，所不同的是首都北京的城市规模大、能级高，政治、经济资源的掌控能力强，京津冀三地难以平等地开展合作，跨区域协同发展缺乏有效协调。构建适合京津冀的区域合作治理框架，根本上还应从首都行政区划调整入手。从华盛顿特区设立的历史背景看，即使在联邦制国家，也十分重视首都的城市能级。因此，在华盛顿设立之初就限定了行政区划范围，城市规模相对较小，避免要素集聚能力过强。在此基础上，采取大都市政府委员会模式较好地协调了与周边市县的利益关系，不同行政区之间的合作机制逐步理顺，制定的区域政策也能够获得各地方政府的支持并有力实施。

一方面，应借鉴华盛顿特区的行政区划架构，适当调整北京行政区划。具体来说，一是积极探索设立首都特区，减少非首都功能承载；二是适时调整"北三县"行政区划，进一步实现对周边地区的有效管控；三是逐步缩小京津与冀之间政治地位差距，在更大范围内进行区划调整。另一方面，应借鉴华盛顿大都市区治理的有关经验，结合我国国情，成立由中央领导牵头的京津冀协同发展委员会，同时发挥各类行业协会和跨区域专业组织的作用，不断提升跨区域综合治理水平。尤其是在职能作用方面，要充分发挥专业性非营利机构的信息收集、沟通协调功能。与此同时，中央政府和地方政府要适度下放权力，通过政府购买服务的市场化方式提高各类组织参与的积极性。

（2）强化首都城市规划制定的约束力

目前，我国首都城市规划仍以北京市为主导，规划原则时有调整，不同规划之间在衔接上还存在冲突，虽然最终方案也是按程序报国务院批准，但实际操作层面仍在地方政府规划部门。现有的首都规划委员会及其办公室架构相对较虚，缺乏对京津冀区域的总体考虑，规划的严肃性不够、随意更改性较大。因此，应借鉴华盛顿等其他首都城市规划经验，以国家立法形式明确首都城市规划调控，进一步提高规划制定的科学性和严肃性。

具体来说，一是在法律中明确首都城市的发展目标、规划总体原则、规划调整程序；二是需要明确总体规划与发展、城乡、土地、环保等子规划之间的互补关系，以及首都规划与周边区域规划之间的衔接关系；三是规定组织实施机构、职权范围和工作程序，在区域合作治理框架内研究制定首都地区总体规划，充分发挥跨区域专业组织的作用。

（3）探索适合首都城市治理需要的新型财税体制

借鉴美国财税体制和华盛顿特区预算开支的有关经验，积极探索首都财税体制改革试点，核心是处理好产业调控与稳定税源之间的关系，逐步建立区域公共产品分担与补偿机制。

一方面，合理划分首都的事权与财权，突出首都财税体制的特殊性。因为它与首都产业结构调整优化、非首都功能搬迁的税收成本和区域间公共产品提供密切相关。另一方面，科学统筹京津冀三地发展，进一步优化中央与首都地区政府间的财税关系。特别是在涉及首都公共服务提供的地方预算支出时，应加大中央财政对首都地区的财政转移支付力度，并适时研究开征首都特别税。

（4）坚持以市场引导为主的多方协商治理之策

由于华盛顿特区政府的有限自治，许多公共事务的处理需要依靠多方主体共同参与，既包括周边的市县政府，也包括社会团体、非营利组织和企业等，在协商治理过程中更加注重发挥市场的引导作用。比如，为解决交通拥堵问题，特区政府制定了"保证回家计划"，运用经济杠杆调节，鼓励人们使用公共交通工具上下班。一方面，采用低廉的价格吸引市民乘坐地铁，只需花1个多美元就能从郊区到达市中心，而且很多开往地铁站的公交车都是免费搭乘。在郊区地铁站附近建有车位充足并且价格低廉的停车场。另一方面，在市区内加大征收拥堵费和停车费，1个小时就高达10多个美元，而且一般只允许停两个小时。如果被发现超时，一次罚款就要30美元。又如，为解决社会治安问题，特区政府制定"安全社会战略计划"，加强与社会团体、非营利组织和社区居民的合作，在减少暴力犯罪的基础上提高社区的安全感。通过调动致力于社区安全工作的政府代理机构、非营利组织和社会团体的积极性，确保社区安全形成合力、有序推进。在社区居民和政府机构之间建立一个关键的数据网络，不断提升多部门协同反应能力，以及警察与社区的相互信任。作为单一政治功能的华盛顿，在城市能级上虽然与北京无法比拟，但在应对"城市病"的理念和举措上具有参考价值。

具体来说，一是大力发展公共交通体系，尤其是做好地铁连接线附近的接驳站点规划，适时在主城区内征收城市拥堵费，分时段提高停车费；二是充分借助科技信息手段，发挥企业主体作用，建设"城市大脑"；三是加强基础设施建设合作，鼓励民营企业以PPP模式（即政府与私人组织合作建设基础设施或提供公共服务的模式——编者注）积极参与重大基础设施建设；四是高度重视社区安全，将基层治理重心下移，最大程度动员社会力量参与治安维稳。

伦敦

伦敦（London）位于英格兰东南部的平原上，跨泰晤士河，是大不列颠及北爱尔兰联合王国（以下简称"英国"）的首都。作为一座城市，伦敦最早可以追溯到公元一世纪罗马人建立的据点，由于其临近泰晤士河口，面向欧洲，中世纪以来一直就是英国最大的城市（仅在工业革命爆发后短暂地被曼彻斯特超过），并在较长时间内都是英国的首都。17世纪60年代，经过大瘟疫和伦敦大火的洗礼，重建的伦敦很快成为欧洲最大的城市，随着工业革命的发展和英国在全球建立殖民地，伦敦成为"日不落帝国"的首都，全球最具影响力的城市。到1851年第一届世博会时，伦敦已经拥有660余万人口；第二次世界大战前，伦敦已经成为超过800万人口的大都市。

需要说明的是，伦敦具有不同的范围层次，从大到小分别是伦敦通勤圈、大伦敦（含外伦敦、内伦敦）、伦敦城等。本篇中如无特别指出，伦敦一词的含义为"大伦敦"，目前的管理机构为民选市长及其执行管理机构大伦敦管理局（Great London Authority，简称GLA）。

伦敦在第二次世界大战后进行的空间结构优化、功能疏解和"大城市病"治理的经验可为当前北京提供很好的启示。在空间结构优化方面，伦敦十分重视跨行政区区域规划，建立健全配套法律法规体系、不断完善定期评估调整机制。在规划指导下，伦敦通过绿化隔离带划定了城市增长边界，通过建设较大规模新城承接了中心城区人口和功能疏解。在功能疏解和产业转型方面，政府通过提高产业环保标准推动传统产业疏解和转型升级，通过深化市场改革推动金融、创意、科技等产业发展。在交通、环保和公共服务等城市管理领域，伦敦通过控制私家车出行，改善公共交通系统，鼓励非机动车出行缓解城市交通拥堵；通过加强中央财政统筹和鼓励社会资本参与实现基本公共服务均等化；通过协调各方利益保障环保措施落地。

概况

伦敦作为英国首都是一个历史悠久的复合功能的大首都，不仅是英国的政治、经济和文化中心，也是世界著名的金融中心、创意中心、科技中心和旅游目的地。2011 年，仅大伦敦一个区域的人口就占英国的 13%，GVA 占英国总量的 22.7%，财政收入占英国的 20.7%。

从政治中心看，包括国家首脑女王、议会、内阁、最高法院、各主要政党总部和绝大部分内阁部门均位于伦敦，且高度集中于威斯敏斯特市（伦敦的 33 个自治市之一，内伦敦最核心的市中心，面积仅有 21.5 平方公里）内。作为曾经"日不落帝国"的首都，伦敦至今仍对英语系国家，尤其是英联邦国家和曾经的殖民地国家具有重要的影响力。

从经济中心看，伦敦和纽约长期位于世界城市排行榜的前两位，是大型跨国企业、资本和富人的首选，在 CityLab 的一项排名中，全球净资产超过 3000 万美元的富人有 4364 人定居伦敦，占全世界的 2.5%，位居世界第一。同时伦敦也是创意阶层、创新阶层的全球重要选择地和欧洲首选地，是典型的抓住产业链"高、精、尖"环节，引领全球经济走势和产业发展的城市。以就业而言，2011 年伦敦的三产占比达到 91%，其中就业人数前三位的部门分别是第一位的批发零售业，就业人数超过 60 万人，凸显了伦敦商业中心的地位；第二位的科研和创新产业，达到 56.6 万人，凸显了伦敦的创新中心地位，目前伦敦是欧洲高新技术企业总部数量最多的城市；以及健康和社会工作部门，也超过 50 万人，证明了伦敦较好的公共服务水平。此外超过 30 万人的产业还包括餐饮住宿、金融、教育等行业。就业数据显示了伦敦是一个包含有政治中心（公共管理、健康和社会活动）、经济中心（批发零售业、金融、餐饮住宿）和文化中心（科研、教育）职能的复合型首都。

伦敦尤其以其金融中心的职能在全球城市体系中发挥重要的作用。伦敦金融城（City of London）在证券和外汇交易（总额世界第一，不少领域占到全世界一半以上份额）、海事和航空保险（海事服务全球第一）、债券保险和交易（一度囊括了 60% 的国际发行债券和 70% 的二级市场交易）、银行间拆借（伦敦同业拆借利率 LIBOR，是大型国际银行愿意向其他大型国际银行借贷时所要求的利率，常作为商业贷款、抵押、发行债务利率的基准，浮动利率长期贷款的利率和重要国际间合同的参考利率）等在国际金融市场上均占有重要位置，仅伦敦金融城一个自治市（面积 1 平方英里）的金融业税收就达到 650 亿英镑（2013 年），占到英国总税收的 11.7%。

从文化中心看，伦敦是世界文化名城和著名的旅游胜地，大英博物馆是世界上最大的博物馆之一，伦敦政治经济学院、伦敦大学、皇家舞蹈学校、皇家音乐学院、皇家艺术学院和帝国理工学院等是英国的著名院校。伦敦也是最早的世界传媒中心，是全球新闻媒体最重要的集聚地。20 世纪 90 年代，英国在全世界最早提出"创意产业"这一概念，目前伦敦创意产业就业在 2000 年占到总量的 8%，已经超过金融业，成为名副其实的世界创意之都，是世界三大广告产业中心之一、全球三大最繁忙的电影制作中心之一和国际设计之都。

作为工业革命以来世界上最早的现代化大城市，伦敦在城市发展和治理中积累了很多先进的经验，尤其是在战后重建中，伦敦的城市竞争力并没有随着英国国家竞争力的相对下降而下降，而是几经调整，维持并进一步强化了其世界城市的地位。面对战后中心城区人口快速增长，以及伴生的一系列卫生、交通、环境等"大城市病"，促使伦敦较早开始思考应对措施，在世界上率先形成了现代城市规划理念、技术标准和法律规范。战后重建中，伦敦提出限制城市蔓延的思路，在空间结构优化、功能结构调整和城市管理水平提升，尤其是大气污染治理、交通拥堵缓解等方面提出了不少有效措施，较为成功地应对了大城市在不同发展阶段遇到的问题，实现了人口疏解、产业转型和城市竞争力提升，也为全世界大都市和首都城市做出了有益探索，留下了十分宝贵的经验。

20世纪90年代以后，随着全球化加深和新经济兴起，原殖民地、东欧和穆斯林移民的不断增加，伦敦重新调整城市发展策略，提出打造可持续、有吸引力、多元和均衡的伦敦，并重新重视中心区的复兴和增长，伦敦城市人口到2011年重新回到800万人以上，且内伦敦人口也在不断增长。据2017年伦敦最新的人口抽查统计，目前大伦敦人口达到883.8万人，为历史上最高；伦敦也是全世界人口最多元化的区域之一，国外出生人口占全市人口的10%以上。

如何优化城市空间结构

伦敦是一座历史悠久的城市，城市空间结构早已定型，战后重建也只能小规模调整。因此，伦敦优化城市空间结构，主要是从区域着眼，从区域规划、划定城市增长边界和建设新城三方面着手。

（1）区域规划是基础

伦敦在全球较早制定了有较强政策效力的区域规划，并坚持落实至今。20世纪初叶，不少有识之士已经开始意识到伦敦人口和产业功能过度集聚带来的"大城市病"，一些社会改良主义者通过"花园城市"（Garden City，也有译为"田园城市"）等运动，试图在一个区域内平衡城乡关系，疏散大都市人口，并建设了全球最早的郊区新城。"花园城市"对全世界影响巨大，虽然在当时并没有起到疏解伦敦城市人口的作用，但这一思路被保留下来并不断发展。

不同语境下伦敦的含义[①]

名称	对应英文	涵盖范围	面积（平方公里）	人口（万人）	备注
伦敦通勤圈	London Commuter Belt	大伦敦及其周边地区，一般认为包括东英格兰和东南英格兰的贝德福郡、伯克郡、白金汉郡、埃塞克斯郡、哈特福郡、肯特郡及萨里郡	17550	1714.3	伦敦规划中多次提到与之合作
大伦敦	Greater London	包括 City of London 在内的 33 个自治市	1572	817.4	由大伦敦管理局（GLA）管理
外伦敦	Outer London	包括 Barking and Dagenham 等在内的 19 个外围自治市	1253	494.2	内外伦敦教育局和英国统计署口径不同，本文以统计署口径为准
内伦敦	Inner London	包括 Camden City of London，Westminster 等 14 个自治市	319	323.2	
伦敦金融城	City of London	伦敦城最中心的区域	2.9	0.7，但 2014 年就业人口约 46 万人	由伦敦金融城公司（City of London Corporation）管理，不直接接受 GLA 的管理

　　1937 年，时任内阁劳工和建设部部长的巴罗爵士组织了一个巴罗委员会，积极推进"更好的不列颠"（Better Britain）运动（相当于国土层面的规划协调运动）。在该委员会提交的《巴罗报告》的影响和指导下，委员会成员之一阿伯克隆比爵士于 1944 年牵头编制完成了著名的《大伦敦规划》，即"阿伯克隆比规划"，规划面积达到 6735 平方公里（略小于北京市域平原浅山区范围），并突破了行政区划的限制，涵盖周边与伦敦紧密联系的 134 个郡属市等地方自治政府，涉及 1250 万人，系统性提出了通过绿带划定伦敦增长边界，通过新城疏解伦敦产业和人口，通过高速公路、城际铁路等交通基础设施推进伦敦与周边地区协同发展等任务。这一

---

① 　资料来源：2011 年英国人口普查，如无特殊说明表内数据均为 2011 年普查数据。

规划成为后续历版规划的基础和参照。此后，尽管各届中央政府对伦敦的发展思路各不相同，大伦敦的管理机构也几经调整，但规划的空间结构基本保持不变。

伦敦较早通过法案形式明确了规划实施保障、大都市区政府管理权限和施政重点。英国地方自治传统悠久，行政等级复杂，直到1963年才以阿伯克隆比规划确定的空间范围和主要任务为基础，成立了统一的伦敦管理机构，颁布了《大伦敦地方政府法》。这一法案与《新城法》《绿带法》《公共卫生法》《工厂法》等法律法规、后续的区域规划一起构成了伦敦依法治理的基础，将政府行为和规划落实纳入了法治轨道，增强了规划实施效力。

伦敦高度重视规划、法规的政策评估和适时调整。1944年阿伯克隆比规划实施以后，1960年《大伦敦发展规划》就总结了两代新城的问题，提出了新城建设的新思路。近年来伦敦在2004年、2008年、2011年、2013年都颁布了兼有上轮政策评估与本轮施政纲领相结合的战略规划。针对伦敦面临的问题，尤其是在可持续发展、交通、文化多样性、医疗卫生保障等领域不断进行调整。在评估支撑和现实需要的基础上，《大伦敦地方政府法》和相关法律法规每隔几年都会修订一次，以便于伦敦及时发现、应对和解决问题，不断提升城市活力。

（2）划定城市增长边界是核心措施

1944年阿伯克隆比规划在半径约48公里的区域内将整个规划地区划分为4个同心圆地区。分别为：一是城市内环。包括内伦敦和部分外伦敦地区，规划目标是疏解工业和人口，改造城市老旧建筑和基础设施。二是郊区环。包括二战以前的城市建成区域和部分新城，规划目标是提升改造原有街区。三是绿带环。基于国家1938年《绿带法》所规定的绿带用地，规划建议将整个建成区外围的绿带环扩展至16公里宽，并设置森林公园、大型公园绿地以及各种游憩运动场地，将伦敦的建成区范围控制在1939

年的边界以内。四是乡村环。即新城建设区域。

其中最为人所称道的是绿带环，伦敦在全球大城市中首次于中心城区外围划定并成功实施了以围合型城市绿化隔离带为基础的城市增长边界。这一成功，有赖于多方面的原因：一是时机恰当。绿化隔离带选址于1939年伦敦人口顶峰时的建成区范围之外，且规划宽度达到了8—15公里，规划面积达到两千多平方公里，将原有开放空间一次性串联建成了环城绿带，减少了建设阻力。二是议会购买了绿化隔离带用地的关键部分土地所有权，基本杜绝了与居民的发展权纠纷。三是专门制定了《绿带法》，按照绿地"动态平衡、总量增长"的思路，严格控制开发建设，依法进行绿化隔离带管理。四是在绿化隔离带内规划建设了郊野森林公园、牧场、果园、乡村、农田等一系列与大都市紧密结合的生产、生活和休闲游憩等功能，并通过楔形绿地深入都市，形成风道，改善了大都市的小气候和景观环境，提高了绿化隔离带使用价值，得到了地方政府和广大市民普遍支持。五是通过大绿地基金（Big Green Fund）等多种措施，吸纳社会资本支持绿化建设。六是将绿化建设作为主要指标纳入政府 KPI，实行年度考核问责。

（3）建设新城承接疏解

20 世纪伦敦建设了三代新城。一战前第一代新城（如韦林花园城）规模仅有几万人，第二代新城是二战后阿伯克隆比规划中提出的八个规划人口规模十余万人的新城（如哈罗新城），但后来证明都无法承接伦敦人口和功能疏解，新城自身也难以实现职住平衡。因此，在不断地规划评估和调整下，20 世纪六七十年代，伦敦汲取小规模新城容易沦为"睡城"的教训，提出按照三条交通廊道建设三个"反磁力中心"的新城建设新思路，建设了三个规划人口达 25 万—30 万人的第三代新城（以米尔顿凯恩斯新城为代表，其距离伦敦 72 公里，距英国第二大城市伯明翰 100 公里，目前人口约22 万人），并积极引入诸如汽车制造等产业，最终初步实现了功能自立。

伦敦新城建设探索为我们提供了宝贵的经验和教训。一是新城一定要有较大规模，与中心城区保持一定距离，并发展与中心城区相错位的诸如制造业等产业，这样才有可能自立并承接中心城区的部分人口和功能，这也是最重要的经验。二是新城建设要有坚强的体制和政策保障。1945年英国政府成立新城委员会，并于1946年颁布《新城法》，将新城建设从大都市战略提升至全国战略，为新城选址、定位等提供了更多选择，如米尔顿凯恩斯新城的目的是疏解伦敦人口和产业，但选址却在大伦敦范围之外。三是伦敦战后新城建设基本都采用了政府与私营资本合作、共同成立公司进行建设运营的模式，既保证了新城规划建设不脱离政府预期，又通过市场运营提升了新城品质和活力。

如何推动功能疏解和产业转型

伦敦战后从工业城市转变为服务业城市，其疏解传统产业和培育新兴产业的过程，既是有效市场发挥了决定性作用，同时也离不开有为政府的主动作为。

（1）立法提高环保标准以倒逼传统产业疏解

1952年伦敦"烟雾事件"震惊世界。自此以后，英国致力于改善生态环境和人居环境，1956年伦敦颁布了世界上第一部《清洁空气法案》，划定了禁止使用有烟燃料的烟尘控制区，倒逼燃煤电厂与部分重工业设施关闭或迁出伦敦，并开始大规模改造城市居民的传统炉灶。1968年《清洁空气法案》修正案出台，对城区内的工业企业提出了新的建设要求和排放标准。1995年《环境法》又进一步制定了78个行业标准，几乎将伦敦市内高耗能和污染性行业全部迁出。2008年伦敦设立机动车"低排放区"，从管制时间、地域、对象、排放标准、收费金额及处罚规定等方面规定了进入低排放区车辆要求，也抑制了中心城区物流和大型商贸等业态的发展。目前，伦敦的大气污染已经基本得到治理。

（2）通过改革推动金融、创意、科技等产业发展

20世纪70—80年代期间，伦敦的制造业和港口运输业由于劳动力成本过高和世界航运向深海港口发展的趋势，发生了严重衰退。在这一严峻的形势下，伦敦有两次成功的经济转型，实现了从港口和制造业综合城市向服务业尤其是金融、创意、科技等生产性服务业城市的转型。

第一次是石油危机以后，伦敦重塑世界金融中心的成功转型。其中最关键的是20世纪80年代中期和90年代末进行的两次金融改革。1983—1986年第一次金融"大爆炸"以Parkinson-Goodison改革协议的签署为标志，以金融自由化改革为核心，推动英国国内金融企业向美国投行式混业竞争转变，并引入了外国金融机构。90年代末第二次金融"大爆炸"以《2000年金融服务和市场法》出台为标志，以建立混业监管体系为核心，将原有多头监管机构职能集中到了新成立的金融服务局（FSA），统一了监管标准，提高了监管效率。但2008年全球金融危机也为英国和伦敦过于倚重金融业发展敲响了警钟，同时伦敦也面临着来自欧盟的大量规则限定，因此，英国政府专门成立了维克氏委员会（Vickers Commission）进行政策研究，开始重新调整英国经济平衡。

第二次成功的转型是21世纪以来伦敦在创意产业和科技产业领域的崛起。伦敦创意产业崛起有赖于政府大力投入和支持。如在2013年《创意伦敦：愿景和计划》中，伦敦提出对创意产业每年提供5000万英镑的基金投入（其中公共部分50%，民间资本50%），并打造一些重要的创意节点空间，着重支持节事活动、教育和技能培训、公共服务设施建设等项目。目前，伦敦创意产业从业人员和产值均超过了金融业。

而近期伦敦最值得称道的是高科技产业的兴起，这有赖于伦敦充分

发挥金融中心优势，吸引全球资本和人才。英国前首相卡梅伦于2010年后相继推出一系列面向科技产业发展的政策，如2010年的"科技之城"方案（Tech City）以打造伦敦的硅环岛（Silicon Roundabout）；2012年推出的"种子企业投资计划"（Seed Enterprise Investment Scheme），通过税收抵免政策推动投资者向高风险科技新企业倾斜；以及2014年成立的英国商业银行（British Business Bank）向风险投资基金分配巨额资金，用以支持新科技公司等，推动了世界顶级的科技公司将伦敦作为进入欧洲的桥头堡，催生了诸如DeepMind等顶级人工智能公司，吸引了全球排名前列的资本在伦敦成立投资基金。目前，伦敦的TMT行业（科技、传媒、通信）从业人员已经超过金融和保险从业人员；伦敦也已经被视为全球第三大技术企业集群区，仅次于美国硅谷和纽约。

（3）产业结构变化直接影响了城市空间结构

伦敦在由制造业向服务业的第一次产业转型升级的过程中，一方面以工业和港口为主要支撑产业的东伦敦地区持续衰退，大量制造业和码头就业工人由于工作岗位的丧失，纷纷从城市中心区迁出；另一方面服务业的发展催生了大量的中产阶级，同时伴随着汽车的普及，伦敦出现了大规模郊区化。因此，战后内伦敦区的人口持续快速减少，甚至外伦敦的人口也有一定程度的流失。

20世纪90年代以后，伦敦人口的再增长则取决于伦敦重塑全球金融中心、科技中心和创意城市的第二次产业转型。一方面，新经济从业人员的生活方式发生了变化，伦敦城市家庭的规模持续变小，2011年单身家庭（含未成年子女）的比例已经达到25%，居民对于郊区独栋住宅的需求开始转变为对于城市中心区较小型公寓的需求，促进了城市中心区居住人口的恢复性增长。另一方面，旧城再生导向的城市规划政策提升了旧城区的活力，以2012年奥运会为契机，大伦敦管理局着力再生原东部码头废弃区域，通过创意化改造，形成了极具创意特色的历史文化街区和创意产业集聚区，吸引了居住和旅游等诸多人流。

英国没有着重依靠政府部门的搬迁实现人口和功能的疏解。伦敦已经疏散功能的一部分政府职能包括：英国的养老金申报和领取在格拉斯哥；财税系统有相当部分安排在格拉斯哥和约克夏郡；驾照年检等则在威尔士的斯旺西；网络铁路公司（Network Rail，负责建设铁路基础设施和运营的政府部门）从伦敦中心区迁到米尔顿凯恩斯新城。但总体而言，主要的内阁部门仍高度集中在内伦敦尤其是威斯敏斯特市。

如何提高城市管理水平

（1）完善公共交通系统以减缓城市交通拥堵

伦敦职住很不平衡、交通非常拥堵。2014 年伦敦城居住人口不超过8000 人，但就业人员达到 46.1 万人；威斯敏斯特市就业人员超过 71.7 万人，但居住人口仅有 22.8 万人。职住严重分离带来了极大的通勤需求，造成了城市拥堵。

为缓解交通拥堵，伦敦大力推广公共交通，积极限制小汽车出行。2012 年，伦敦公共交通出行率达到 44.2%，而同期全国平均水平只有15%，曼彻斯特都市区仅为 14%。伦敦的主要措施包括如下两点。

一是鼓励新城和郊区居民采用公共交通通勤，近年来尤其注重鼓励"公共交通＋非机动车交通"的出行新模式。伦敦在全球最早建设地铁和城际铁路，目前已经建成总长 402 公里，包含 11 条路线和 270 个运营车站的地铁网，日均载客量为 304 万人。同时，伦敦充分利用了原有中心城区的十几个火车站，与市内重要的商务、商业、行政中心紧密连接，减少了城际铁路与地铁换乘压力，提高了换乘效率。2012 年奥运会之前，伦敦又相继推出了自行车租赁计划、巴克利自行车高速公路等试点项目，规划了 12 条从中心城区至近郊新城的自行车道，着力打造长距离自行车交通和"城铁（地铁）＋自行车交通"的出行新模式，以期彻底转变小汽车主导的城市交通体系。

二是在中心城区收取交通拥堵费，严格限制私家车使用。伦敦早在2003年就划定了"交通拥堵收费区"，范围包括伦敦金融城和威斯敏斯特市的一部分（区内居住人口为13.6万人）。收费时段为周一至周五早7点到晚6点，收费主要用于补贴公共交通。2007年评估显示区内应收费车辆比收费前减少了30%，有效减少了私家车出行；公共汽车的乘车人数由收费前2002年的每日不足9万人增加到2007年的11.6万人，地铁的乘车人数增加了1%，公共交通出行增加；交通拥堵费收费区的空气质量得到明显改善。征费后的2003年与征费前的2002年比较，空气中的氧化氮浓度下降了13.4%，PM_{10}浓度下降了15.5%，二氧化碳浓度下降了16.4%；同时，收费还令拥堵区的交通事故率下降了37.3%。但收费政策也有一些不足，主要是管理成本占到征收总额一半以上，补贴公共交通的目标未达预期；同时，收费区导致了交通拥堵收费区内的商业成本大幅提升，并带来车辆绕行等问题，造成周边地区拥堵。

（2）多方统筹，实现区域基本公共服务均等化

英国基本公共服务比较均衡，主要是基于两方面原因。

一是英国中央政府对财政收支有极强的统筹能力，在法律规定的事权下，通过转移支付保证了所有地方政府都有能力提供相对均衡的基本公共服务。以伦敦为例，2013/2014年度伦敦地方税占比不超过10%（完全为地方税的家庭财产税和印花税土地税只占到5.7%），而中央税占80%以上；财政支出中几个重要类目如社会保障（占比33.8%）、健康（18.4%）和教育（14.5%）都是依据《公共健康法》《卫生法》《教育法》，由中央政府直接支出或审核支出的项目。此外，伦敦财政收支差额达到3430万英镑，这部分将由中央政府支配转移给相对落后的地方政府。同时，中央政府也对

大伦敦管理局有 **KPI** 考核要求，包括就业岗位创造、单位面积公共服务投入和改善、教育提升、志愿服务、参加体育运动者数量、街头公园和绿地建设、节能减排、保障房建设、政府投入带动社会资本投入量、政府机构对居民和社会组织建议在 20 个工作日内的反馈比例等，这些考核项主要聚焦在公共服务和创造就业领域，也更好地推动了公共服务的均等化。

二是英国有悠久的地方自治传统，社会力量参与公共服务较为普遍，避免了行政等级主导下的公共服务失衡。在教育领域，英国非公立学校非常发达，其选址也不受政府干扰，一些知名学府如牛津大学、剑桥大学均在伦敦市以外，伊顿公学等也位于大伦敦边缘的温莎镇。在医疗卫生领域，英国拥有较好的全民医疗保健系统（NHS），其免费医疗、三级诊疗体系（全科医生初级服务、地方政府社区服务和国立医院专科服务）强化了地方政府责任，避免了患者盲目追求高等级医院的行为，实现了全民而非仅仅区域性的健康服务均等化。与此同时，英国也积极构建政府部门、私人部门和志愿组织合作提供公共服务的新治理模式，大伦敦管理局更多地扮演一个"授权者"的角色，即通过支持和授权其他组织或机构来代表政府提供公共服务。

（3）理顺各利益相关方权责推进环保落实

大都市对人口和产业的集聚很容易导致生态环境问题爆发。1952 年"烟雾事件"后，伦敦致力于改善生态环境和人居环境，直到 1990 年左右大气污染才得到了彻底治理。其主要经验既包括上文中已经提到的立法和制定行业标准，划定大气控制区域、疏解传统产业，限制机动车交通、建设绿化隔离带等措施，还特别注重多方协作，确保措施落地。

与居民协作中，政府给予居民适当补贴。1956 年《清洁空气法案》划定了禁止使用有烟燃料的烟尘控制区，需要大规模改造区内城市居民的传统炉灶，这一改装费用，30%由居民自理，30%由地方解决，40%由国家补助。21 世纪以来，随着工业退出，交通排放成为影响大气质量的主要因素，英国于 2007 年执行新的欧盟机动车排放标准，为此，英国交通部构建了"绿色公交基金"（Green Bus Fund），以通过高质量的公共交通替代部分私家车出行需求。

与企业协作中，政府充分吸纳企业意见。1995 年《环境法》中制定的 78 个行业标准是政府和行业代表共同协商的结果，既考虑了污染物控制要求，也考虑了行业治污成本，并建议和推广了产业转型升级的适用技术。同时，得益于北海油田的开发，企业的能源替代成本也适当降低，英国能源消费结构中煤炭、天然气、石油、电力比例已经由 1970 年约为 39.1 : 2.5 : 47.1 : 11.4，调整为 2011 年的 1.8 : 30.7 : 45 : 19.8。

政府间协作中，中央政府充分考虑地方政府实际情况。1995 年《环境法》提出由中央政府制定统一的国家空气质量战略，但市郡政府有权在进行空气质量评估的基础上，对无法达到国家统一标准的区域，申请成立空气质量管理区，制定远期目标与行动计划，限期达到国家标准。同年 6 月英国政府发布白皮书《空气质量：接受挑战》，正式提出基于空气质量管理区的地方空气质量管理制度，理顺了各级政府权责。

启示 ▶▶▶

推动京津冀协同发展是中央作出的重大决策部署，其主要任务之一是有序疏解北京非首都功能，缓解"大城市病"。目前，北京"大城市病"突出表现为环境（尤其是大气）污染严重、公共服务失衡、交通拥堵等一系列问题。这既与新中国成立以来北京规划不尽合理、中心城区形成了"摊大饼"式的空间结构、人口和产业功能过分集聚密切相关，也反映了北京城市建设管理水平与世界先进水平相比还存在一定差距。

伦敦战后城市发展的经验和教训，给北京城市功能优化可提供不少启示。

在空间结构优化方面：一是应将北京市域总体规划转变为首都圈规划，由立法机关以立法的形式予以保障。规划范围应与北京就业通勤影响范围一致，包括与北京交界且紧密联系的周边市县区部分地区。建立规划和政策实施评估机制，由立法机构基于定期评估结果进行法律调整修订。二是应兼顾实际情况，鼓励社会参与，尽快落实绿化隔离带建设目标。针对第一道绿化隔离带（中心城区增长边界）已经被村镇建设和违法建设大量占用的既成事实，北京市可确定有限目标，通过建立财政专项、设立绿带基金，调整土地指标和引入近郊休闲娱乐产业资本等形式，实现部分用地腾退和违建拆除还绿。而对于远郊第二道绿化隔离带，则应通过基本农田规划、国有土地收储、乡镇留地安置等多种措施严格落实，划定边界。三是应集中力量建设几个规模较大、距离稍远、功能较强的自立新城。基于伦敦经验和北京现状，北京新城的规划规模宜达到百万人口以上，定位于科学教育、科技成果转化应用、现代服务业和先进制造业等与首都功能相互支撑的产业功能，距离中心城区 60—80 公里以上，以城际铁路作为主要通勤方式。其开发方式宜为中央统筹规划，北京和所在地地方政府、社会资本合作开发。

在功能疏解和产业转型方面，政府可以通过政策性的限制和鼓励措施发挥重要作用。限制方面主要是提高环保标准，提高非首都功能产业的生产、物流、运营等成本，倒逼其向周边疏解。当然，这一疏解也应遵从市场规律，充分吸收行业意见；除提出疏解标准，也应提出改造方向，允许企业就地转型，避免给就业市场和居民生活造成巨大冲击。鼓励方面则主要是通过产业扶持基金，以及金融、人才、公共服务等一系列措施，培育与首都功能相适应的新兴产业，尤其是能参与全球竞争的金融、创意和科技等产业。

在提高城市管理水平方面，应侧重经济调控，注重多方协作。其中，交通管理方面应加强出行需求管理，提高中心城区机动车出行成本，建设衔接良好的市内外轨道交通系统，鼓励非机动车出行。主要措施可包括：进一步提高中心城区的私家车出行成本（如提高停车费等）；进一步提高中心城区地铁网络密度；尽快形成完善的中心城区与新城、周边城市间城际铁路系统，统筹规划中心城区原有小车站、编组站等站点的客运功能，完善其与地铁网络的换乘体系；尽快规划、建设和管理好全市非机动车道体系，提高非机动车出行比例。推动区域基本公共服务均等化需要加强中央政府统筹能力，并鼓励社会参与。中央政府和北京市政府除鼓励市内公共服务机构在郊区县、环首都地区建设分院、分校、联合体等机构以外，还可鼓励和试点社会资本甚至外资在环首都地区建立营利性和非营利性的学校、医院等公共服务机构，从整体上提高环首都地区公共服务水平。

在环境治理方面既要从产业转型升级、能源结构调整、出行方式转变、开放空间建设等方面多管齐下，也需要理顺各主体间关系，给予居民、企业和各级地方政府适当的补贴和充分的参与权，更需要长时间坚持不懈的努力。

莫斯科

特殊的城市发展道路
城市发展和治理中的问题及历史教训
启示

莫斯科是俄罗斯首都，是俄政治、经济、文化、教育、科技中心。莫斯科是俄罗斯 83 个联邦主体之一（包括 21 个共和国、9 个边疆区、46 个州、2 个联邦直辖市、1 个自治州、4 个民族自治区），具有悠久的历史。它始建于 12 世纪中叶，市名来源于莫斯科河，13 世纪初成为莫斯科公国的都城，15 世纪中叶成为统一俄罗斯国家的都城后，一直是俄罗斯的首都。只是 1712 年，为使俄国由内陆国家扩张成为濒临海洋的欧洲强国，打破莫斯科旧势力包括宗教势力的限制，彼得大帝把沙俄首都从莫斯科搬到圣彼得堡，莫斯科发展受到了一定的影响，但仍然发挥着俄国第二首都的作用，仍然是东正教的中心，也具有强大的工业、贸易功能。1918 年，新生的苏维埃政府为应对德国军队对彼得格勒（圣彼得堡）的安全威胁，再次将首都从彼得格勒迁到莫斯科，1922 年莫斯科正式成为苏联首都。

　　与其他世界大城市相比，莫斯科成长为特大型城市走过了一条特殊的发展道路。主要成长定型于苏联时期的莫斯科的发展道路，带有预先计划建设、政府强力推动的鲜明特征。莫斯科在城市发展和治理方面取得过显著成就，但也存在不少问题，有一些深刻的教训，值得思考和借鉴。比如，由于管理分散和规划不严，城市人口一度急剧膨胀；人口和产业布局不合理，造成普遍的职住分离，给城市生活带来巨大压力；放射状环形空间结构不断强化，不能适应日益复杂的城市生活布局，也造成了严重的交通拥堵；压缩式城市化忽视了民生改善，市场和社会自我调节机制缺失，城市生活质量不高、活力不足；城市规划专业化水平低，城市与周边区域发展不协调；等等。

特殊的城市发展道路

莫斯科地处俄罗斯平原中部、莫斯科河畔，跨莫斯科河及其支流亚乌扎河两岸，与伏尔加流域的上游入口和江河口处相通，是俄罗斯十分重要的交通枢纽，且地势平坦，呈现大陆性气候，自然地理条件极好。

尽管莫斯科建都较早，也具有成长为特大型城市的自然、地理和交通的优越条件，但是在很长一段时期里，莫斯科的城市发展都比较缓慢。直到1920年，莫斯科仍然是一个相对落后的传统城市，工业基础十分薄弱，城市人口只有约100万人。事实上，莫斯科成长为特大型城市主要是在苏联时期实现的，特别是1935年、1971年先后编制城市总体发展规划，提出要"建设社会主义和世界上第一个无产阶级的首都""把莫斯科建成共产主义样板城市"。在国家计划强有力的推动下，莫斯科城市快速发展，1939年人口迅速增长到约460万人，到二战前夕已经初步成为现代化的工业城市，到1980年末，莫斯科已发展成为人口接近千万的世界级特大型城市。

与许多西方国家在市场机制主导下发展起来的特大城市如纽约、东京、伦敦等相比，主要成长定型于苏联时期的莫斯科走了一条特殊的发展道路，城市发展带有预先计划建设、政府强力推动的鲜明特征。之所以采取这种发展模式，既是由苏联社会经济体制决定的，也是希望改变莫斯科之前以自发为主导的缓慢发展道路，同时避免西方大城市盲目无序扩张的弊端，实现城市有计划、有序发展。当时，在城市治理方面形成了一些好的经验和做法。一是集约利用城市土地。苏联时期，由于实现了土地公有制与政府主导建设，莫斯科较早就对城市土地采取有计划的专业化、社会化的集中开发模式，长期坚持以多、高层建筑为主的中高密度开发，空间紧凑、布局合理，促进了城市土地集约高效利用。二是重视城市公共交通建设。苏联汽车工业起步较晚，在城市人口迅速增长、城区面积快速扩张的过程中，主要依托有轨电车、郊区铁路等公共交通来应对不断增长的城市交通需求，并富有远见地将地铁作为公共交通发展的主要方向，从1935年建成第一条地铁线到逐步完善的庞大的地铁网络，有效支撑了不断扩大的莫斯科城区大规模人口的通行需求。三是重视城市环境保护。莫斯科一直高度重视城区绿化和郊区森林建设，1935年城市规划提出在市区周边建立10公里宽的森林公园带，并与市区公园、花园及林荫道等连接，优化公共绿色空间，提出引进天然气、改善燃料结构，发展以热电联合生产为主的集中供热等措施。为此，莫斯科建立庞大的绿化系统，将伏尔加河与莫斯科河联结，不断改善城市居民生活用水和工业用水，对大气质量进行监测，对企业和汽车排放进行监督，及时处理垃圾。四是综合利用地下空间。经过长期建设，莫斯科形成了体系完整的地下空间体系，分为三层：上层深6—8米，用于各种服务部门和公用设施；中层深15—20米，用于建设供汽车、电车和无轨电车行驶的交通隧道；下层用于建造地铁，并根据需要不断建设个人汽车停车场和地下车库。

1991年苏联解体后，政治社会动荡一度给莫斯科发展带来了严重影响，城市经济全面滑坡，工业企业大规模亏损，居民生活水平明显下降，城市环境污染严重，城市人口一度出现萎缩流失（人口从1989年的897.2万人下降到2000年的838.9万人）。随着社会经济形势好转，莫斯科城市建设逐步恢复并焕发发展活力，2002年人口突破千万。莫斯科逐步改变苏联时期注重政治和意识形态的规划传统，更加遵循特大型城市发展的自身规律，更加重视城市内涵发展。1999年颁布的《关于莫斯科城市发展总体规划》，以创造良好的投资环境为重点，提出大力发展高科技、技术密集型的现代化工业和第三产业，使莫斯科成为全国乃至全球的金融、经济、科研和历史文化的中心，更好履行首都和州中心的职能。《莫斯科市城市总体规划（2010—2025年）》提出要更正大规模城市建设中的错误，提出完善城市基础设施、建设舒适的人居环境、构筑表现人类文明的景观建筑（保护文物建筑和保留历史原貌）等政策措施，旨在构建有利于人类生存生活的城市环境，让城市居民成为城市发展的受益者。

进入新时期，莫斯科进入新一轮城市化进程，更加重视经济结构转型，重点发展包括电子、仪器制造、机械制造和轻工业在内的现代工业，并极力主导国际金融中心建设，金融、贸易、科技服务业快速发展。2010年，莫斯科在郊外的斯科尔科沃建立了创新科研中心，重点支持通信技术、生物医药、空间技术、核能和能源节约五个领域发展，试图打造俄罗斯的"硅谷"。与此同时，注重分散中心城区功能，将政府机构从中心区移出，在二环内限制新建商业机构，鼓励建设各类生活服务设施。发挥莫斯科对周边区域发展的引领、带动作用，包括巩固其作为首都的历史核心区以及俄罗斯政治、经济和文化中心的地位，尽可能利用首都市场容量大以及工业、智力服务、技术密集型产品、科技创新、交通物流等方面的优势，加强莫斯科与周边地区生产要素的互联互通，促进区域协调发展。

今天的莫斯科，总面积2510平方公里，划分为12个行政区，人口1151.4万人（2010年人口普查结果），是俄罗斯仅有的千万人口以上的城市，占俄罗斯总人口的1/8。莫斯科是俄罗斯铁路、公路、河运和航空的枢纽，具有很强的产业优势、人力资本优势，是全国最大的综合性工业城市，工业部门齐全，是俄罗斯天然气工业公司、石油运输公司、俄罗斯铁路公司及俄罗斯电信公司等大型国有企业总部所在地；文化教育、科技资源丰富，共有121座剧院、97座博物馆、418座图书馆、2188所学前教育学校、1635所普通教育学校、145所职业教育学校、298所高等学校、155所补充教育机构、1000多所科研机构、20多万名科研工作者。

由于俄罗斯国家建设还不成熟，政府间关系还不稳定，在中央与联邦主体之间的关系方面，地区领导人的个性及其与中央的私人关系起主要作用，相比较而言，莫斯科在各联邦主体中具有很强的独立性。近年来，俄罗斯存在迁都或者分离莫斯科部分首都功能的小股思潮。2007年，俄联邦宪法法院和海军司令部迁到圣彼得堡，并计划陆续把联邦最高法院、最高仲裁法院等也迁往圣彼得堡，把圣彼得堡打造成为俄罗斯司法之都，一些大型国有企业也计划将总部迁到圣彼得堡，值得进一步关注。总体上看，莫斯科正在向着世界级现代化都市、国际金融中心等目标积极迈进，但是发端于苏联时期的城市发展模式和治理机制产生的影响深远，因而推进城市健康发展、迈向更高水平的目标仍然任重而道远。

城市发展和治理中的问题及历史教训

在高度集中的计划经济体制下，政府主导推动的城市化确实在短期内推动了莫斯科的快速成长，但是这种城市扩张主要是基于社会主义意识形态和国家宏大目标的设计，相对忽视了城市工商业发展、人居环境改善的内在需求，在城市功能定位、空间布局、产业结构以及城市治理方面存在诸多弊端，导致在发展中暴露出普遍的"大城市病"问题，比如交通拥堵、环境恶化、人口过度集聚等。在政治经济体制转轨后，城市发展模式并没有根本转变，也使莫斯科迈向更高水平世界级大城市的目标受到种种制约。从历史的角度观察莫斯科城市发展过程和治理中的问题，有一些值得注意的深刻教训。

（1）在快速工业化推动下，由于管理分散和规划不严，城市人口一度急剧膨胀

在苏联时期，在高速工业化的需求推动下，广大农村人口进入城市，莫斯科人口急剧膨胀，城市建设和公用事业投入严重不足，给城市治理带来巨大压力。为此，莫斯科一直以来都十分强调分散工业和人口，采

取了种种措施包括建立身份证制度、户口登记等各种强制性的行政手段。然而，即便在如此严格的管制下，人口、要素向首都集中的趋势始终存在，人口控制目标屡屡被突破。1931年联共（布）中央提出控制人口规模为500万人，但1959年人口即达504.6万人，1971年提出市区人口远景控制不超过800万人，1984年即达858万人。人口快速扩张既有高速工业化产生巨大劳动需求的因素，也与分散的政府管理体制有关。在指令性计划体制下，尽管工业布局、劳动力调配都受到集中的管控，但是具体到政府体制内部却呈现管理分散的局面，特别是驻莫斯科的中央机关及行业主管部门长期以来习惯自行决定设在莫斯科市内的企业或机构布局和人员数量，许多部门为了管理方便，纷纷将直属组织、科研机构、企业工厂等迁移到市内，即便莫斯科市政府三令五申，甚至提出停止新建市内工业企业、科研机构、高等院校、中等专业学校的硬性要求，但是由于市政当局和城市规划部门权威有限，难以在产业布局、人口迁移等方面形成硬性约束，规划与执行存在偏差，这是导致人口严重膨胀的重要原因。

（2）不合理的人口和产业布局，造成了普遍的职住分离现象，给城市生活带来巨大压力

从人口布局看，一般来说，随着与城市中心距离由近及远，人口密度总体上是下降的，但莫斯科市域内人口密度却比较平均，三环以内仅居住着8%的城市总人口，绝大多数人口居住在城市郊区，这与其他世界大城市有很大不同。主要是因为在苏联时期，莫斯科对土地实行有计划的集中开发模式，土地资源的市场配置机制基本缺失，被国有工业企业占据着的城市中心区，土地需求最为强烈，土地利用强度反而比较低，加上莫斯科从20世纪30年代就开始在城市外围建设小城镇和卫星城，以分散工业和人口，在城郊开展大规模的工业化住宅建设和公路、铁路网建设，形成

今天大部分市民居住在郊区甚至住在莫斯科州的局面。但是，从产业布局看，尽管莫斯科一直以来限制市区工业发展，1971 年就试图发展 8 个具有独立市级中心和公共服务体系的片区，限制工业向市区集中，降低中心区的人口密度，推动市区布局从单中心转变成多中心，但由于行政中心没有变动，多中心目标最终没有实现。20 世纪 90 年代中期又实施以第三产业置换第二产业计划，将市区工业企业迁到城郊（"睡眠区"），市区腾出来发展第三产业或辟为绿地，但是由于资源的高度集中，产业疏散成效不明显，大部分仍然集中在市中心，莫斯科市外围和莫斯科州发展依然薄弱，单中心布局没有根本改变。这种就业机会集中在市中心、人口居住在城市郊区的格局，造成了普遍的职住分离情况，导致就业人口钟摆式迁移和向心式交通流，使得市民出行距离加长，扩大了道路交通流量，对城市交通、生态保护和社会生活造成了巨大压力。2011 年，俄罗斯批准莫斯科城区向西南面扩展，建设"新莫斯科"，使城区面积从 1000 平方公里扩大到 2510 平方公里，并计划将联邦有关机构迁到新区。

（3）放射状环形空间结构不断强化，不能适应日益复杂的城市生活布局，也造成了严重的交通拥堵

在长期发展中，莫斯科逐步形成了放射状环形空间结构，这在世界大城市中具有典型意义。莫斯科在历史上就是一个以小环路内部区域为中心的放射状环形城市，1156 年，莫斯科市修建了克里姆林城堡，1394 年，居民在克里姆林城堡外建造防御要塞——古城墙，成为莫斯科环形结构的雏形。但是，环形空间结构后来更多的是有意识规划建构的产物，而不是自发发展的结果。在苏联时期，为继续维持以克里姆林宫、红场为核心的中心区在国家政治文化生活中的突出地位以及对城市空间的引领作用，市区边界不断以环状向四周扩张，并不断填充大型居住区，逐步形成同心圆圈层式结构。市中心是克里姆林宫城堡和红墙，从内向外分别为街道环、

园林路环（相当于二环）、大莫斯科环城铁路（相当于三环）和莫斯科环城公路，7条放射状道路从市中心穿过环线向外延伸，使城市轮廓呈现出环形与扇形相间的结构。每个环区的作用和建筑风格各不相同，反映了莫斯科的不同发展阶段，园林路环以内主要是政府机构和商业机构，包括大部分国家机关和饭店、商店、剧场、博物馆、美术馆、图书馆等等，园林路环和环城铁路之间的主要是工厂、火车站和货场。采取这种空间结构的基本考虑，是使城市在各个方向上均衡发展，使进入市中心的道路密度大致均等，这在交通上具有一定的优越性。但是，这种空间形态只是一种预先设计的理想状态，它很难跟复杂的城市生活完全匹配，造成很多不协调。经过不断发展，放射状环形空间结构逐步强化，并形成了与之匹配的路网结构，这一路网结构在城市发展初期是适应的，也确实有许多优点，但是随着城市规模扩大，私人汽车逐步普及，进出城市的放射形交通线上的流量迅速扩大，使得道路等级低、路网密度小、布局不合理等问题逐步暴露（苏联时期只有大外环基本上达到快速路标准），加上静态交通管理不善，造成严重的城市拥堵，莫斯科一度被认为是全球最拥堵的城市。

（4）压缩式的城市化忽视了民生改善，市场和社会自我调节机制缺失，城市生活质量不高、活力不足

城市化不仅是产业、人口的结构变化，更涉及人的思想观念、生活方式的变化。对莫斯科来说，大规模城市化是在快速工业化的推动下以极短时间完成的，其主要动力是国家发展战略的设计，而不是居民对改善生产生活条件的自发需求，城市承担为工厂服务的职能。许多农业人口虽然从形式上转为市民，但他们在很长一段时期里还难以适应城市生活方式和价值准则。人口只是在城市地域相对集中，相当多的人仍然较多地秉承农村文化传统和生活方式，城市建设也保留着浓厚的村镇特点，这种城市化

具有过渡性和未完成性的特点，有人称之为"伪城市化"或"准城市化"，这一因素与特大型城市在人口集聚、城市扩张过程中普遍出现的共性的"大城市病"问题相互加强，使得市政基础设施、住房、交通、公共服务供给远远落后于民生需要，导致城市环境质量和居民的生活品质不高。产生这种情况的原因，一是政府在城市发展上注重政治和意识形态目标，总是优先发展工业生产和军事，然后才考虑城市生活、住宅、消费等民生需求；二是商品货币关系受到严格抑制，人口流动受到户籍制度的严格管控，新的城市居民虽然形式上具有了市民身份，但是本质上都是"单位"管理下的公职人员，由于没有那种通过市场和货币关系调节社会生活的体验，难以形成现代市民观念和行为方式，难以真正参与城市社会生活，往往成为城市"边缘人"。由于采取指令性分配方式，城市发展缺少多样化和活力。苏联解体后，莫斯科城市发展的动力主要取决于人口的内在需求，莫斯科适时提出瞄准世界级大城市目标，在发展理念上强调"方便市民生活"，体现以人为本的导向，注重发挥市场的作用，更加重视内涵发展。但是发端于苏联时期的那种人口产业布局以及城市社会运行机制影响还在，今天的莫斯科是全球生活费用和商务成本最高的城市之一，劳动力质量、营商环境、基础设施落后，官僚主义和贪污腐败严重，要实现现代城市的目标，还需要深刻变革。

（5）城市规划专业化水平低，缺乏全局性和前瞻性设计，城市与周边区域发展不协调

在苏联时期，莫斯科一直不重视城市规划的具体工作，一些极端重要的城市规划设计仅仅委托给地位最低的工作人员来做，建筑学家、土木学家、经济学家等专业人才参与少，导致城市规划专业化程度低，设计粗放，比如本该建市民休闲场所的地方，结果建了工厂；本该集约使用的土地，却被低密度的房屋占据了。这是导致莫斯科城市发展粗放、无序开发

的重要原因。1931 年联共（布）中央提出莫斯科城市用地从 285 平方公里扩大到 600 平方公里的目标，随着城市人口剧增，1960 年不得不全面扩大市区范围（总面积达到 878.7 平方公里），1985 年又决定将市区面积扩大到 994 平方公里。城市规划也缺乏全局性和前瞻性设计，现代城市治理中的诸多问题已经远远突破了单个城市的空间范围，必须在城市群这一区域层面进行统筹安排。但是，莫斯科市一直以来都是按照自己的步调独立封闭发展，与周边区域发展缺乏统筹，很少实施统一的、相互协调的区域发展规划。以同属大莫斯科地区的 2510 平方公里的莫斯科市和 4.6 万平方公里的莫斯科州为例，两个地区曾经以修建于 1960 年的 108.9 公里的环形高速公路为界，环内归莫斯科市管理，环外归莫斯科州管理，只是后来随着莫斯科市向外发展导致环形边界被打破。由于缺少总体规划，两个地区之间画地为牢的格局很难被打破，莫斯科市一直按照自己的步调独立发展，虽然行政级别相同，但是不同的经济发展水平导致长期以来莫斯科州从属于莫斯科市的尴尬局面。近年来，莫斯科城市快速扩张，建成区"摊大饼"式无序蔓延，用地规模不断扩大，对郊区土地的侵占一直没有停止过，争地纠纷反复发生，不仅制约了莫斯科自身发展，也难以实现俄罗斯国家战略要求莫斯科在区域发展中发挥引领带动作用的意图。为此，近年来俄罗斯反复强调大莫斯科地区的理念，1993 年联邦宪法强调"莫斯科市和莫斯科州是两个平等的行政主体"，并不断加强城市集约发展和生态保护、资源节约，遏制莫斯科城市用地不断扩大的倾向，保持与莫斯科州之间的边界稳定。

一个国家首都的发展，也是这个国家发展的缩影。进入 21 世纪以后，随着社会、政治形势趋于稳定，拥有雄厚工业基础与丰富能源资源的俄罗斯在全球新一轮经济增长浪潮刺激下，呈现快速发展的良好势头。但是，俄罗斯虽然实现了政治体制转轨，社会经济发展中的深层次、体制性问题却依然存在，如经济结构单一、基础设施落后、商务环境差、官僚主义和贪污腐败严重等。因此，对莫斯科来说，在城市发展中同时面临着城市治理和社会经济改革的双重任务，哪一个任务都不轻松，莫斯科迈向现代化国际大都市的道路依然十分艰辛。

启示 ▶▶▶

由于历史的原因，我国许多城市特别是首都北京的城市发展模式曾经以莫斯科为蓝本，比如北京城市道路规划、功能分区、工业布局等，都是新中国成立后大量听取苏联专家的意见设计的。可以说，莫斯科是近代对北京城市建设影响最深的城市，直到现在仍然影响着北京城市发展的趋势。北京与莫斯科城市发展历史和特征有许多相似性，都脱胎于计划经济体制，长期作为都城，发展阶段相似，发展中也面临着很多共性问题，比如人口和土地膨胀、交通拥堵、与周边区域发展不协调等。鉴于北京与莫斯科城市发展的深厚渊源，莫斯科城市发展和治理中的历史教训，尤其值得思考和借鉴，给北京城市发展很多启示。

一是要强化首都城市规划的科学性、严肃性和权威性。首都发展对国家发展具有引领、示范作用，首都规划具有全局性、战略性、前瞻性，要组织专业研究力量，综合考虑人口、政治、经济、文化、社会等因素，积极借鉴国外特大型城市发展经验和大国首都发展经验，广泛听取群众意见，站在首都都市圈和国家发展的全局高度，真正制定出符合规律、符合实际、着眼长远的首都规划。首都规划一旦确定，就应成为北京和周边地区具有法律效力的发展蓝本，任何人都不能随便更改，真正实现一张蓝图干到底。对北京来说，要按照规划严格执行，尤其要打破在北京地区资源配置方面，中央部门、单位、企业和其他组织各行其是的格局，避免各方面在规划执行上出现随意决策甚至乱决策的现象。

二是要树立"以人民为中心"的城市发展理念。对北京来说，不管采取什么样的城市发展战略，既要考虑国家战略对首都的要求，也要避免脱离人的发展的目标倾向，还要把北京和周边地区发展的成效更多体现在增强人民对城市生活的获得感和首都城市的归属感上，让人民从城市发展中得到实实在在的好处和分享城市化成果的均等机会。同时，要调动各个方面的积极性，积极培育市场主体和社会组织，更好发挥市场作用，发挥社会自我组织和管理功能，让城市居民不管是本地户籍的还是新移民或者外地务工人员，都积极融入城市生活，更多参与到城市发展和治理中来，体现共建共享的原则。同时，城市发展有自身规律，要避免提出超越发展阶段、超越自然资源承载能力等不切实际的口号和目标，推动城市有序发展。

三是要系统优化城市空间布局结构。产业和人口过度集中在中心城区是世界大城市发展中的共同特征，控制中心城区发展、积极培育新城，优化城市空间布局，是解决"大城市病"、疏解城市功能的必由之路，这也是北京正在开展的重点工作。但是，优化城市空间布局是一项长期性、系统性工程，在新城建设时要严格遵从北京城市功能分区定位，充分考虑城市不同区域的资源禀赋和内在需求，积极引导城市空间格局向都市圈形态发展，还要完善交通、住房、公共服务、生态保护等配套政策体系，在推动人口和产业向新城有序集聚的同时，也要解决好职住平衡等问题，努力建设自立、集约、宜居的新城。在这方面，要避免简单粗放的推进方式，进行系统、精细化的政策设计，不能像莫斯科历史上积极发展放射状环形空间结构那样，只是简单地在所有的城市空间方向上搞均衡发展，简单地在郊区建设卫星城和居民住宅，没有从首都都市圈层面对城市空间格局进行统筹安排，忽视了产业培育和城市交通网络建设，结果不仅导致城市空间不合理地扩张，还进一步加剧了职住分离状况，这些方面值得警惕。

四是要推动北京和周边地区全面、协调发展。世界大城市发展，都要求在城市群这一层面对产业、交通、环保等问题进行统筹安排，实现全面、协调发展，其中，产业结构调整具有根本性，因为特大型城市对周边区域发展的引领是具体的，其中产业活动具有关键作用，特大型城市要造就高质量的城市生活，也离不开活跃的产业活动为大规模人口提供就业机会，关键是要形成与城市定位相适应的产业结构。目前，国家正在积极疏解北京非首都功能，推动京津冀协同发展，莫斯科历史上也曾积极推动类似工作，但是成效不大，主要是不合理的产业结构一直没有被触动，难以引导人口和要素合理分布。对北京来说，要实现首都对国家发展的引领、示范功能和为首都居民提供高质量城市生活等定位，就必须有所为有所不为。一方面要坚决推动有关产业向周边转移；另一方面也要发挥人力资本水平高、创新创业环境好等优势，积极发展人力资源服务业、金融服务业、文化创意产业、高科技产业等，在产业链高端发挥好辐射和带动作用。

五是要切实提高首都城市管理科学化、精细化水平。当前北京发展中存在的问题，既有特大型城市在一定发展阶段呈现出的普遍性问题，也有管理方式落后、管理手段粗放等因素导致的问题，提高城市管理水平至关重要。事实上，北京发展中的许多问题，不是因为没法管，而是因为没管好或者说管得不到位，既有理念问题，也有管理能力和手段的问题。改善城市管理，关键是要提高科学化、精细化水平，就是要运用市场、法律、社会自治、必要的行政手段等，按照依法管理要求，依托标准化、信息化手段，综合施策、精准施策，确保对管理服务对象需求作出快速灵敏的反应。以治理交通拥堵为例，既要缓解城市空间布局和人口就业分布等方面的不合理因素，也要完善交通规划管理、出行需求管理、静态交通管理，多管齐下、综合治理。

六是要推动北京经济高质量发展。在现代社会，包括大国首都在内的特大型城市对周边区域和整个国家发展的引领作用是巨大的（不管是科技的，还是文化的），其中经济活动具有至关重要的作用。所以作为特大型城市的首都，仍然要加强经济功能，区别只是根据首都的资源禀赋，选择适合首都发展阶段特点的经济结构。北京的优势就是人力资本发展潜力大、创新和教育基础设施好、人居环境质量高、对人口和投资吸引力强、城市功能多样化、服务业对经济增长强劲支撑，要巩固这些优势，必须适当发展相应的产业，推动经济高质量发展。

参考文献

一、著作

1. [美] 丝奇雅·沙森:《全球城市》,周振华等译,上海社会科学院出版社 2005 年版。

2. 北京市人民政府:《北京城市总体规划(2004 年—2020 年)》。

3. 北京市人民政府:《北京城市总体规划(2016 年—2035 年)》。

4. 陈必壮:《轨道交通网络规划与客流分析》,中国建筑工业出版社 2009 年版。

5. 陈雪明等:《国际大城市带综合交通体系研究》,中国建筑工业出版社 2013 年版。

6. 李晓江、郭任忠、王建国、张娟等:《中国县(市)域城镇化研究》,中国建筑工业出版社 2019 年版。

7. 李晓江、阎琪、赵小云等编译:《中国城市交通发展战略(中文版)》,中国建筑工业出版社 1997 年版。

8. 林拓、李惠斌、薛晓源主编:《世界文化产业发展前沿报告(2003—2004)》,社会科学文献出版社 2004 年版。

9. 刘龙胜、杜建华、张道海:《轨道上的世界——东京都市圈城市和交通研究》,人民交通出版社 2013 年版。

10.陆锡明等:《大都市一体化交通》,上海科学技术出版社 2013 年版。

11.左学金、王红霞等:《世界城市空间转型与产业转型比较研究》,社会科学文献出版社 2017 年版。

二、期刊

1.《东京、伦敦、巴黎控制城市规模的几项措施》,《城市规划》1978 年第 4 期。

2.《中国国土资源报》编辑部:《国际大都市工业用地生态化建设纵览》,《国土资源》2014 年第 12 期。

3.北京市交通委员会、北京交通发展研究中心:《透视北京交通》,2010 年。

4.曾刚、王琛:《巴黎地区的发展与规划》,《国外城市规划》2004 年第 5 期。

5.崔成、明晓东:《日本大都市圈发展的经验与启示》,《中国经贸导刊》2014 年第 24 期。

6.崔海玉:《韩国新行政中心世宗市规划与建设》,《南方建筑》2013 年第 4 期。

7.邓奕:《日本第五次首都圈基本规划》,《北京规划建设》2004 年第 5 期。

8.金钟范:《韩国控制首都圈规模膨胀之经验与启示》,《城市规划》2002 年第 5 期。

9.刘贤腾:《解析东京都内部空间结构》,《世界地理研究》2006 年第 9 期。

10.卢明华、李国平、孙铁山:《东京大都市圈内各核心城市的职能分工及启示研究》,《地理科学》2003 年第 4 期。

11. 毛其智：《日本首都功能转移考》，《国际城市规划》2009 年增刊。

12. 全波、陈莎：《京津冀一体化格局下北京交通发展模式转变的思考》，《城市规划学刊》2016 年第 2 期。

13. 申润秀、金锡载：《首尔首都圈重组规划解析》，《城市与区域规划研究》2012 年第 1 期。

14. 王凯、徐辉：《面向国际化的首都职能新定位——新一轮北京区域空间战略的定位思考》，《北京城市规划建设》2011 年第 6 期。

15. 王林生：《动漫节庆产业对城市发展的文化意义——以日本东京为例》，《同济大学学报（社会科学版）》2014 年第 25 期。

16. 王林生：《伦敦城市创意文化发展"三步走"战略的内涵分析》，《福建论坛（人文社会科学版）》2013 年第 6 期。

17. 文萍、吕斌、赵鹏军：《国外大城市绿带规划与实施效果——以伦敦、东京、首尔为例》，《国际城市规划》2015 年第 30 期。

18. 袁朱：《国内外大都市圈或首都圈产业布局经验教训及其对北京产业空间调整的启示》，《经济研究参考》2006 年第 28 期。

19. 张良、吕斌：《日本首都圈规划的主要进程及其历史经验》，《城市发展研究》2009 年第 12 期。

20. 赵儒煜、冯建超、邵昱晔：《日本首都圈城市功能分类与空间组织结构》，《现代日本经济》2009 年第 4 期。

21. 朱晓龙、王洪辉：《巴黎工业结构演变及特点》，《国外城市规划》2004 年第 5 期。

三、论文、研究报告

1. 安頔：《城市非正规部门发展与管制研究——以广州市中大纺织商圈为例》，中国城市规划设计研究院，2014 年。

2. 陈卓：《北京外来中低收入人群就业—居住关系研究——基于静态与动态的实证模型》，中国城市规划设计研究院，2010 年。

3. 杜宝东、刘岚、张峰、许尊等：《海淀区北下关街道提升发展协作规划》，北京市北下关街道办事处、中国城市规划设计研究院，2014 年。

4. 杜宝东、张峰、许尊、刘岚等：《中关村科学城提升发展规划（2013—2030 年）》，中关村科学城管理委员会，中国城市规划设计研究院，2013 年。

5. 李晓江、徐颖、全波、陈莎：《京津冀协同发展战略研究——世界城市、首都城市地区发展与治理经验启示》，京津冀协同发展专家咨询委员会、中国城市规划设计研究院，2018 年。

6. 李晓江、张娟、徐颖、王昆、王颖、杜宝东、周婧楠：《首都功能浅析——北京首都功能及国际比较》，中国城市规划设计研究院，2015 年。

7. 李晓江、郑德高、闵希莹、王凯等：《北京城市空间发展战略研究报告》，北京市规划委员会、中国城市规划设计研究院，2003 年。

8. 刘雪源：《基于开发区就业者个体特征的"就业—居住"研究——以天津华苑、赛达为例》，中国城市规划设计研究院，2018 年。

9. 王凯、杜宝东、徐辉、全波、孔彦鸿等：《京津冀城乡规划（2016—2030 年）》，中华人民共和国住房和城乡建设部、中国城市规划设计研究院，2016 年。

10. 王凯、杜宝东、徐会夫、全波等：《北京市通州区与河北省三河、大厂、香河三县市整合规划研究》，北京市规划委员会、河北省住建厅、中国城市规划设计研究院，2018 年。

11. 张娟、王纯、刘航、黄道远、张乔、刘谦：《推进京津冀协同发展首都城市立法问题研究总报告》，北京市人大常委会法制办、中国城市规划设计研究院，2016 年。

12. 张永波：《城市中低收入阶层居住空间布局研究——基于可承受成

本居住的北京实证研究》，中国城市规划设计研究院，2006 年。

13. 中国城市规划设计研究院、北京市城市规划设计研究院、铁路第三勘察设计院集团有限公司：《京津冀区域交通规划统筹整合方案》，北京市规划委员会，2015 年。

14. 中国城市规划设计研究院、北京市城市规划设计研究院：《客运枢纽与城市功能协调研究》，北京市规划委员会，2016 年。

四、英文文献

1. Mayor of London, Mayor's Transport Strategy, London: Greater London Authority, 2010.

2. New York Metropolitan Transportation Council, Plan 2040: Regional Transportation Plan, 2013.

3. The City of New York, PLANYC: A Greener, Greater New York, 2011.

4. The London Plan: Spatial Development Strategy for Greater London, London: Greater London Authority, 2011.

后　记

2014 年 2 月，习近平总书记在北京考察时指出，北京要明确城市战略定位，坚持和强化首都全国政治中心、文化中心、国际交往中心、科技创新中心的核心功能。"建设一个什么样的首都，怎样建设首都"成为一个重大时代课题。

2015 年，京津冀协同发展专家咨询委员会专家国务院发展研究中心时任副主任张军扩、中国城市规划设计研究院时任院长李晓江带领各自的研究团队联合组织了大国首都、世界城市发展规律与治理经验的课题研究。经过一年多的研究，课题组形成十多个案例城市的研究成果，以国务院发展研究中心《调查研究报告（专刊）》形式在业内发布，发挥了高端智库机构关于首都和大城市改革咨询和研究成果传播作用。

2019 年初，人民出版社陈佳冉编辑在与作者交流中了解到这一情况，提议把研究成果整理、完善、补充后由人民出版社出版，并取名《大国首都——北京发展问题分析与国际经验借鉴》。此后，编写团队召开多次工作会议，确定本书内容。本书由综合篇、北京篇、案例篇三部分组成。综合篇，宏观论述了世界大国首都发展的概况，由中国城市规划设计研究院徐颖撰写；北京篇，回顾了北京首都城市建设的历史，为当前新一轮首都建设问诊把脉，由中国城市规划设计研究院原院长、国务院政府特殊津贴专家李晓江撰写；案例篇，介绍了世界主要大国首都城市建设的发展历程和政策启示，分别由国务院发展研究中心黄斌（伦敦）、熊鸿儒（东京）、郭巍与林晓宁（柏林—勃兰登堡）、龙海波（华盛顿）、单大圣（莫斯科）、周群力（巴黎）、伍振军与施戍杰（首尔）撰写。

本书的撰写与出版得益于国务院研究中心对国际首都城市、世界城市的长期研究，得益于中国城市规划设计研究院多年来承担了诸多北京市、河北省委托的城市与区域发展研究、咨询任务和规划设计项目。通过 2014 年 6 月以来参加京津冀协同发展专家咨询委员会的工作，以及持续多年参与研究与规划实践，作者对中央京津冀协同发展战略有了深刻的体会和思考；对大国首都发展、北京首都功能发展特征与空间布局，区域协同发展与规划引导、管控等，形成深厚的积累和系统性认识。在此特别感谢国务院发展研究中心、中国城市规划设计研究院多年来参与相关研究、咨询、规划的各位同事，包括郑德高、闵希莹、王凯、张娟、王纯、刘航、黄道远、张乔、刘谦、王昆、王颖、周亚杰、杜宝东、周婧楠、全波、陈莎、徐辉、孔彦鸿、张峰、许尊、刘岚、徐会夫、殷会良、王婷琳、王玉虎、史旭敏等。特别感谢为"北京篇"承担文字和图表处理的中国城市规划设计研究院赵栓同志。特别感谢本书的责任编辑陈佳冉同志。总之，本书在撰写过程中得到了许多支持，由于部分工作时间久远，仍不免挂一漏万，敬请谅解，在此一并致谢。

对于书中的纰漏和不当之处，敬请广大读者和专家提出宝贵意见。

作者
2025 年 3 月

责任编辑：陈佳冉

封面设计：汪　莹

图书在版编目（CIP）数据

大国首都：北京发展问题分析与国际经验借鉴 / 李晓江　等　著 . —
　北京：人民出版社，2025.4
ISBN 978 - 7 - 01 - 021356 - 9

I. ①大… II. ①李… III. ①城市经济 - 经济发展 - 研究 - 北京
　IV. ① F299.271

中国版本图书馆 CIP 数据核字（2019）第 220512 号

大国首都
DAGUO SHOUDU
——北京发展问题分析与国际经验借鉴

李晓江　张军扩　徐　颖　等　著

人民出版社 出版发行
（100706　北京市东城区隆福寺街 99 号）

北京汇林印务有限公司印刷　新华书店经销

2025 年 4 月第 1 版　2025 年 4 月北京第 1 次印刷
开本：710 毫米 ×1000 毫米 1/16　印张：17.75
字数：233 千字

ISBN 978 - 7 - 01 - 021356 - 9　定价：76.00 元

邮购地址 100706　北京市东城区隆福寺街 99 号
人民东方图书销售中心　电话（010）65250042　65289539